"十四五"职业教育国家规划教材

U0683917

人力资源管理

理论、方法、工具、实务

微课版 第3版

赵曙明 赵宜萱◎主编

人民邮电出版社

北 京

图书在版编目（CIP）数据

人力资源管理：理论、方法、工具、实务：微课版 /
赵曙明，赵宜萱主编. -- 3 版. -- 北京：人民邮电出
版社，2025. --（职业教育经济管理类新形态系列教材）.
ISBN 978-7-115-65031-3

Ⅰ. F241

中国国家版本馆 CIP 数据核字第 2024962P06 号

内 容 提 要

本书共 12 章，包括人力资源与人力资源管理概述，组织设计与工作分析，人才盘点与人才测评，人力资源管理战略与规划，招聘、面试与录用，员工培训与开发，绩效管理，薪酬管理，职业生涯管理，员工关系管理，人力资源合规管理，人力资源管理信息系统等内容。

本书提供了丰富的教学资源，包括 PPT 课件、教学大纲、习题答案等，用书教师如有需要，可登录人邮教育社区（www.ryjiaoyu.com）免费下载。

本书可作为人力资源管理专业相关课程的教材，也可作为企业经营管理者、人力资源管理人员、咨询师、培训师的参考书。

◆ 主　　编　赵曙明　赵宜萱
　　责任编辑　赵广宇
　　责任印制　胡　南
◆ 人民邮电出版社出版发行　　北京市丰台区成寿寺路 11 号
　　邮编　100164　　电子邮件　315@ptpress.com.cn
　　网址　https://www.ptpress.com.cn
　　大厂回族自治县聚鑫印刷有限责任公司印刷
◆ 开本：787×1092　1/16
　　印张：13.5　　　　　　　　　2025 年 1 月第 3 版
　　字数：335 千字　　　　　　　2025 年 6 月河北第 3 次印刷

定价：52.00 元

读者服务热线：（010）81055256　印装质量热线：（010）81055316
反盗版热线：（010）81055315

总　序

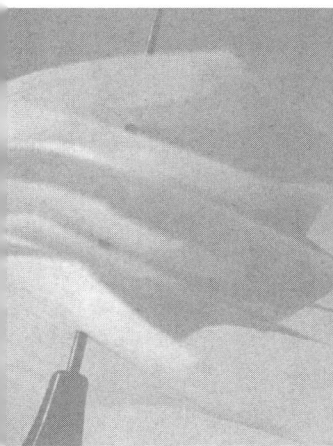

党的二十大报告指出："建设现代化产业体系。坚持把发展经济的着力点放在实体经济上，推进新型工业化，加快建设制造强国、质量强国、航天强国、交通强国、网络强国、数字中国。"

大数据、云计算、人工智能等技术的更迭与普及给社会带来深远影响，这种影响不仅体现在生产力与生产结构的变化上，更体现在对人类生活方式、价值观乃至社会治理的影响上。智能招聘、智能面试、AI选拔技术在招聘领域的应用正在改变着招聘工作，同时给企业的人力资源管理实践也带来了一些新的挑战。

这就要求我们面对新技术、新形势，站在新高度，确立新思维，加强对人力资源管理新的技术知识的学习和应用，特别是要重视对人力资源管理方法和智能工具的掌握与运用，以适应新形势下企业人力资源管理的需要。

人民邮电出版社有限公司出版的"人力资源管理理论、方法、工具、实务"系列教材，在系统阐述人力资源管理理论的基础上，围绕招聘、甄选与录用，绩效考核与管理，薪酬管理，人员培训与开发和人才测评五大业务职能，按照"专业理论系统化，操作方法简便化，操作工具灵活化，管理实务精细化"的编写思路进行编写，既突出了人力资源管理理论的系统性，又强化了人力资源管理方法和工具的运用，增强了内容的可操作性和应用性。

本系列教材现已编写出版6本，包括《人力资源管理——理论、方法、工具、实务（微课版　第3版）》《招聘、甄选与录用——理论、方法、工具、实务（微课版　第3版）》《人员培训与开发——理论、方法、工具、实务（微课版　第3版）》《绩效考核与管理——理论、方法、工具、实务（微课版　第3版）》《薪酬管理——理论、方法、工具、实务（微课版　第3版）》《人才测评——理论、方法、工具、实务（微课版　第3版）》，内容涵盖人力资源管理理论与方法的方方面面。

《人力资源管理——理论、方法、工具、实务（微课版　第3版）》一书，系统地介绍了人力资源管理的核心概念、基本原理、技术方法和管理实践中的重点、难点，既引进了国外先进的人力资源管理理念和知识体系，又总结了我国企业人力资源管理的实践经验和经典案例，非常贴近现阶段我国企业人力资源管理的实际。

招聘、甄选与录用是人力资源管理链条中的第一个环节，也是人员入口关的把控环节。《招聘、甄选与录用——理论、方法、工具、实务（微课版 第3版）》一书，既有对招聘规划准备、甄选技术、录用评估等若干具体招聘环节的详细阐述，又有关于公职人员招聘与录用技能训练的案例，以帮助人力资源管理人员科学鉴别、选择和录用适合企业发展需要、有发展潜质的人才。

企业通过培训向员工传授与工作相关的知识和技能，通过开发员工的潜能以提高其终身就业能力。《人员培训与开发——理论、方法、工具、实务（微课版 第3版）》以需求分析、计划、运营、评估等为主题，详细阐述了需求调查、课程设计、培训外包等方面的内容，以实现企业和员工的共同发展。

绩效考核与管理是把企业内的组织管理与成员管理高效结合起来的一种体系，是企业人力资源管理中的一项重要职能。《绩效考核与管理——理论、方法、工具、实务（微课版 第3版）》一书，既阐述了绩效考核的目标、指标、方法、制度的设定以及绩效与薪酬等细节，又提供了各岗位和业务人员绩效考核实务操作演练方面的案例，避免人力资源管理人员孤立、片面、静止地看待绩效考核与管理而使企业绩效考核与管理陷入机械、僵化的陷阱。

薪酬管理是企业激励机制的核心，是企业吸引和保留人才的重要支撑。《薪酬管理——理论、方法、工具、实务（微课版 第3版）》一书，既详述了薪酬管理的内容和目标，工作分析、评价、诊断、调查等各方面的细节，又提供了包括制度体系在内的薪酬福利设计方法等，以帮助人力资源管理人员有效解决在企业薪酬管理中遇到的困惑。

在人力资源管理工作中，找到合适的人才并达到"人事相宜、岗职相配"是十分重要的。《人才测评——理论、方法、工具、实务（微课版 第3版）》一书以人才测评指标的建立和体系设计为基础，运用科学的工具和方法对人才进行测评，指导人力资源管理人员对人员素质做出准确的评价和预测，让优秀人才、合格人才、合适人才为企业所用。

总之，这套"人力资源管理理论、方法、工具、实务"系列教材，通过对人力资源管理，招聘、甄选与录用，人员培训与开发，绩效考核与管理，薪酬管理，人才测评等进行的介绍，可以为读者提供与人力资源管理工作相关的、全方位的指导。

南京大学人文社会科学资深教授、商学院名誉院长、行知书院院长、博士生导师

赵曙明　博士

2023 年 11 月 11 日　于南京大学商学院

前言

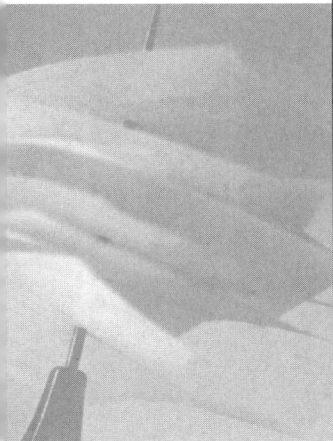

党的二十大报告指出："培养造就大批德才兼备的高素质人才，是国家和民族长远发展大计。"

企业加强人力资源管理，对企业在日益激烈的国内外市场竞争中实现生存与发展、增强核心竞争力尤为重要。面对激烈的竞争环境，企业需要建立一个能够充分激发人员活力的人力资源管理体系，以充分开发人力资源潜能。

那么，企业应如何进行组织设计与工作分析？企业应如何进行人才盘点与人才测评？企业应如何制定人力资源管理战略与规划？企业应如何开展招聘、面试与录用工作？企业应如何进行员工培训与开发？企业应如何进行绩效与薪酬管理？企业应如何进行职业生涯管理？企业应如何进行员工关系管理？企业应如何进行人力资源合规管理？本书的编者编写本书的出发点和落脚点正是要回答这些问题。

本书主要有以下 4 个特点。

（1）**理论体系，展示清晰**。本书每章开篇均以知识导图展现该章的主题内容，使整章的内容逻辑更为清晰，也使读者能够直观地把握整章的知识框架。

（2）**方法工具，操作简便**。方法和工具都是从工作经验中通过抽象和升华提炼出来的，是达成工作目标的手段与行为方式。本书提供的人力资源管理的方法和工具，既有理论模型和业务流程，也有实施步骤和操作技巧，方便读者"拿来即用"。

（3）**实务内容，方便演练**。本书不仅提供了人力资源管理工作中的实用技巧、解决方案，还在除第 1 章外的其他章后面设计了实践性极强的"技能实训"栏目，为读者搭建一座理论与实践紧密相连的桥梁，以指导读者更规范、更高效地完成相关工作。

（4）体例编排，实用创新。本书体例编排新颖且贴近教学。"微课堂"便于师生在课堂上进行互动交流；"问题思考"意在对一个阶段所学知识进行总结，帮助读者实现对已学知识的巩固。此外，人力资源管理人员除了需要掌握必要的知识技能，还需要了解人力资源管理领域的前沿动态。对此，本书设置了"知识链接"栏目，可拓宽读者的专业视野。

本书提供了丰富的教学资源，包括 PPT 课件、教学大纲、习题答案等，用书教师如有需要，可登录人邮教育社区（www.ryjiaoyu.com）免费下载。

本书由赵曙明、赵宜萱担任主编。在本书的编写过程中，编者参考了各类关于人力资源管理的资料，在此向这些资料的作者和编者表示崇高的敬意和衷心的感谢。

由于编者水平有限，书中难免存在不妥之处，恳请广大读者批评指正。

编　者

2024 年 12 月

目　录

第 10 章 员工关系管理

第 11 章 人力资源合规管理

第 12 章 人力资源管理信息系统

人力资源与人力资源
管理概述

第 1 章

【本章知识导图】

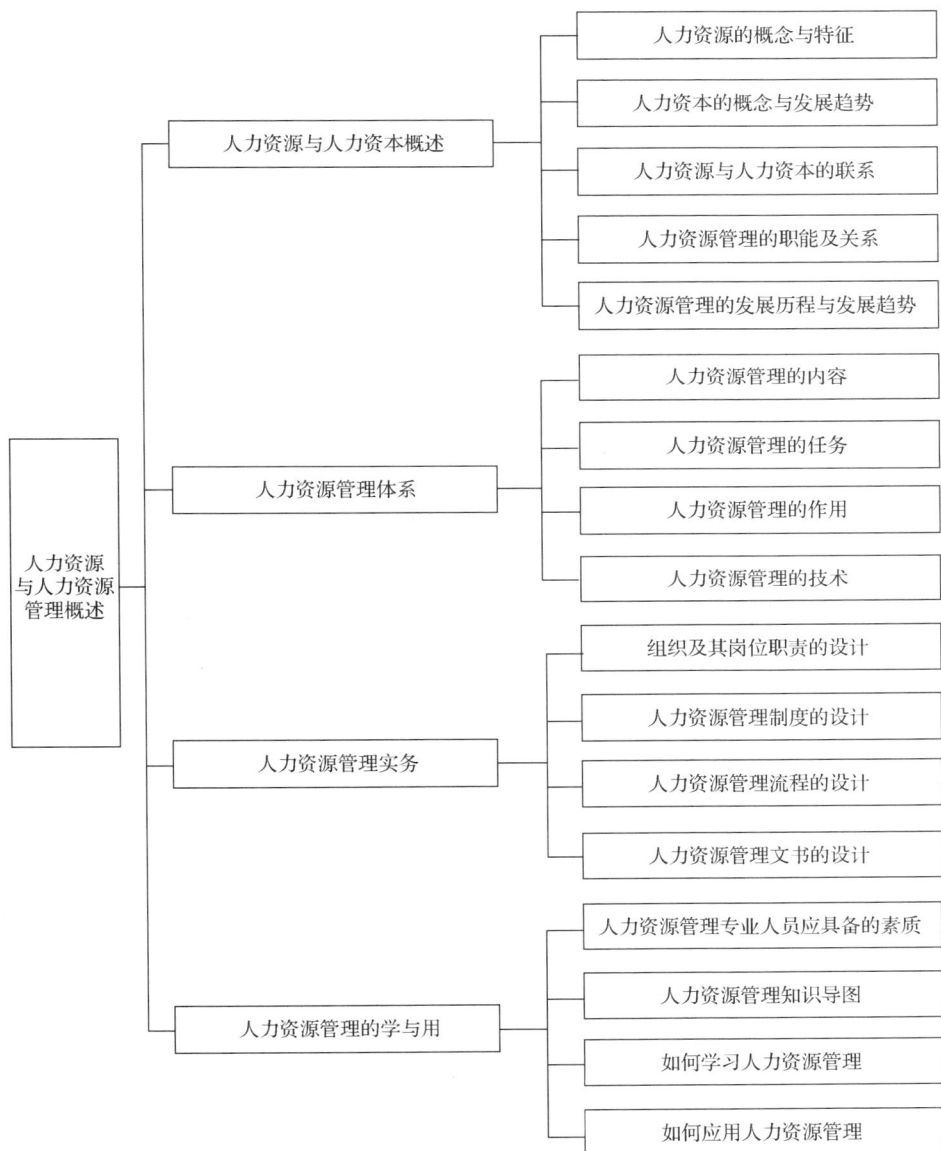

人力资源与人力资源管理概述

- 人力资源与人力资本概述
  - 人力资源的概念与特征
  - 人力资本的概念与发展趋势
  - 人力资源与人力资本的联系
  - 人力资源管理的职能及关系
  - 人力资源管理的发展历程与发展趋势
- 人力资源管理体系
  - 人力资源管理的内容
  - 人力资源管理的任务
  - 人力资源管理的作用
  - 人力资源管理的技术
- 人力资源管理实务
  - 组织及其岗位职责的设计
  - 人力资源管理制度的设计
  - 人力资源管理流程的设计
  - 人力资源管理文书的设计
- 人力资源管理的学与用
  - 人力资源管理专业人员应具备的素质
  - 人力资源管理知识导图
  - 如何学习人力资源管理
  - 如何应用人力资源管理

【学习目标】

职业知识	• 了解人力资源的概念与特征 • 了解人力资本的概念与发展趋势 • 知晓人力资源管理学与用的相关知识 • 清楚人力资源管理体系的构成 • 明确人力资源管理相关设计的要点
职业能力	• 掌握人力资源管理制度、流程等的设计方法，根据企业实际情况进行相关设计 • 能够根据企业的实际情况，建立人力资源管理体系
职业素质	• 具备较强的学习能力、逻辑思维能力、分析能力与文字表达能力

随着人力资源管理理论的发展和现代管理体系的形成，人力资源已成为生产力的第一要素。企业之间的竞争，归根结底是人的竞争。人力资源管理专业人员要有效地对人进行管理，获取企业需要的优秀人才，激励和开发人才，这对保持企业的核心竞争力尤为重要。

1.1 人力资源与人力资本概述

1.1.1 人力资源的概念与特征

1. 人力资源的概念

人力资源的概念最先是由现代管理学之父彼得·德鲁克（Peter F. Drucker）在其 1954 年出版的《管理的实践》一书中提出的。他认为，人力资源和其他所有资源唯一的区别是人力资源拥有其他资源所没有的素质——协调能力、融合能力、判断力和想象力。

彼得·德鲁克认为，企业只有一项真正的资源，那就是人力资源。可以说，人力资源是第一资源，人力资源管理是所有管理工作的核心。

人力资源又被称为"劳动资源"或"劳动力资源"。人力资源有广义和狭义之分：广义的人力资源是指以人的生命为载体的社会资源，以人口的存在为自然基础；狭义的人力资源的定义有很多个，下面列举其中几个。

（1）一个国家或地区有劳动能力的人口的总和。

（2）能够推动整个经济和社会发展的员工的能力。

（3）包含在人体内的一种生产能力（包括潜在的和现实的生产能力）。

（4）推动整个社会和经济发展的具有劳动能力的人的总和（包括数量和质量）。

（5）一切能够为社会创造物质文化财富、为社会提供劳务和服务的人。

本书认为，人力资源是指存在于人们身上的能够推动整个经济和社会发展、为社会创造财富和价值的一切体力、智力、知识和技能，即直接投入建设和尚未投入建设的人口的能力。

2. 人力资源的特征

（1）能动性。人具有主观能动性，能积极主动、有目的、有意识地认识世界和改造世界。

（2）双重性。人既是生产者，又是消费者。

（3）时效性。人在幼年—少年—青壮年—老年各阶段的体力和智力不同，对其培养、开发、使用的规律也不同。

（4）智力性。人不仅有主观能动性，还是科学文化的载体。人的智力的继承和发展使得人力资源所具有的劳动力随时间的推移，得以积累、延续和加强。

（5）可再生性。人力资源的可再生性除了遵守一般生物学规律，还会受到人类意识的支配和人类活动的影响。

（6）社会性。人处在一定的社会环境中，人力资源的形成、配置、利用、开发是通过社会分工来完成的，是以社会存在为前提条件的。人力资源的社会性主要表现为，人与人之间的交往及由此产生的千丝万缕的联系。

1.1.2 人力资本的概念与发展趋势

1．人力资本的概念

人力资本的概念最早由经济学家加里·贝克勒在 20 世纪 60 年代提出。他认为，个体通过获得更高水平的教育、参与职业培训、积极实践等方式，可以提高自身能力，提高就业竞争力。

人力资本是指一个组织或个体所拥有的员工、员工的能力和知识及员工的努力与才干，是一种可被投资、积累和开发的资源。

人力资本的重要性在于它对个体和整个社会都具有积极的影响。对于个体来说，个体拥有较高水平的人力资本，可以获得更好的工作机会、更高的收入水平和较好的职业发展前景。对于整个社会来说，人力资本的积累能够促进经济增长、推动创新和技术进步。

人力资本的概念强调了员工的知识、技能、经验、创造力和团队合作能力等非物质资产的重要性。通过培训、教育和经验积累，员工能够不断提升自身素质，进而为组织创造更大的价值。人力资本的增加可以提高组织的创新能力、生产效率和竞争优势。

人力资本管理涉及吸引、培养、激励和保留人才，以确保组织能够持续地从人力资源中获得价值。同时，人力资本管理也需要与组织的战略目标相一致，确保人力资源的配置与组织的需求相匹配。

2．人力资本的发展趋势

人力资本是一个企业最重要的资源，它包括员工的知识、技能、经验等。随着科技、社会、经济的发展，人力资本的发展趋势也在不断变化，主要表现为以下几个方面。

（1）技能和终身学习。随着技术的快速变革和市场需求的不断变化，员工需要具备不断更新和升级的技能。因此，终身学习的观念变得更加重要。企业需要给员工提供培训和发展的机会，促进其持续学习和成长。

（2）多元化发展。企业需要注重员工的多元化需求，提供各种形式的培训和发展机会，建立员工多元化发展的通道和路径，并且鼓励员工跨领域学习和发展。

（3）强调人才流动。人才流动是企业人力资源管理的重要一环。企业需要鼓励员工流动，提供良好的职业发展平台和机会，同时也要注重员工的职业规划和个性化需求。

（4）注重员工健康。随着人们健康意识的增强，员工的身心健康已成为企业关注的重点，企业需要通过开展健康教育、提供健康保险等方式，关注员工的健康需求。

（5）团队合作和跨文化能力。随着全球化进程的加快，团队合作和跨文化交流的能力变得越来越重要。在国际化的工作环境中，人们需要具备与不同背景和文化的人合作的能力，提高跨文化交流和解决问题的能力。

（6）数据驱动决策。企业正在越来越多地利用数据分析和人工智能技术来支持决策。通过收集和分析员工数据，企业可以更好地了解员工的能力、潜力和偏好，从而进行更有针对性的人力资源决策和规划。

（7）社会责任感。个人和企业越来越重视环境保护、可持续发展和社会公益等方面，并将其融入到日常生活和工作中。

总的来说，人力资本的发展趋势是多元化、综合性和可持续性发展。个体需要不断学习、适应变化，提升自身技能和素质；企业和社会需要提供更多的机会和环境来培养和发展人力资本。

1.1.3　人力资源与人力资本的联系

人力资源管理的核心是通过吸引、培养和留住高素质的员工来提高组织的绩效。而人力资本的关注点更加聚焦于如何最大限度地开发和利用员工的知识与技能，以推动组织的创新和增长。

人力资源和人力资本之间存在着紧密的联系。人力资源管理通过吸引、培养和留住高素质的员工来提高人力资本，而人力资本的提升则为组织的发展提供了重要的支持和保障。人力资源管理专业人员只有合理地管理和开发人力资源，才能最大限度地发挥人力资本的作用。

1. 人力资源与人力资本的区别

人力资源与人力资本的区别如表 1-1 所示。

表 1-1　　　　　　　　　　　　　人力资源与人力资本的区别

项　目	人力资源	人力资本
内涵	人力资源是人所拥有的劳动能力，是存在于人力中的经济资源，可以开发和使用。从静态角度看，不存在增值问题	人力资本是通过投资而形成的，从动态角度看，可以通过生产劳动转移交换，实现价值的增值
概念范围	包括自然性人力资源（未经任何开发的遗传素质和个体）和资本性人力资源（经过教育、培训、健康与迁移等投资而形成的人力资源）	人力资本仅包括在教育投资基础上形成的具有一定知识和能力、从事复杂劳动的人力资源。人力资本对应的是人力资源中的人才
关注焦点	关注的是价值问题	关注的是收益问题
强调重点	人力资源强调劳动者的数量，而对劳动者的素质重视不足	人力资本强调劳动者的素质
研究角度	将人力作为财富源泉，从人的潜能与财富的关系研究人的问题	将人力作为投资对象，作为财富的一部分，从投入与收益的关系研究人的问题
作用	通过增加人力数量来满足生产和物力的需求	在不增加人力数量的前提下，通过提升劳动者的素质和能力来满足生产和物力的需求

2. 从人力资源到人力资本转化的条件

从人力资源到人力资本转化是需要一定条件的，具体有以下 3 个条件。

（1）人力资源的稀缺性。在知识经济未到来之前，经济想要得以发展离不开资本，只要投入资本，社会财富就会有所增加。而在知识经济社会，人力资源的稀缺，特别是人才的稀缺问题已经凸显。因此，人力资源的稀缺性成为从人力资源到人力资本转化的条件之一。

（2）人力资源的决定性。当人力资源的作用对整个经济的发展起到了决定性作用时，人力资本化的条件就形成了。

（3）人力资源的产权属性。由于对剩余价值的索取权，必须承认人力资源的产权属性。如果人力资源不具有产权属性，就保障不了对剩余价值索取权的实施。所以，人力资源成为人力资本需要的一种产权保障。

3．将人力资源转化为人力资本应采取的措施

（1）具体的招聘规划。这个规划应包括招聘的目的、应聘者的工作任务及对应聘者的要求。企业招聘人才不应一味追求水平高，而应追求匹配。过高的要求将造成人才成本增加或人员流动频繁。因此，企业一定要根据自身的需要来确定招聘条件，进而选定适合自身发展的人才，为人力资源转化为人力资本打好坚实的基础。

（2）注重人才开发。随着市场的变化，企业也会不断发展和变化。因此，企业对人才的要求也会不断变化和提高，而企业不可能靠频繁换人来适应这种变化，唯一可行的方法是根据企业的需求不断为员工提供学习提升的机会，使员工的能力不断增长，以适应企业的发展。

（3）合理使用人才。人才的合理使用主要包括两个方面。一是提供良好的工作条件，要想使人才创造最大的价值，就要为员工提供所需的各种支持，包括相关的培训、相应的办公设备、其他部门的配合等。二是激励，激励可以调动员工的工作积极性，使其能为企业做更多的工作。

1.1.4　人力资源管理的职能及关系

1．人力资源管理的职能

人力资源管理的职能有人力资源规划、招聘与录用、培训与开发、绩效管理、薪酬福利管理、员工关系管理和人力资源信息管理。

（1）人力资源规划。基于对人力资源需求和供给的分析与预测制定人力资源战略，并监测与监督人力资源规划的执行。

（2）招聘与录用。负责制定并执行招聘策略，吸引并选择适合岗位要求的员工，进行面试、考核和录用。

（3）培训与开发。制订培训计划、开展培训活动，提升员工的专业技能和综合素质，为员工的职业发展提供支持。

（4）绩效管理。建立绩效评估体系，对员工的工作表现进行评估，制定奖惩措施，帮助员工提高工作绩效。

（5）薪酬福利管理。设计和管理员工薪资结构，确保薪酬体系合理公平；提供适当的福利和员工关怀措施，提高员工的满意度和忠诚度。

（6）员工关系管理。促进良好的员工关系，管理和解决员工之间的纠纷和冲突；协调劳动关系、进行企业文化建设以创造融洽的人际关系和良好的工作氛围。

（7）人力资源信息管理。建立和维护员工信息数据库，管理员工档案和相关的人事数据，确保数据的安全性和完整性。

2. 人力资源管理各职能之间的关系

人力资源管理各职能之间的关系如下。

（1）招聘与录用和培训与开发。招聘与录用是负责选择合适的员工，而培训与开发是负责提升员工的能力和素质。两者相辅相成。企业通过招聘与录用找到具备潜力的员工，然后通过培训与开发使员工更好地适应岗位要求。

（2）绩效管理和薪酬福利管理。绩效管理是评估员工的表现，而薪酬福利管理是决定员工的薪资和福利待遇。两者相互联系，绩效评估结果可以作为薪酬和福利的确定依据，激励员工提高绩效。

（3）员工关系管理和其他职能。员工关系管理通过建立沟通渠道、处理纠纷等方式维护良好的员工关系，解决员工对招聘与录用、培训与开发、薪酬福利管理、绩效管理等的异议。

（4）人力资源信息管理和其他职能。人力资源信息管理是支持其他职能的重要基础。各个职能需要准确的数据和信息来进行决策和分析。人力资源信息管理负责建立和维护员工数据库和档案，确保数据的完整性和安全性，为其他职能提供必要的支持。

以上职能相互关联、相互支持，为组织提供全面的人力资源支持，以吸引、培养和留住优秀员工，并为员工的发展和组织的目标达成提供支持和指导。

1.1.5 人力资源管理的发展历程与发展趋势

1. 人力资源管理的发展历程

关于人力资源管理的发展历程，国内和国外学者都将其划分为若干不同的阶段。其中，国外典型的理论有六阶段论（科学管理运动、工业福利运动、早期工业心理学、人际关系运动时代、劳工运动及行为科学与组织理论时代）、五阶段论（工业革命时代、科学管理时代、工业心理时代、人际关系时代和工作生活质量时代）和四阶段论（档案管理阶段、政府职责阶段、组织职责阶段和战略伙伴阶段）。

国内典型的理论有两阶段论（人事管理阶段和人力资源管理阶段）和四阶段论（人事管理阶段、人力资源专业职能管理阶段、战略人力资源管理阶段及知识与信息管理阶段）。

本书将人力资源管理的发展历程划分为雇佣管理阶段、人事管理阶段和人力资源管理阶段3个阶段。

（1）人力资源管理发展历程的划分。

① 雇佣管理阶段。18—19世纪，资本主义国家发生了工业革命，生产力水平得到提高，生产方式也发生了重大变革。此时，由于需要大量的劳动力，招录工人成为人力资源管理的主要任务。管理主要是依靠领导者的个人经验。

② 人事管理阶段。19世纪末，人口和市场需求的膨胀促进了生产发展，用机器取代人力等高效率的工作方法成为人力资源管理面对的首要问题。人力资源管理的相关理论随之兴起，包括泰勒的科学管理思想、赫茨伯格的"双因素理论"和马斯洛的"需求层次理论"。在这个阶段，人力资源管理表现为企业一味地追求效益最大化，对员工的重视主要体现在其工作成果中。

③ 人力资源管理阶段。20世纪60年代左右，许多新的管理理论出现，包括麦格雷格的

"X—Y 理论"和沙因的"四种人性假设"等。同时，人事立法和反歧视力度加强，促使人从机器的附属品转变为企业的一种重要资源。人力资源管理由以物为中心转变为以人为中心，由人本管理转向人性管理，人力资本理论全面介入人力资源管理。

（2）发展模式及特点。

下面介绍美国、日本、德国和韩国 4 个国家的人力资源管理模式，如表 1-2 所示。

表 1-2　　　　　　　　　　美国、日本、德国和韩国的人力资源管理模式比较

比较维度	美 国	日 本	德 国	韩 国
企业性质	松散的集体	拥有较强的内聚力	松散的集体	大家庭
等级差别	以职能联系的管理等级	非常强调普遍的等级	等级弱化	强调森严的等级制度
雇佣关系	劳动买卖关系，忠诚度低，流动频繁	终身雇佣制	双向选择，自由雇佣	准长期雇佣
人际关系	对立，人情关系淡薄，人际理性、制度化管理，顺序是法、理、情	和谐，以和为贵，顺序为情、理、法	强调合作，照章办事，人际关系单一	企业强调员工忠于企业
培训	为具体工作进行在职培训、职业培训、工作表现培训、人才管理培训	为多种工作进行在职培训，经营即教育	国家、企业共同提供培训，以能力为本，加强关键能力培训	普遍的在职培训及同工种有关的培训
管理手段	集中在特定范围内的特定工作，突出专业化	工作轮换、范围灵活	专业分工严格，强调技术和工作效率	大量工作轮换、范围机动灵活
绩效评估与升迁	能力主义，强力表现、快速评价、迅速晋升、现实汇报、无情淘汰	年资序列制和日本式的福利型管理，重视能力、资历和适应性的平衡，晋升机会平等	小幅度定期提薪、晋升、调换工作，公平竞争的择优机制	竞争的择优机制，重视员工的责任感、忠诚度
劳资关系	劳资对立、零和思维	劳资和谐，缓和劳资矛盾	政府干预，社会伙伴关系	稳定协调，工会力量弱，力量对比悬殊
市场化	市场调节，竞争—淘汰机制	市场化程度较低	高度发达的人力资源市场	高度的市场化
员工参与管理	有限度地参与管理，强调各司其职	强化员工主人翁意识，采用员工建议制	员工参与决定制，联合管理	
招聘与引进	全球范围内的高度市场化	重视教育、崇尚名牌大学、强调基本素质，注重与学校合作	市场机制完善	—
法律规范	法律条文众多，重视保护雇员利益	有一定的约束性法律条文	法律条文众多，政府行为规范，拥有专业化的司法组织	政府与企业主属同一个立场
薪资水准	市场化运作，体现能力、绩效	基于学历和服务年限	高工资，人员精干	体现能力、绩效

2. 人力资源管理发展趋势

面对宏观环境的复杂多变和企业内部微观环境的变化，人力资源管理呈现以下新的发展趋势。

（1）人力资源管理的战略化。人力资源管理的战略化是指人力资源管理要与企业的发展战略相结合，为企业战略目标的实现提供人才支持。

（2）人力资源管理的虚拟化和全球化。人力资源管理的虚拟化是指人力资源正走向外包化管理。人力资源外包是指将原来由企业人力资源部门承担的工作，通过招标等方式，委托给从事相关服务的专业机构来做。人力资源外包的主要内容包括招聘、培训、薪酬福利管理和人力资源咨询等方面。人力资源外包已日益成为众多企业的选择，其目的是减轻企业的成本压力，提高企业的绩效水平，建立企业的竞争优势。

世界经济一体化的趋势使人力资源管理面临着全球的机遇与挑战。因此，企业人力资源管理必须调整战略，开拓局面，寻求新的发展。

（3）人力资源管理的重心向知识型员工方向转移。随着世界进入知识经济时代，人力资源管理的重心将由手工工作者转向知识型员工。彼得·德鲁克在《21世纪的管理挑战》中指出，20世纪最重要的同时也是最独特的对管理的贡献，是制造业中手工工作者的生产力提高了50倍，21世纪对管理最重要的贡献将是知识工作与知识工作者生产力水平的提高。

（4）人力资源管理趋向柔性化，更加注重企业文化、价值观念和道德修养。在知识经济社会中，由于员工和企业内部协调机制发生了变化，企业管理者更多地会通过沟通指导员工的行为和观念，会更注重企业文化、价值观念和道德修养，从而组建优秀的团队，实现企业目标。

（5）人力资源管理以客户价值为导向。以客户价值为导向的人力资源管理理念把员工作为服务对象，站在员工的角度，以新的思维方式对待员工，以营销的视角开发企业中的人力资源，通过提供令员工满意的与人力资源相关的产品或服务，来吸引、保持、激励和开发企业所需的人力资源。

（6）数字化转型。随着数字化和信息化的迅速发展，人力资源管理也正在朝着数字化转型。数字化转型可以提高人力资源管理的效率和精度，同时也可以为组织提供更多的数据支持，以便更好地进行决策。

（7）数据驱动。随着大数据技术的应用，人力资源管理不再仅仅依靠抽象的概念和个人经验，而是更注重数据的驱动和分析。数据分析有助于企业理解员工的行为模式、识别潜在的问题、及时采取措施，从而提高人力资本回报率。

（8）精细化管理。随着组织越来越重视员工体验，人力资源管理也将更加注重员工的个性化需求和差异化管理。人力资源管理专业人员通过采用技术手段，可以更好地了解员工的能力和偏好，从而提供更好的职业规划和发展路径。

（9）灵活化工作模式。随着互联网的快速发展，灵活化的工作模式（如远程工作、弹性工作时间等）已经成为人力资源管理的一种趋势。采用这种工作模式可以提高员工的工作效率、促进员工工作与生活的平衡，从而吸引更多的优秀人才。

【微课堂】

> 在一家中小型企业中，有一名老员工，已经连续几年没有得到过晋升和加薪，工资也比同龄人要低，但他总体表现一直是比较优异的。请问，你作为人力资源经理，从人力资本的角度应该如何做，才能更好地做好老员工的关怀和发展工作？

1.2 人力资源管理体系

人力资源管理体系由人力资源管理的内容、任务、作用，以及技术等要素构成。

1.2.1 人力资源管理的内容

人力资源管理的内容主要包括人力资源规划、招聘与录用、培训与开发、绩效管理、薪酬福利管理、劳动关系管理六大方面。

1. 人力资源规划

人力资源规划是指企业根据目前的人力资源状况，以及实现企业战略目标对人力资源质量和数量方面的需要，对人力资源的引进、保持、提高、流出做出的预测及其他相关事项。

2. 招聘与录用

招聘是指为了实现企业的目标，人力资源管理部门和相关职能部门根据企业战略和人力资源规划，通过各种渠道和方法，将符合职位要求的应聘者引入企业，以弥补岗位空缺的过程；录用是人员招聘的主要环节之一，主要是指在对应聘者进行挑选之后，对候选人进行录取和任用的一系列具体事宜（包括决定并通知录用人员、签订合同、对员工进行初步安排、试用和正式录用等）。

3. 培训与开发

培训是指企业为了实现其战略发展目标，满足培养人才、提高员工职业素养的需要，采用各种方法对员工进行有计划的教育、培养和训练的活动过程；开发是指企业依据员工需求和企业发展需求对员工的潜能进行开发，并对其职业发展进行系统设计与规划的过程。培训与开发的最终目的都是通过提高员工的能力来实现员工与企业的共同成长。

4. 绩效管理

绩效管理是企业为实现发展战略目标，运用特定的标准和指标，采用科学的方法与员工一同开展与绩效计划、绩效沟通、绩效评价和绩效反馈相关的工作，持续改进员工个人绩效，并最终提高企业绩效的管理过程。

5. 薪酬福利管理

薪酬福利管理是一种企业在发展战略指导下，确定、分配和调整员工薪酬福利支付原则、薪酬福利策略、薪酬福利水平、薪酬福利结构和薪酬福利构成的动态管理过程。

6．劳动关系管理

劳动关系是指企业与员工在劳动过程中发生的以经济利益为核心的各种关系的总和。劳动关系管理的主要内容包括劳动合同管理、劳动纠纷管理、员工满意度管理及沟通与冲突管理等。

人力资源管理工作是一个有机的整体。企业开展人力资源管理的各项工作必须到位，并且要根据不同的情况不断地调整工作重点，以保证人力资源管理的良性运作，促进企业战略目标的实现。

1.2.2　人力资源管理的任务

人力资源管理的任务如下。

1．制订人力资源计划，进行岗位分析和工作设计，组织和实施招聘工作

根据企业的发展战略和经营计划，评估企业的人力资源现状及发展趋势，收集和分析人力资源供给与需求方面的信息和资料，预测人力资源供给和需求的发展趋势，制订人力资源招聘、调配、培训、开发及发展计划等。

人力资源管理专业人员要对企业中的各个岗位进行分析，确定每一个岗位对员工的具体要求，编制岗位说明书。根据企业内的岗位需要及岗位说明书，利用各种方法和手段，吸引企业内部或外部的应聘者，并且经过资格审查和筛选确定最终录用人员。

2．雇佣与劳资关系的管理

员工一旦被企业聘用，就与企业形成了一种雇佣与被雇佣、相互依存的劳资关系。为了保护双方的合法权益，确保企业运营的顺畅与员工队伍的稳定，企业有必要制定一套全面的管理制度，以明确双方的权利与义务。具体而言，企业应与员工就工资、福利、工作条件和环境等事宜达成协议，签订劳动合同。该合同应以法律文件的形式固定双方的约定，为日后的管理与合作奠定坚实的基础。

3．开展培训与协助员工制订职业生涯规划

企业要对新员工进行培训，使其了解和适应企业，接受企业文化。为了提高员工的工作能力和技能，企业应有计划地开展各种岗位培训，提高员工的知识和技术水平。

人力资源管理部门和管理人员有责任鼓励和关心员工的个人发展，帮助员工制订职业生涯规划，并及时进行监督和考察。人力资源管理部门在帮助员工制订职业生涯规划时，要考虑它与企业发展计划的协调性和一致性。

4．考核工作绩效，设计工资报酬与福利保障

工作绩效考核即对照岗位说明书和工作任务，对员工的业务能力、工作表现及工作态度等进行评价，并给予量化处理。

人力资源管理部门依据员工的资历、职级、岗位、实际表现和工作成绩等，为员工制定相应的、具有吸引力的工资报酬和福利标准。员工福利是社会和企业保障的一部分，是工资报酬的补充或延续，主要包括法律规定的养老保险、医疗保险、失业保险、工伤保险、生育保险、公积金及法定节假日。同时，为了保障员工的人身安全，企业还要为员工提供安全、良好的工作条件等。

1.2.3　人力资源管理的作用

企业要保证正常运营，就要重视人的因素，加强企业人力资源管理。实践证明，企业人力资源管理对企业的正常生产运营、企业劳动生产率的提高、企业经济效益的提高及企业资产的保值增值等方面都具有重要的影响。

1．人力资源管理有助于生产经营的顺利进行

劳动力是企业生产力的主要组成部分。只有通过合理组织劳动力，不断协调劳动力之间、劳动力与劳动资料和劳动对象之间的关系，企业才能充分利用现有的劳动力资源，使其在生产经营过程中最大限度地发挥作用，从而在空间和时间上使劳动力、劳动资料和劳动对象形成最优的配置，保证生产经营活动正常、有序进行。

2．人力资源管理有助于调动企业员工的积极性，提高劳动生产率

人力资源管理不仅要为员工创造良好的劳动环境，使他们安于工作、乐于工作、忠于工作，而且要激励员工积极主动地把劳动潜能和智慧发挥出来，为企业创造更多的生产经营成果。

3．人力资源管理有助于现代企业制度的建立

人力资源管理制度是现代企业管理制度的重要组成部分，人力资源管理是现代企业管理中最为重要的内容之一。建立现代企业制度，最重要的是提高企业员工的素质。一家企业只有拥有了优秀的人才，才能充分而有效地应用各种先进的设备和技术。因此，企业注重和加强对人力资源的开发和利用，搞好员工培训教育工作，是实现企业经营管理向科学管理、现代管理转变的不可缺少的一个环节。

4．人力资源管理有助于减少劳动消耗，提高经济效益，实现资产的保值增值

经济效益是以尽量少的劳动消耗取得更多的经营成果，或者以同等的劳动消耗取得更多的经营成果。减少劳动消耗的过程，即提高经济效益的过程。因此，科学的人力资源配置可以使企业以最少的劳动消耗取得最大的经济效益。在市场经济条件下，人力资源管理有助于企业资产的保值增值，使企业利润最大化、价值最大化。

1.2.4　人力资源管理的技术

人力资源管理的技术包括人力资源更新技术、人力资源监控技术、人力资源激励技术、人力资源制衡技术和人力资源开发技术 5 类。人力资源管理的技术及其主要内容如表 1-3 所示。

表 1-3　　　　　　　　　　人力资源管理的技术及其主要内容

人力资源管理的技术		主要内容
人力资源更新技术	技术的更新	（1）人力资源规划　市场调查、需求研究
		（2）组织设计与变革　扁平化、适应市场
		（3）外部人才招聘　测评、面试
		（4）内部员工市场　竞争上岗、内部创业
		（5）退休管理　对退休人员的信息管理
		（6）统计分析　成本分析、品质评价

续表

人力资源管理的技术			主要内容
人力资源监控技术	员工绩效管理、组织控制、管理监控	（1）绩效考核	实体考核、人事考核
		（2）纪律体系	法理体系、执行细则
		（3）工作分析	重要分值、岗位说明书
		（4）劳动保护	制度、水平、教育
		（5）档案管理	政治、考核、业绩
人力资源激励技术	劳动积极性的启发与协调	（1）物质激励	当期收入—预期收入、稳定收入—风险收入、短期收入—长期收入、现金收入—实物收入
		（2）荣誉激励	全员激励、团队激励、成就激励
		（3）责任激励	内部创业、晋升提级、工作内容丰富化、授权
人力资源制衡技术	劳资关系平衡、管理关系协调	（1）组织温度监测	员工情绪、凝聚力
		（2）企业文化建设	设计、宣传、认同
		（3）内部公关调整	不满宣泄、申诉、咨询
		（4）人事法律事务	调解、仲裁、诉讼、谈判
		（5）企业民主管理	工会、职代会
人力资源开发技术	人力资源潜力开发	（1）体能开发	保健、营养、健身
		（2）智力开发	素质、专业技能、岗位适应
		（3）品德开发	忠诚、企业文化
		（4）培训评估	成本核算、效益评估

【微课堂】

　　有一家中型企业在快速发展过程中面临人才流失和组织效能下降的问题。对此，一位经验丰富的人力资源经理制订了一份全面的人力资源管理计划。首先，他与公司领导团队沟通，了解到公司目前存在的问题：员工福利待遇不够，缺乏职业规划和晋升空间，同时也缺乏有效的沟通机制。其次，他对员工进行了全面调研，了解了员工的需求和期望。最后，他建立了完善的福利待遇体系，如提高薪资、增加福利、优化工作环境等。他还编制了职业发展和晋升计划，增加了员工培训的投入，为员工提供了更多的成长机会和空间。通过这些措施的实施，公司人才流失和组织效能下降的问题得到了显著的改善。请问，人力资源经理采取的措施分别对应哪项人力资源管理的作用？

1.3 人力资源管理实务

1.3.1 组织及其岗位职责的设计

组织设计包括组织目标设计、组织结构设计、部门组织设计与部门职能设计等。组织设计是在组织理论的指导下进行的。它是企业的总体设计，是企业管理的基本前提，是一项操作性很强的工作。

组织理论被称作广义的组织理论或大组织理论，包括组织运行的全部问题，如组织运行的环境、目标、技术、规模等。组织设计理论则被称作狭义的组织理论或小组织理论，即组织结构设计。本书中的组织设计是指广义的组织设计，设计依据是组织理论。

岗位职责是指每个岗位的人员需要完成的工作内容、应当承担的责任及相应的授权范围等。企业设计岗位职责的目的是对相应的岗位进行合理、有效的分工，使人力资源管理专业人员明确自己的工作内容，努力承担相应的岗位责任，从而出色地完成岗位任务。

1. 岗位职责的信息来源

企业在设计岗位职责时，首先应了解各种岗位的职责信息。岗位职责信息来源于现有岗位的资料、工作陈述记录和现有工作分析。

2. 岗位职责的设计方法

（1）岗位职责要围绕工作目标，根据工作大类逐类设计。企业不能将一项很小的工作任务当成一项岗位职责来设计。

（2）对于每项职责，先用几个关键词概括说明该项工作的内容，然后具体描述工作的任务以及所要达到的目标。

（3）岗位职责主要包括工作内容、工作标准及工作权限等内容，一般采用动宾短语进行阐述。

3. 岗位职责的模板

根据以上介绍的岗位职责设计方法，设计出岗位职责的模板，如表 1-4 所示。

表 1-4 岗位职责的模板

岗位名称		岗位定员		所属部门	
薪酬等级		直接上级		直接下级	
岗位工作综述					
1.					
2.					
3.					
岗位工作内容、工作标准及工作权限					
编号	工作内容		工作标准	工作权限（决定权/指导权/支配权/执行）	
1					
2					
3					
岗位协作关系					
对内：					
对外：					

1.3.2　人力资源管理制度的设计

从狭义上讲，管理制度一般是指一个组织（企业、事业单位、各种团体）为达到某一目标或完成某一任务，制定的要求全体成员共同遵守的办事规程或行动准则，如工作制度、财务制度、作息制度、教学制度等。

在企业人力资源管理实践中，属于制度范畴的有章程、规定、办法、细则、规范等，不属于制度范畴的有公司简介、指导意见、战略发展规划、年度计划、工作计划、说明书、帮助手册、合格标准、配置规范等。

1．统一人力资源管理制度的设计规范

（1）人力资源管理制度的设计原则。人力资源管理制度设计人员在设计时需遵守一定的规范。只有符合规范的人力资源管理制度，才有说服力和实用性，才能予以落实。

人力资源管理制度的设计一般要遵循5个方面的要求，即合法合规、内容充分、形式美观、适宜性、有效性。

（2）人力资源管理制度设计的"三符合、三规范"。人力资源管理制度设计人员在设计时要遵循一定的编写要求，达到"三符合、三规范"。

"三符合"即人力资源管理制度的内容应当符合管理者最初的设想、符合科学管理原理、符合客观事物发展规律或规则。

"三规范"即规范制度制定者、规范制度内容、规范制度实施过程。

2．制度内容分项设计

（1）人力资源管理制度的内容构成。人力资源管理制度的内容主要由4部分构成，包括标题、总则、正文和结尾。

① 标题。标题要清晰、简洁、醒目，由受约单位（个人）、基本内容和文种构成，如"××公司行政管理制度"。

② 总则。总则包括制定制度的原因或目的、制度所依据的法律法规或内部制度文件、制度适用范围、受约对象及其行为的界定、定义术语、权责描述及其他与本制度有关的说明。

③ 正文。制度的正文部分主要对受约对象或具体事项进行描述，分成章、条（款）、项（目），按人员的行为要求或者具体事项流程分章分条。

④ 结尾。结尾主要包括附则和附件。制度的附则包括施行要求和注意事项、实施日期及解释权或修订权、规章发布单位，附件主要涉及编写制度的记录、表单和流程。

（2）人力资源管理制度的结构。人力资源管理制度一般采用章、条、款、项结构，内容简单的可以直接以条的方式表述。

①"章"的编写。要概括制度所要表述的主要内容，然后通过完全并列、部分并列和总分结合的方式确定各章的标题，根据章标题具体编写每章的内容。

②"条"的编写。先概括各模块所要表述的主要内容，然后从内容表达和编排上分解模块主要内容。用并列式关系拆解"章"标题，用总分式关系诠释"章"标题。

③"款"的编写。"款"是"条"的组成部分，"款"的表现形式为"条"中的自然段，每

个自然段为一款，每一款都是一段独立的内容或是对前款内容的补充描述。

④ "项"的编写。"项"的编写办法有 3 种，即梳理分解"条"的逻辑关系，直接提取"条"的关键词语，设计一套表达"条"的体系。编写"项"时一定要注意具体化，通过具体化可以实现 4 个目标，即控制编写思路，达到既定目标，明示编写人员，控制编写篇幅。

3．人力资源管理制度的设计方法与步骤

（1）人力资源管理制度的设计方法。

① 专题专议法。专题专议法是就每一个专题内容而言的，因此要注意内容的准确性、规范性和实用性。

② 解释说明法。解释说明法可以对某一个问题进行详细解释，也可以对某项工作进行说明指导或应用说明。

③ 依照细分法。依照细分法可对已有的制度规范或者相关的法律法规进行内容细分。

④ 问题分析法。问题分析法可对已经发生或即将发生的管理问题、业务问题或者流程问题进行分析。

⑤ 导图设计法。导图设计法可通过借用导图文件或纸面导图进行制度设计。

（2）人力资源管理制度的设计步骤。

企业人力资源管理制度设计人员在设计人力资源管理制度时，不仅要知晓目前所处的内外部环境，紧跟企业和整个宏观环境的变化，还应遵循相应的步骤，循序渐进地开展制度设计工作，具体分为以下 7 个步骤。

① 制度定位。人力资源管理制度设计人员在设计制度时，要明确立足点，根据制定各项制度的目标及原因选准角度，如战略角度、企业管理角度、部门管理角度、业务角度、人员角度、工作流程角度等。

② 调研访谈。人力资源管理制度设计人员应进行调研访谈，访谈内容包括企业目前所处的内部环境和外部环境、企业未来将会面临的内外部环境、企业目前存在的问题、业务中需要特别注意的事项等。

③ 制度起草。开展制度起草工作时，企业管理者应根据前面的制度目标和制度定位确定制度的风格和写作方法，在调研的基础上进行制度内容规划，形成纲要，撰写条文形成草案，并且要严格遵循制度规范。

④ 制度定稿。制度定稿应具可行性和相对稳定性，提交给具有相关权限的领导或主管部门批准。

⑤ 制度执行。在制度执行前可以先发一个关于制度试行的通知。

⑥ 制度完善。根据广大员工的建议和意见，在制度执行过程中发现不足和纰漏，进一步修改完善。

⑦ 制度公示。制度在公示之后才会生效，企业管理者应选择使全体员工都知晓的渠道对制度进行公示。

4．人力资源管理制度的模板

根据以上介绍的人力资源管理制度的设计方法、步骤及管理制度的内容，设计的人力资源管理制度模板如表 1-5 所示。

表 1-5 人力资源管理制度模板

制度名称	××管理制度		受控状态	
			编号	
执行部门		监督部门	编修部门	

第 1 章 总则

第 1 条 目的
第 2 条 适用范围

第 2 章 ××

第 3 条

…………

第 3 章 ××

…………

第 n 章 附则

…………

编制日期		审核日期		批准日期	
修改标记		修改次数		修改日期	

1.3.3 人力资源管理流程的设计

工作流程是指开展工作事项的先后顺序，主要包括各项实际工作的工作环节、步骤和程序。在工作流程中，企业内各项工作之间的逻辑关系是一种动态关系。

工作流程主要采用流程图的方式进行设计。工作流程图会用恰当的符号记录全部工作事项，描述工作活动的流向顺序。工作流程图由一个开始节点、一个结束节点及若干中间环节组成，中间环节的每个分支要有明确的判断条件。

1．人力资源管理流程

人力资源管理的核心流程包括人力资源规划流程、人才测评管理流程、职业生涯规划管理流程等。

2．人力资源管理流程的设计步骤

人力资源管理流程设计主要是对需要设计或再造的人力资源管理工作流程进行分析，确定流程的主要环节、参与部门，对其操作进行明确说明，并将最终成果用书面形式展现出来以便推进实施的过程。

（1）初步确定流程。理顺工作过程，找出工作过程中的各个环节以及它们之间的相互关系。

（2）界定流程范围和参与的部门。界定流程范围，确定参与该工作过程的各个部门（或各个岗位）以及它们的职能及作用。

（3）绘制流程图并进行理解和分析。绘制流程图后，所有与流程相关的人员要认真研究、理解和分析流程的准确性。

（4）精调、改进流程。对流程进行审核、讨论，进行精调，对不当之处进行调整和修改。

（5）瞄准标杆、对比研究。找出流程设计工作做得较好的企业，将其作为标杆，进行对比研究，找出本企业流程设计中的不足之处，并加以改进。

（6）流程试行、收集信息。将设计的流程在工作中试行，注意收集流程在执行过程中的反馈信息。

（7）分析研究反馈信息。流程在工作中试行半年左右，就可能会收到很多反馈信息，企业管理者要对收集到的反馈信息进行认真的分析研究。

（8）实施流程改进。企业管理者在对收集到的反馈信息进行认真的分析研究后，要对现有的流程图进行改进，并重新绘制。

（9）确定最终流程。对经过实践检验的流程图进行最终确定，由企业管理层正式公示，并将企业所有的流程图汇集成册。

3．人力资源管理流程的设计要领

人力资源管理的对象是人力资源，即以人为中心。其目标和宗旨是合理配置人力资源，最大限度地发挥人力资源的能力与作用，使员工以良好的心理状态为企业做出贡献，同时自身得到最大满足。因此，人力资源管理流程具有独特性。

（1）人力资源管理流程的特点分析。人力资源事务工作烦琐、冗杂，企业必须把人力资源事务工作中一些常规的工作流程化、标准化，把人力资源部门从事务性工作中解脱出来。可见，人力资源管理流程的设计与执行对企业非常重要。

人力资源管理工作面较宽，工作种类繁杂，流程步骤较多，因此人力资源部门的工作人员一般需要承担多方面的工作。这就需要人力资源部门的工作人员了解很多相关知识，熟悉相关办公流程，这样才能高效、优质地完成工作。

（2）人力资源管理流程设计的工作要求。实施人力资源管理流程可降低成本、完善服务、促进企业文化发展。人力资源管理流程设计成功的必备条件及工作要求如表1-6所示。

表 1-6　　　　　　　　人力资源管理流程设计成功的必备条件及工作要求

人力资源管理流程设计成功的必备条件	工作要求
（1）获取高层领导的帮助。企业核心人员对人力资源管理流程设计给予积极支持	（1）使人力资源管理流程设计策略与企业经营目标、信息技术水平相符合
（2）人力资源管理流程设计人员对人力资源管理业务具有敏锐的洞察力、敏捷的应变能力，能清楚看到问题的症结所在，并能较快找出解决办法	（2）明确说明新流程的优势和作用，获得高层领导的支持
（3）员工对人力资源管理流程设计与实施充满热情，并积极参与	（3）选择一个合适的人力资源管理流程起点，有效推进流程设计与调整
	（4）明确新人力资源管理流程对现有企业文化的影响，推动企业文化的发展
（4）尽早组织宣传、交流，使员工清楚并理解流程方案及其实施意义	（5）及时评估人力资源管理流程成果，制订切实可行的评估计划和方案
（5）员工支持现行流程的改变，并能以善意的心态接受各种可能的结果	（6）制定并实施一系列措施，以保持并扩大人力资源管理流程设计与执行的成果

（3）绘制人力资源管理流程图。流程管理在实际工作中最重要的一个步骤就是画出最优先工作的工作步骤图，即按照工作的开展顺序，简明地叙述流程中的每个步骤。这可以使每位与流程有关或无关的员工都能显而易见地了解工作的每个步骤。当发生问题时，员工就以此为依据对问题进行系统分析。

（4）人力资源管理流程的实施。在人力资源管理流程的实施过程中，要坚持从大处着想、从小处着手、迅速行动原则和充分沟通、信息共享、公开坦诚原则。

4．人力资源管理流程的模板

人力资源管理流程的模板如图1-1所示。

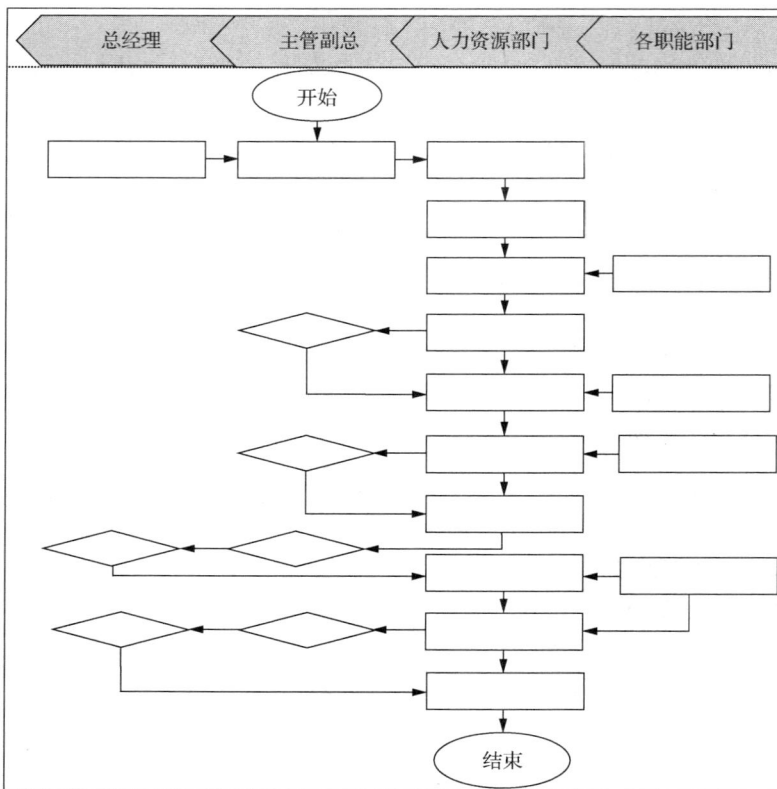

图 1-1　人力资源管理流程的模板

1.3.4　人力资源管理文书的设计

　　人力资源管理文书是指人力资源管理需要使用的文档。这些文档部分需要企业自行制作，部分需要其他单位提供。企业在自行制作相关文档时，要注意文档的格式需符合规定。人力资源管理文书一般包括计划书、会议纪要、说明书、建议书、通知书、评估书、总结书、报告书等。人力资源管理文书的设计模板如表 1-7 和图 1-2 所示。

表 1-7　　　　　　　　　　　　人力资源管理文书的设计模板（一）

文书名称	××公司商务谈判计划书		执行部门	
			档案编号	

正文内容包括：

谈判目的（价格、质量、商品交付日期及交付方式、商品付款方式等）

谈判小组（明确小组成员应具备的素质、小组成员的组建原则、谈判小组成员等）

搜集并分析谈判资料（双方的目标、利益、市场信息及数据等）

明确态度（评估对方的立场及底价、评估双方的优劣势、自身的立场和承受范围）

策略（通过定量或定性分析，制定谈判的策略）

…………

职务 ＿＿＿　姓名＿＿＿＿＿＿

＿＿年＿＿月＿＿日

编制人员		审核人员		批准人员	
编制日期		审核日期		批准日期	

××公司周例会会议纪要

会议主题: _____

参会人员: _____

会议时间: _____ 会议地点: _____

会议主持人: _____ 会议记录人: _____

会议内容

1. _____

2. _____

3. _____

（公章）

时间

抄报: _____

抄送: _____

图 1-2　人力资源管理文书的设计模板（二）

【微课堂】

工作流程是工作事项的流向顺序，主要包括实际工作过程中的工作环节、步骤和程序。请问，企业管理者在进行人力资源管理流程设计时应注意哪些问题?

1.4 人力资源管理的学与用

1.4.1　人力资源管理专业人员应具备的素质

人力资源管理专业人员应具备的素质主要包括任职资格和能力要求两个。

1. 任职资格

人力资源管理专业人员的任职资格一般包括教育背景、培训经历、工作经验、工作技能及工作态度等方面。人力资源管理专业人员的任职资格如表 1-8 所示。

表 1-8　　　　　　　　　　人力资源管理专业人员的任职资格

序　号	项　目	具体要求
1	教育背景	所学专业一般要求是人力资源管理、劳动经济学、心理学、管理学等相关专业
2	培训经历	接受过人力资源管理技术、劳动法律法规、合同法、管理技能开发等方面的培训
3	工作经验	根据企业实际情况，设置若干年限的人力资源管理工作经验要求
4	工作技能	（1）有人力资源项目规划和实施经验 （2）熟悉国家相关法律法规 （3）熟悉人力资源管理各项事务的操作流程 （4）拥有扎实的人力资源管理理论基础 （5）熟练使用相关办公软件
5	工作态度	（1）办事沉稳、细致，思维活跃，有创新精神和良好的团队合作意识 （2）拥有优秀的品行和职业素质、强烈的敬业精神与责任感，工作原则性强

2. 能力要求

人力资源管理专业人员的能力要求主要包括以下 20 个，如表 1-9 所示。

表 1-9   人力资源管理专业人员的能力要求

序　号	具体能力要求	序　号	具体能力要求
1	熟悉现代人力资源管理工作及其流程	11	思维敏捷
2	熟知人力资源管理相关法规、政策	12	形象气质良好
3	良好的沟通能力	13	能够协助上级做好人力资源各项规范管理工作
4	较强的组织协调能力	14	能够做好行政办公日常工作
5	良好的团队协作能力和团队意识	15	较强的统计分析能力
6	较强的书面（文案）表达能力	16	具有一定的培训经验
7	较强的语言表达能力	17	能够承受工作压力
8	较强的领悟能力	18	学习能力强
9	高度的责任心	19	识人能力强
10	工作认真细致	20	工作有耐心

1.4.2　人力资源管理知识导图

知识导图就是针对特定的知识内容，充分运用色彩、线条、关键词、符号等元素概括形成的一张特殊的知识结构图。

在现代企业里，人力资源管理的工作内容具体包括人力资源规划、招聘与录用、培训与开发、绩效管理、薪酬福利管理、劳动关系管理等。所以，人力资源管理专业人员在进行人力资源管理体系设计时，可主要依据上述管理事项所形成的知识体系，将人力资源管理体系用知识导图的形式表示出来，形成人力资源管理知识导图。学生利用人力资源管理知识导图，能更方便地学习和应用人力资源管理的各个知识模块。

1.4.3　如何学习人力资源管理

回答如何学习人力资源管理这一问题时，学生首先应当明确人力资源管理的学习内容，在此基础上掌握人力资源管理的学习方法。

1. 人力资源管理的学习内容

重点掌握人力资源管理的基本知识、基本原理及基本技能，将理论与实践紧密地结合起来，并对所学的理论知识加以灵活运用。

（1）树立人力资源管理的相关观念。

（2）理解人力资源管理的相关知识、方法、理论体系。

（3）通过对人力资源管理各个环节的系统学习，学会在解决实际问题时将知识、方法、经验、思路融为一体，提高知识素质，形成知识资本，进而促进知识能力和职业能力的提高。

2. 人力资源管理的学习方法

人力资源管理有 6 种学习方法。

（1）以自主学习为中心，即学生自由地安排学习时间，通过阅读教材等方法来理解和掌握课程基本内容。

（2）以文字教材为主，即以主教材和学习辅导材料为主。教师讲授的内容是教材中的重点、难点和疑点问题。通过听讲，学生可以进一步提高对实际问题的理解能力、分析能力和解决问题的能力。阅读教材和学习辅导材料，有助于学生全面、系统地了解、把握人力资源管理的科学体系和丰富内容，加深学生对基本概念、基本知识和基本原理的理解。

（3）全面、系统地阅读教材，抓住重点。

（4）联系我国市场经济的实际情况和员工的实际问题，灵活、正确地运用人力资源管理的有关知识去分析和解决这些实际问题。

（5）建立学习小组并经常进行学习讨论。

（6）听辅导课。学生要在辅导课中解决学习中存在的较为普遍的问题。辅导形式有电话答疑、网上教学、直播课堂等，偏重于解决疑难问题。

1.4.4　如何应用人力资源管理

从需求的角度分析，人力资源管理可以有效地解决企业管理中的具体问题，为企业所有管理者提供明细数据。

1．企业高层管理人员

企业高层管理人员的用人策略直接影响企业的人员结构，因此企业高层管理人员需要及时地了解人力资源状况以调整策略。

2．人力资源部门负责人

人力资源部门负责人应将企业的人力资源状况及分析数据快速、有效地提供给上层领导，帮助其进行企业决策。

3．人力资源部门人员

人力资源部门人员不仅应负责处理企业的人力资源事务工作，服务于每位员工，也应为人力资源部门负责人服务。

4．普通员工

人力资源管理首要强调的是全员参与，每个人都是人力资源的管理者，人力资源管理不只是人力资源部门的事，不管什么样的人事政策、薪酬政策、绩效政策，都要先取得普通员工的认同方可顺利实施，这就需要全员的参与。

【微课堂】

　　　　某中小企业需招聘一名人力资源专员。面试者小明虽然没有很多工作经验，但在面试中，他并没有只停留在简单回答问题的阶段，而是积极主动地向面试官提问。他询问了关于公司文化、员工福利和发展机会等方面的问题，还准备了一个详细的人力资源管理案例。最后小明被录用了。请你结合人力资源管理专业人员应具备的素质思考小明面试成功的原因。

问题思考

1. 传统人事管理和现代人力资源管理的区别是什么？
2. 请简述人力资本的发展趋势。
3. 人力资源管理的任务有哪些？
4. 岗位职责设计的方法有哪些？
5. 如何设计人力资源管理制度？人力资源管理制度的设计方法和7个步骤分别是什么？
6. 人力资源管理专业人员应具备哪些素质？

知识链接

我国中小企业人力资源管理中存在的主要问题（部分）

我国中小企业人力资源管理中存在的主要问题如下。

（1）人力资源管理观念落后。人力资源管理停留在事务性管理阶段，"以人为本"的现代管理理念尚未被完全接受。

（2）人力资源管理缺乏规划。一般缺乏较明确的发展战略规划，用人较为随意。

（3）人力资源管理投资不足。中小企业资金实力有限。

（4）人力资源管理制度不健全，缺乏制度规范。

组织设计与工作分析 　第 2 章

【本章知识导图】

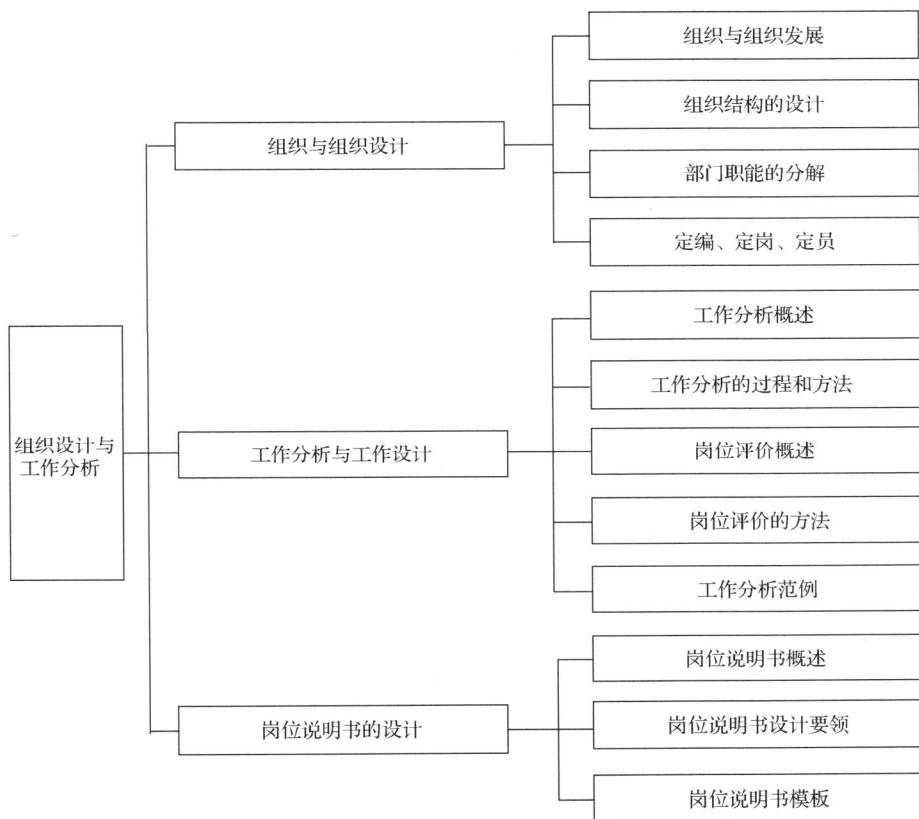

```
                                                    ┌─ 组织与组织发展
                                                    │
                              ┌─ 组织与组织设计 ──────┼─ 组织结构的设计
                              │                     │
                              │                     ├─ 部门职能的分解
                              │                     │
                              │                     └─ 定编、定岗、定员
                              │
                              │                     ┌─ 工作分析概述
                              │                     │
                              │                     ├─ 工作分析的过程和方法
                              │                     │
  组织设计与 ─────────────────┼─ 工作分析与工作设计 ──┼─ 岗位评价概述
  工作分析                    │                     │
                              │                     ├─ 岗位评价的方法
                              │                     │
                              │                     └─ 工作分析范例
                              │
                              │                     ┌─ 岗位说明书概述
                              │                     │
                              └─ 岗位说明书的设计 ────┼─ 岗位说明书设计要领
                                                    │
                                                    └─ 岗位说明书模板
```

【学习目标】

职业知识	• 知晓组织与组织发展的概念、组织的特点、组织发展的核心原则 • 了解工作分析与岗位评价的概念以及定编、定岗、定员的含义 • 明确组织结构设计、工作分析与岗位评价的方法 • 熟悉岗位说明书的模板与工作分析范例
职业能力	• 灵活运用组织目标、组织结构、部门结构的设计方法及部门职能的分解方法，进行组织设计 • 灵活运用工作分析与岗位评价的方法，做好工作分析与岗位评价工作
职业素质	• 具备优秀的分析能力、接受能力及沟通能力

　　组织设计是人力资源管理的首要工作。好的组织设计，有利于清楚地界定组织各部门及组织成员的权责，在此基础上进行恰当的协调和控制，有助于提高工作效率，增强组织竞争力。组织设计包括组织目标的设计，组织结构的设计，部门结构的设计，部门职能的分解与定编、定岗、定员等内容。

进行部门职能设计后，人力资源管理人员就要针对岗位进行设计。虽然人力资源管理活动是围绕人来开展的，但却是以组织中各种工作的分析与评价为起点的，工作分析与工作评价是人力资源管理的重要基础工作之一。因此，人力资源管理人员必须掌握工作分析与工作评价的方法。

2.1 组织与组织设计

2.1.1 组织与组织发展

1. 组织

组织是指人们为实现一定的目标，互相协作结合而成的集体或团体，如党组织、工会组织、企业、军事组织等。

组织通常具有以下几个特点。

（1）目标导向。组织的建立是为了实现一定的目标或使命。这些目标或使命可以是经济利益、社会效益、学术研究、公共服务等。

（2）结构化。组织通常具有明确的组织结构，包括层级关系、职责分工和沟通渠道等，以保证各个部门和成员之间的协调和合作。

（3）人员组成。组织由一群人组成，这些人在组织中扮演不同的角色、履行不同的职责，并通过相互合作来推动组织的发展和运作。

（4）决策与管理。组织需要通过决策和管理来指导与控制组织内部的活动。这包括制定发展战略、组织资源配置、监督绩效等方面。

（5）文化与价值观。组织往往会形成自己的文化和价值观，这些共同的信念和行为准则可以塑造组织的氛围、影响员工的行为，并保持组织的凝聚力。

2. 组织发展

组织发展是指通过系统性的方法和干预手段，促进组织的变革和提升，以适应环境变化、提高绩效和实现组织目标的过程。

组织发展起源于20世纪50年代的美国，当时的组织发展理论主要集中于如何利用人类行为科学来促进组织变革和提高绩效。随着时间的推移，组织发展理论和实践不断演变，并涉及更广泛的领域，如组织文化、领导力、沟通、团队建设等。组织发展现在被广泛应用于企业、政府、非营利组织等各种类型的组织。

组织发展可以通过各种方法和工具来实施，如SWOT分析、员工调研、团队建设、变革管理等。同时，组织发展需要有明确的目标和度量指标，以便评估干预的效果和成效。

组织发展的核心原则包括以下几个。

（1）以系统维度为核心。组织是一个复杂的系统，各个部分相互关联和相互影响。组织发展应该从整体系统的角度来思考和干预，而不是仅仅关注局部问题。

（2）参与与合作。组织中的成员应该参与到组织发展的过程中，共同探讨问题、制定解决问题的方案，并共同推动变革的实施。合作和共识是组织发展的重要基础。

（3）持续学习与调整。组织发展是一个持续学习和调整的过程，需要不断反思和调整干预策略，适应组织和环境的变化。

（4）系统性干预。组织发展采用系统性的方法和干预手段，包括数据收集与分析、沟通和培训、团队建设和领导力发展等，以促进组织变革和提升。

总之，组织发展是通过系统化的方法和干预手段，让组织的成员共同参与到变革和提升的过程中，制定解决问题的方案，提高组织的绩效、效率和员工幸福感，从而使组织能够适应不断变化的环境，并提高其竞争力。它涉及多个领域，包括组织结构、文化、沟通、决策制定、员工发展等。

2.1.2　组织结构的设计

1．组织结构设计的步骤

根据组织的含义，它应当包含目标、分工与合作、不同层次的权力与责任制度 3 个部分的内容。

组织结构设计的目的是发挥整体大于部分之和的优势，使有限的人力资源形成综合效果。组织结构设计的基本矛盾是管理对象的复杂性与个人能力的有限性之间的矛盾。组织结构设计的基本任务就是发挥管理者群体的作用，有效地管理复杂多变的对象。

组织结构设计通常可按以下 5 个步骤进行。

（1）工作划分。工作划分是根据目标一致和效率优先的原则，将达成组织目标的总的任务划分为一系列各不相同又互相联系的具体工作任务。

（2）建立部门。把相近的工作归为一类，在每一类工作之上建立相应部门。这样，在组织内便根据工作分工建立了职能各异的组织部门。

（3）决定管理跨度。所谓管理跨度，就是指一个上级直接指挥的下级数目。应该根据人员素质、工作复杂程度、授权情况等合理地确定管理跨度，相应地也就决定了管理层次和职权、职责的范围。

（4）确定职权关系。授予各级管理者完成任务所必需的职务、责任和权利，从而确定组织成员间的职权关系，具体包括上下级间的纵向职权关系、直线部门与参谋部门之间的横向职权关系。

（5）在组织运行过程中不断修改和完善组织结构。组织结构设计不是一蹴而就的，而是一个动态的不断修改和完善的过程。

2．组织结构设计的方法

组织结构设计是按照一定的方法和步骤设计组织的结构，是组织总体设计的重要组成部分，是部门设计和岗位设计的基本前提。

（1）组织结构设计概述。组织结构设计是按照一定的方法，从业务流程、战略决策、预测计划、执行控制和协同关系等组织运作的全过程考虑，实现组织的正常运营和发展。

组织结构要依据组织自身的特点和发展规模进行设计，并在社会和组织发展变化中进化。组织结构设计有 3 种基本方法，包括职能设计法、矩阵设计法和流程设计法。

（2）组织结构设计模型。组织结构设计模型即组织结构设计的基本形式。随着组织发生多元化的变化，组织结构的模式呈多样化发展趋势。组织结构设计模型不仅包括传统的直线制组织结构、直线职能制组织结构等，还包括模拟分权制组织结构、多维立体型组织结构等新的组织结构设计模型。

① 直线制组织结构。直线制组织结构是一种最简单、最单纯的组织结构形式。在直线制组织结构中，职权或命令的流向呈一条直线，由上至下贯穿整个组织，每个下属只有一个直接上级，只接受一个上级的指挥，也只向一个上级报告。直线制组织结构如图 2-1 所示。

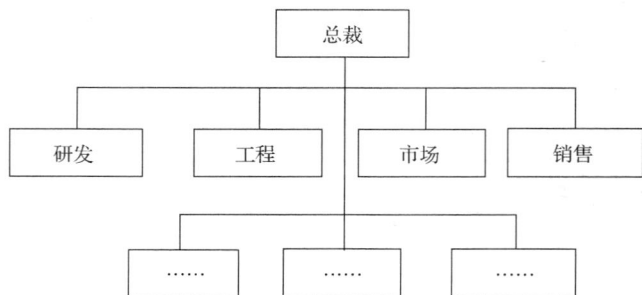

图 2-1　直线制组织结构

② 直线职能制组织结构。直线职能制组织结构是一种吸取了直线制组织结构和职能制组织结构优点的组织结构形式，如图 2-2 所示。

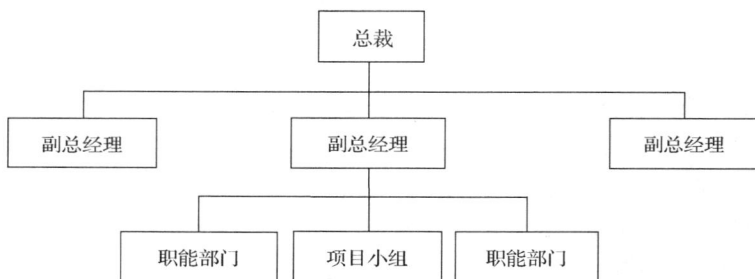

图 2-2　直线职能制组织结构

③ 事业部制组织结构。事业部制组织结构是在直线职能制组织结构框架的基础上，按产品或地区设置独立核算、自主经营的事业部，在总公司领导下，统一政策、分散经营，是一种分权化体制。事业部制组织结构如图 2-3 所示。

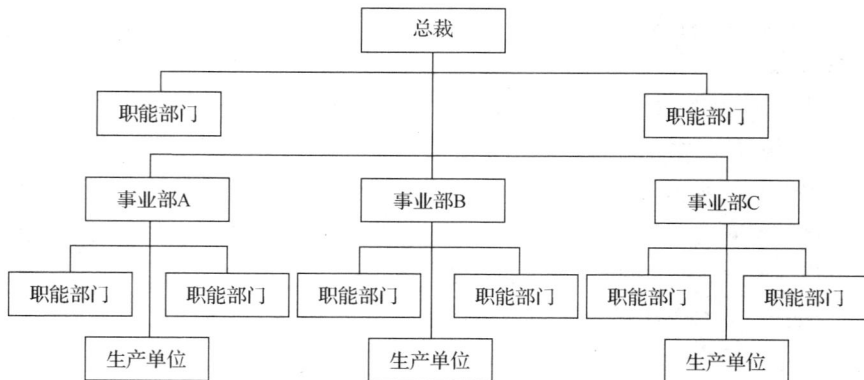

图 2-3　事业部制组织结构

④ 矩阵组织结构（任务小组）。矩阵组织结构是由按职能划分的纵向指挥系统与按项目划分的横向指挥系统结合而成的。纵向是职能系统，横向是产品或地区的项目系统。项目系统是无固定工作人员的，是随着任务进度的需要随时地抽调组合而成的，人员完成工作后回原部门。矩阵组织结构如图 2-4 所示。

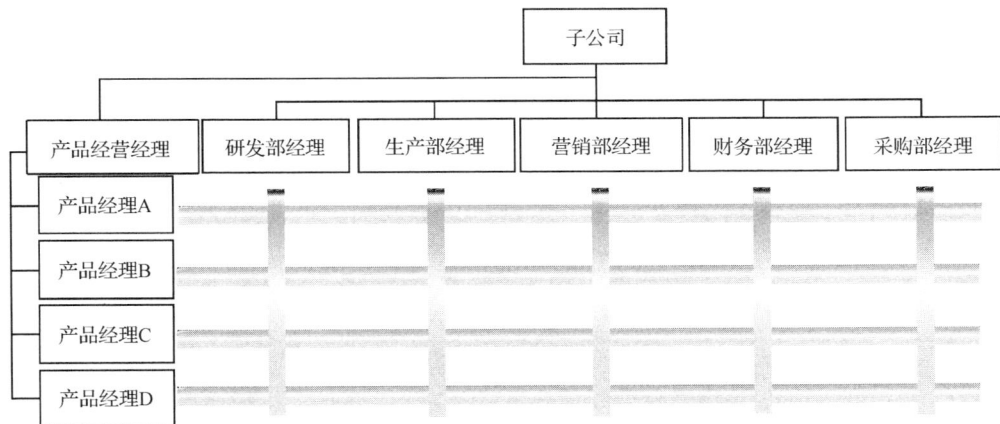

图 2-4　矩阵组织结构

⑤ 模拟分权制组织结构。模拟分权制组织结构又称模拟分散管理组织结构，是指为了改善经营管理，人为地把企业划分成若干单位，实行模拟独立经营、单独核算的一种组织管理模式。模拟分权制组织结构如图 2-5 所示。

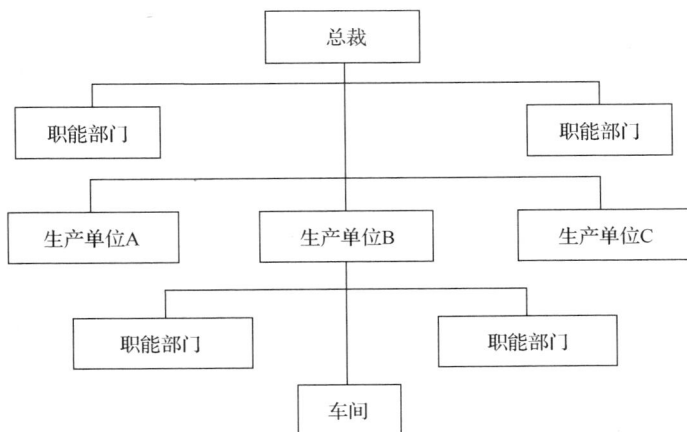

图 2-5　模拟分权制组织结构

⑥ 多维立体型组织结构。所谓多维，就是指在组织内部存在 3 类以上（含 3 类）的管理机制。多维立体型组织结构是矩阵组织结构和事业部制组织结构形式的综合发展，又称为多维组织。多维立体型组织结构是从系统的观点出发，建立的多维立体的组织结构。

多维立体型组织结构如图 2-6 所示。

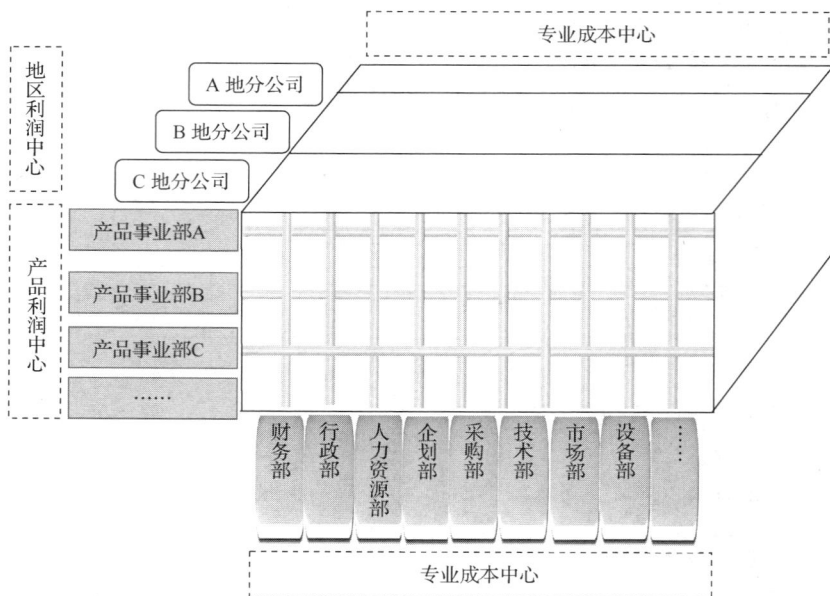

图 2-6　多维立体型组织结构

3．部门结构的设计方法

部门结构是在组织基本结构形式的基础上设计和选择的，部门结构模式主要有直线制组织结构、职能制组织结构、直线职能制组织结构、事业部制组织结构、超事业部制组织结构、矩阵组织结构等。各种结构模式都有其自身的组合方法，如以任务为中心的部门结构、以成果为中心的部门结构、以关系为中心的部门结构等。

（1）以任务为中心的部门结构。以任务为中心的部门结构包括直线制组织结构、直线职能制组织结构等模式，也就是广义的职能制组织结构模式。

（2）以成果为中心的部门结构。以成果为中心的部门结构包括事业部制组织结构和模拟分权制组织结构等模式。在这种结构模式下，一个企业由若干自治性或模拟的自治性单位组成，每个单位须对自己的工作成绩和成果负责，并为整个企业做出贡献。

（3）以关系为中心的部门结构。以关系为中心的部门结构通常出现在一些规模特别庞大的企业或项目之中，如某些跨国公司。从本质上说，它只是将其他组织设计原则加以综合应用，明确性、稳定性和实用性较差。以关系为中心的部门结构包括多维立体型组织结构、超事业部制组织结构等。

2.1.3　部门职能的分解

部门职能分解即通过各部门任务的分配与责任的归属，达到组织分工合理、职责分明的目的，以提高竞争力、提高工作效率、规范员工行为、满足客户需求、降低运营成本等。部门职能分解的步骤如下。

1．开展职能调查

职能调查的方法有主管人员分析法、实际考察法、问卷调查法，其

职能分解的方法

中问卷调查法被广泛使用。问卷调查法即通过让每一位员工填写问卷调查表格，了解其日常的具体工作内容。

2．进行职能识别

职能识别及优化可以采用 ESC（即由 Eliminate、Simplify、Combine 的首字母组成）法，ESC 法的相关内容如表 2-1 所示。

表 2-1 ESC 法的相关内容

ESC 法	具体操作办法
职能的取消（Eliminate）	将公司业务中冗余的职能取消，以优化业务作业环节，节约管理成本
职能的简化（Simplify）	对不能适应公司现实需要的组织职能进行优化和改进
职能的合并（Combine）	（1）将某些业务活动非常简单或业务量极少的职能并入与其紧密相关的其他职能部门 （2）将那些在组织发展中密切相关、不可分割的职能项目合并为同一职能

3．职能汇总组合

在职能识别的基础上进一步归纳，把属于同一职位或属于同一部门的工作汇总到一起，形成职能汇总表。

职能汇总表将组织结构中各个部门的各个职位和各个职位的工作内容对应罗列，为部门职能分解表的编制奠定基础。

4．部门划分的一、二、三级职能

部门划分的一、二、三级职能的特点如表 2-2 所示。

表 2-2 部门划分的一、二、三级职能的特点

职 能	内容说明	特 点	以人力资源部门为例
一级职能	一句话描述本部门的主要业务和管理职能	基本职能。只是宏观描述，不具备直接操作性	人力资源开发与管理
二级职能	在"一级职能"的基础上分解的若干项子职能	严格来讲，"二级职能"是较宏观的，还不是具体的工作事项，不具备直接操作性	（1）人力资源规划编制 （2）员工日常管理 （3）薪酬福利管理 （4）员工培训管理 （5）员工考核管理等
三级职能	是"二级职能"的进一步细化，是一些具体的作业项目	具备直接操作性	"员工日常管理"被分解的三级职能为员工招聘、员工录用、员工调转、员工晋升、员工考勤等多项作业项目

2.1.4 定编、定岗、定员

广义的定编是指国家机关、企事业单位、社会团体及其他工作单位中，各类组织机构的设置及人员数量定额、结构和职务的配置。定编中的"编"可理解为编制，编制包括机构编

制和人员编制两个部分，我们研究的是对工作组织中各类岗位的数量、职务的分配、人员的数量及其结构所做的统一规定的人员编制。

合理、高效的组织结构是企业快速、有序运行的基础。其中，岗位是企业组织结构中最基本的功能单位。定岗就是在生产组织合理设计及劳动组织科学化的基础上，从空间和时间上科学地界定各个工作岗位的分工与协作关系，并明确规定各个岗位的职责范围、人员素质要求、工作程序和任务总量。因事设岗是岗位设置的基本原则。

定员是在一定生产技术组织的条件下，为保证企业生产经营活动的正常进行，按照工作任务的一定素质要求，对企业配备的各类人员预先规定的限额。

企业劳动定员的范围是以企业劳动组织常年性生产、工作岗位为对象，具体包括从事各类活动的一般员工，各类初、中级经营管理人员，专业技术人员，以及高层管理人员。定员范围与用工形式无关，其员工人数应根据企业生产经营活动的特点和实际的可能来确定。

【微课堂】

某公司业务发展迅猛，急需招聘一批人才打造一个团队式的组织结构。请问，在进行组织结构设计时，该公司应该如何处理管理对象的复杂性与个人能力有限性的问题？如何发挥管理者群体的作用，有效地管理复杂多变的对象？

2.2
工作分析与工作设计

2.2.1 工作分析概述

工作分析解决3个问题，即工作职责是什么，权限是什么，任职资格是什么。工作分析的核心内容即工作说明和任职资格说明。

1. 工作分析的概念

工作分析也称职位分析、岗位分析，是对组织中某个特定工作职位的设置目的、任务及职责、权力、隶属关系、工作条件、任职资格等相关信息进行收集与分析，以便对该职位的工作内容做出明确的规定，并确定完成该工作内容所需要的行为、条件、人员的过程。

与工作分析相关的两个概念是职责和职位。职责是指为了在某个关键成果领域取得成果而完成的一系列任务的集合，它通过任职者的行动和行动目标来表达。职位是指承担一系列工作职责的某一任职者所对应的组织位置，它是组织的基本构成单位。职位与任职者一一对应。

2. 工作分析的作用

工作分析对企业的战略实施、组织的优化和人力资源管理具有十分重要的意义，具体表现在以下 5 个方面。

（1）实施战略传递。通过工作分析，人们可以明确职位设置的目的，从而获知该职位如何为组织整体创造价值，如何支持企业的战略目标与部门目标，从而使组织的战略顺利实施。

（2）明确职位边界。通过工作分析，人们可以明确界定职位的职责与权限，消除职位之间在职责上的相互重叠，从而尽可能地避免由于职位边界不清而导致的推诿，并且可防止职位之间出现职责真空，使组织的每一项工作都能够落实。

（3）提高流程效率。通过工作分析，人们可以理顺某一职位与其流程上下游环节之间的关系，明确该职位在流程中的角色与权限，消除由于职位设置或者职位界定所导致的流程不畅、效率低下等现象。

（4）实现权责对等。通过工作分析，人们可以根据职位的职责来确定或调整组织授权与权力分配体系，从而在职位层面实现权责一致。

（5）强化职业化管理。通过工作分析，人们在明确职位的职责、权限、任职资格等的基础上，形成该职位工作的基本规范，从而为员工职业生涯的发展提供牵引机制与约束机制。

2.2.2　工作分析的过程和方法

1. 工作分析的过程

工作分析包括准备阶段、实施阶段、结果形成阶段及应用与反馈阶段。

（1）准备阶段。确定工作分析的目标和侧重点，制定总体实施方案，收集和分析有关背景资料，确定所收集的信息，选择收集信息的方法等。

（2）实施阶段。与参与工作分析的有关人员进行沟通，制订具体的实施计划，确定时间表，对收集的工作信息进行分析。

（3）结果形成阶段。结果形成阶段主要解决如何用书面文件的形式表达分析结果的问题。这一阶段主要完成的工作包括：相关人员共同审核和确认有关信息，形成岗位说明书，形成与任职资格对应的条件说明。

（4）应用与反馈阶段。工作分析的价值在于工作分析结果的应用。企业在应用工作分析结果的过程中，可能会发现一些问题，通过反馈可以为后续的工作分析提供参考。该阶段主要是从工作分析的目标和侧重点中进行校对，以找出需要完善的内容。

2. 工作分析的方法

工作分析的方法有很多。企业在开展工作分析时，须根据工作分析的目的，结合各种工作分析方法的利弊，对不同岗位进行分析，选择适当的方法。

工作分析的方法按照不同的标准有不同的类型。按照分析结果的可量化程度，其可分为定性分析法和定量分析法。定性分析法主要有观察法、问卷调查法、访谈法、关键事件法和工作日志法等。定量分析法主要有工作分析问卷法、管理岗位描述问卷法和功能性岗位分析法等。

下面重点介绍几种常用的工作分析方法。

（1）问卷调查法。问卷调查法是根据工作分析的目的、内容等事先设计一套岗位调查问卷，由被调查者填写，再由调查者汇总，从中找出有代表性的答案，对岗位相关信息进行描述的一种方法。

① 问卷的样式。问卷调查的关键是问卷设计。问卷设计形式分为开放型、封闭型和混合型3种，问卷设计形式及其内容说明如表2-3所示。

表2-3　　　　　　　　　　　　　　　　　问卷设计形式及其内容说明

设计形式	内容说明
开放型	① 开放型问卷是指设计的问卷只有问题而没有给出备选答案，由被调查者根据自己的判断自由地回答问卷上的问题的问卷形式 ② 由于被调查者可以自由回答问题，所以调查者容易获得某些新的或更全面的信息；但同时也可能会收集到一些无效的信息，且难以对收集到的信息进行统计和对比分析
封闭型	① 封闭型问卷是指调查者先设计好问题的备选答案，被调查者在其中选择合适的答案即可的问卷形式 ② 封闭型问卷比较规范且可量化，适合用计算机对结果进行统计分析，但它的设计比较费时费力，不易获得较为全面的信息
混合型	混合型问卷是将封闭型问卷和开放型问卷有机地结合起来后形成的问卷形式，其中既包括开放型问题，又包括封闭型问题

无论采用何种设计方式，问卷都应围绕拟分析的工作岗位进行设计。

② 问卷设计的4个注意事项。问卷设计质量的高低直接影响调查结果的有效性。在设计调查问卷时，有以下4个注意事项。

a. 提问要准确，语言要通俗易懂。问题、备选答案的设计要准确，避免使用生涩难懂的文字或词语。

b. 问题不可模棱两可。问卷的设计除了要求准确，还要求表达清楚、简洁，使被调查者能很清晰地明白所要回答的问题。

c. 避免诱导性的问题。设计问卷时，避免设计带有倾向性的、诱导性的问题，如"大多数员工认为，该岗位的任职资格中应该包括需要1~2年的相关工作经验，您是这样认为的吗"。

d. 问题的排列次序。一是把被调查者感兴趣的问题放在前面；二是将简单的问题，难以回答的、开放式的问题放在后面；三是按照时间的先后顺序排列。

（2）访谈法。访谈法又称面谈法，是访谈人员就某一岗位与访谈对象按事先拟定好的访谈提纲进行交流和讨论的方法。访谈对象包括该职位的任职者、对工作较为熟悉的直接主管人员、与该职位工作联系比较密切的工作人员、任职者的下属等。它又可以分为3种形式。访谈法的形式及其内容说明如表2-4所示。

表2-4　　　　　　　　　　　　　　　　　访谈法的形式及其内容说明

形　式	内容说明
个别员工访谈法	主要适用于工作差异较大的岗位且工作分析时间较为充足的情况
集体访谈法	主要适用于工作岗位性质比较相近的情况
主管人员访谈法	指访谈人员同某岗位任职者的直接上级领导进行面谈，从而收集岗位信息的一种方法

（3）观察法。观察法就是工作分析人员在不影响被观察人员正常工作的前提下，通过观察将有关工作的内容、方法、程序、设备、环境等信息记录下来，最后将取得的信息归纳整理为

适合使用的结果的方法。

① 观察法的类别。根据不同观察对象的工作周期和工作突发性的不同，观察法又可具体分为直接观察法、阶段观察法和工作表演法，具体如表 2-5 所示。

表 2-5　　　　观察法的类别、内容说明和使用情况

类　别	内容说明	使用情况
直接观察法	直接观察法是指工作分析人员直接对员工工作的全过程进行观察	它适用于工作周期很短的岗位，如保洁员的工作基本上以一天为一个周期，工作分析人员可以一整天跟随着保洁员，对其进行直接的工作观察
阶段观察法	由于有些员工的工作具有较长的周期，工作分析人员为了能完整地观察到员工的所有工作，必须分阶段进行观察	如观察行政部门员工年底筹备年终总结大会的工作情况
工作表演法	工作周期很长和突发性事件较多的工作比较适用于该法	有时由于时间跨度太大，分析工作无法拖延很长时间，这时采用工作表演法更为合适

② 观察法的实施程序。在使用观察法进行工作分析时，所选的被观察者的工作程序应相对稳定，即在一定的时间内，其工作内容、程序不会发生明显的变化。观察法实施程序的具体说明如表 2-6 所示。

表 2-6　　　　观察法实施程序的具体说明

实施程序	程序说明
观察准备	① 检查现有文件，形成工作的总体概念：工作的使命、主要职责和任务、工作流程 ② 准备一个初步的观察任务清单，将其作为观察的框架 ③ 为数据收集过程中涉及的尚不清楚的主要项目做注释
进行观察	① 在部门主管的协助下，对员工的工作进行观察 ② 在观察中，要适当地做记录
进行面谈	① 根据观察情况，选择一个主管或有经验的员工进行面谈，因为他们了解工作的整体情况，以及各项任务是如何分配的 ② 确保所选择的面谈对象具有代表性
合并工作信息	① 检查最初的任务或问题清单，确保每一项任务都已经被回答或确认 ② 把收集到的各种信息合并为一个综合的工作描述 ③ 在合并阶段，工作分析人员应该随时收集补充材料
核实工作描述	① 把工作描述分发给主管和工作的承担者，并附上反馈意见表 ② 根据反馈意见表，检查整个工作描述，在模糊和错误的地方进行标记 ③ 与所有观察对象面谈，补充工作描述的遗漏之处 ④ 形成完整和精确的工作描述

③ 观察法的注意事项。工作分析人员在运用观察法进行工作分析时，需注意以下事项。

a. 所观察的工作行为应具有代表性，稳定性强。

b. 观察人员在观察时尽量不要引起被观察者的注意。

c. 观察前，观察人员应确定观察位置和提纲。

d. 观察时记录的信息应反映工作有关内容，避免机械记录。

e. 在使用观察法时，观察人员可以事先以适当的方式将工作分析人员介绍给员工，使之能够被员工接受。

（4）关键事件法。关键事件法要求岗位工作人员或其他有关人员描述能影响其绩效好坏的"关键事件"，即对岗位工作任务造成显著影响的事件。关键事件法适用于对员工较多或者工作内容过于繁杂的工作进行的调查。

① 关键事件的分类。关键事件按性质可分为正向关键事件和负向关键事件。正向关键事件是指对个人绩效及组织绩效产生积极影响的关键事件；负向关键事件是指对个人绩效及组织绩效产生消极影响的关键事件。

② 关键事件描述的内容。关键事件的描述包括 4 个部分的内容，即导致该事件发生的背景与原因，员工有效或多余的行为，关键行为的后果及员工控制上述后果的能力。

③ 关键事件法注意事项。工作分析人员采用关键事件法进行工作分析时，应注意以下事项。

a. 调查期限不宜过短。

b. 关键事件的数量不能太少。

c. 正反两个方面的事件都要兼顾，不能偏颇。

（5）工作日志法。工作日志法是让员工在一段时间内以工作日记或工作笔记的形式记录日常工作活动而获得有关岗位工作信息资料的方法。

工作日志法的优点在于：如果工作日记或工作笔记记得很详细，则我们会得到一些利用其他方法无法获得或者观察不到的细节。该方法最大的不足可能是很难保证工作日志内容的真实性。该方法对高水平、复杂的工作比较有效。

（6）功能性岗位分析法。功能性岗位分析法是一种以岗位为导向的工作分析方法。它以任职者应发挥的职能为核心，对岗位的每项任务要求进行详细分析，对岗位内容的描述非常全面、具体。

① 功能性岗位分析法的操作流程。功能性岗位分析法的操作流程是：回顾现有工作信息、安排同主题专家的小组会谈、确定任务描述的方向、列出工作的产出、列出任务、推敲任务库、产生绩效标准和编辑任务库。

② 功能性岗位分析法的应用要求。工作分析人员应用功能性岗位分析法时应遵循以下 4 个要求。

a. 工作设施要与员工的身体条件相适应。

b. 要对员工的工作过程进行详细分析。

c. 要考虑工作环境对员工生理和心理的影响。

d. 要考虑员工的工作态度和积极性。

2.2.3　岗位评价概述

岗位评价起源于美国，最初是美国政府试图建立起一套公正、合理的方法去评价政府雇员的工作价值。1983 年，美国国会通过了一项在政府雇员中进行工作评价的法案，基于不同职责和任职条件来确定相关雇员的报酬，使具有相似工作特点的岗位拥有相近的报酬水平。

1．岗位评价的概念

岗位评价又称职位评价或工作评价，是在工作分析的基础上，对岗位的责任大小、工作强度、所需资格等条件进行评价，以确定岗位相对价值的过程。

2．岗位评价的步骤

（1）准备阶段。确定评价岗位（对企业岗位进行清理，列出需要评价岗位的目录），进行材料准备，进行评价计划准备。

（2）评估阶段。评估培训（评估前，对评估委员会进行要点及注意事项的培训），试打分，正式评估。

（3）完成阶段。形成岗位排序表（对打分结果进行统计汇总，形成职位序列表），公布与运用评估结果。

2.2.4　岗位评价的方法

岗位评价也可以分为定性岗位评价和定量岗位评价。定性岗位评价的方法包括岗位排列法和岗位分类法，定量岗位评价的方法包括点数评分法和海氏三要素法。

1．岗位排列法

岗位排列法是根据一些特定的标准，如工作的复杂程度、对组织的贡献大小等，对各个岗位的相对价值进行整体比较，进而将岗位按照相对价值的高低排列出次序的岗位评价方法。它分为定限排列法和成对排列法两种。

2．岗位分类法

岗位分类法是先制定一套岗位级别标准，然后将每个岗位与岗位级别标准进行比较，将其归入合适的等级。岗位分类法应当按照收集岗位资料、进行职位分类、编写等级说明、划分职位等级的步骤来进行。

3．点数评分法

点数评分法是对各种工作评定点数，以取得各种工种的相对工作值，并据以定出工资等级的一种技术方法。运用这种方法时，工作分析人员需预先选定若干因素，并采用一定点数（分值）表示某一因素，然后按事先规定的衡量标准，对现有岗位的每个因素进行逐一评比、估价、求得点数，经过加权求和，得到各个岗位的总点数，最后用企业目前的工资总额除以总点数，得到每点的工资含量（点值），用点值乘以每一个岗位的点数，如此就可得到每一个岗位的工资标准。

4．海氏三要素法

海氏三要素法即将所有职务包含的最主要的付酬要素分为 3 种，即技能、解决问题的能力和责任，并按照以上 3 种要素及相应的标准进行评估打分，得出每个岗位的评估分，即岗位评估分=技能得分+解决问题的能力得分+责任得分。其中，技能得分、责任得分都是绝对分，而解决问题的能力得分是相对分（百分比），经过调整后的解决问题的能力得分才是绝对分。

2.2.5　工作分析范例

下面是以生产加工食品为主的某公司的工作分析，供读者参考。

工作分析范例

一、问题诊断

公司在管理上存在以下 4 个问题。

（1）人浮于事，办事效率低，有人抱怨由于工作多而加班频繁。

（2）用人部门反映新招聘员工的能力与实际岗位需求的能力相差太大。

（3）工作中出了问题后各部门相互推卸责任。

（4）员工抱怨工资不合理等。

二、工作分析目标的确立

一般来说，工作分析包括 4 个目标。

（1）编制一套涵盖公司各个岗位的岗位说明书，作为招聘选拔工作和制定合理薪酬制度的重要参考依据。

（2）厘清各部门、各岗位的工作职责及权限。

（3）确定各岗位的绩效考核指标，将其作为员工考核和晋升培训的依据。

（4）为工作设计提供重要的信息。

三、工作分析实施主体的职责

1．人力资源部门所有工作人员

人力资源部门所有工作人员全面负责工作分析的整个流程，具体负责内容包括以下部分。

（1）企业前期的宣传与沟通。

（2）与外聘专家共同制定岗位分析的方案并负责实施。

（3）与外聘专家共同确定信息调研的工作分析方法（如访谈法、问卷调查法等）。

（4）内部资料的调研，即从企业现有的资料中提取对岗位分析有用的信息。

（5）调查问卷的分发与收集。

（6）合理安排外聘专家的食宿。

2．企业高层领导

企业高层领导宏观上把控工作分析的进程，并为人力资源部门开展工作分析消除障碍。

（1）动员各部门配合人力资源部门的工作。

（2）总体上掌控工作分析的进程。

（3）验收工作分析的结果。

3．外聘专家

外聘专家主要为工作分析提供技术上的支持。

（1）为工作分析人员的工作提供建设性的意见。

（2）为工作分析提供技术上的支持。

（3）与人力资源部门工作人员共同编制岗位说明书。

四、工作分析方法的选择

本次工作分析所使用的方法有问卷调查法、访谈法、工作日志法、观察法等。将各类工作分析方法结合运用，最终可达到客观、详尽地了解任职者岗位信息的目的。工作分析方法及适用对象如表 2-7 所示。

表 2-7   工作分析方法及适用对象

方　　法	适用对象
问卷法	管理类、各职能部门职位
访谈法	中层管理以上及各职能部门职位
工作日志法	管理类、各职能部门职位
观察法	销售、生产、基础性岗位

五、工作分析的实施阶段及时间安排（见表 2-8）

表 2-8   工作分析的实施阶段及时间安排

阶　　段	工作内容
准备阶段 （5 月 1 日—5 月 8 日）	1. 明确工作分析的目的及主要工作任务 2. 前期宣传、沟通 3. 工作小组人员的确定 4. 确定收集信息的内容及方法 5. 工作分析过程中必要工具的准备 6. 公司现有资料的调研
实施阶段 （5 月 9 日— 5 月 16 日）	1. 分发调查问卷、工作日志表 2. 员工拿到问卷后两天内填写完毕并交到部门负责人手中 3. 人力资源部门与相关人员访谈或者去工作现场观察 4. 收集调查问卷和工作日志表
描述、整合阶段 （5 月 17 日— 5 月 25 日）	1. 对收集到的信息进行审核、确认 2. 人力资源部门工作人员与部门负责人、岗位任职者进行沟通，确认信息的真实性 3. 形成初步的岗位说明书 4. 综合各方面的信息，对初步形成的岗位说明书进行修正，对最终形成的岗位说明书存档保管

【微课堂】

　　A 公司是专业从事物联网设备、传输设备研发、生产和销售的高科技民营公司。公司有 125 人，其中业务代表有 40 人、生产/操作工有 22 人、技术支持工程师有 31 人、销售工程师有 15 人、销售经理有 17 人。A 公司现在要对各部门和岗位做工作分析，但不知采用哪种方法合适。请你利用本节所学的知识，为 A 公司选择一个比较好的方法，并说明其优点、缺点和适用范围。

2.3 | 岗位说明书的设计

2.3.1 岗位说明书概述

1. 岗位说明书的概念

岗位说明书是对组织中各类岗位的性质和特征、工作任务、职责权限、岗位关系、劳动条件和环境，以及承担本岗位工作人员的任职资格等事项所做的统一说明。作为一种书面文件，它记载着任职者实际上做什么、如何去做及在什么条件下完成其工作。它并没有固定的格式，通常包括以下内容。

（1）岗位定义。岗位定义包括岗位名称、归属部门、岗位分析的时间等。

（2）定义岗位的目的。定义岗位的目的是指确定这项工作存在的理由、与其他岗位及组织的关系、绩效标准等。

（3）岗位说明。岗位说明中包括工作的主要职责、工作任务、受监督程度、员工行为的界限和工作条件等内容。

2. 岗位说明书的作用

科学、合理的岗位说明书不但有利于企业明确各部门、各岗位的职责，有利于员工清楚地知道自己需要做什么，应该做什么，可有效地解决任务重叠、相互推诿、责任不清等问题，而且方便了人力资源部门的招聘和培训工作，有利于管理者做出决策。

岗位说明书主要有以下4个作用。

（1）让员工清楚地了解工作概要。

（2）建立工作程序和工作标准。

（3）阐明工作任务、责任与职权。

（4）为员工聘用、考核、培训等提供依据。

3. 岗位说明书的内容

岗位说明书包括工作描述和工作规范两部分内容。

（1）工作描述。工作描述又称职务描述，是对企业中各类岗位的工作性质、岗位职责、工作任务与工作环境等所做的规定，用来说明任职者应该做什么、怎么做及在什么条件下做的一种书面文件。它主要包括以下两个方面的内容。

① 岗位基本信息。岗位基本信息包括岗位名称、所属部门、汇报关系、岗位编号、职务等级等。

② 工作说明。工作说明主要包括以下6个方面的内容。

a. 职务概述。职务概述又称岗位综述，用于描述岗位的整体性质。

b. 岗位职责和权限。岗位职责和权限用于说明任职者需要完成的工作任务、承担的责任，岗位权限范围等。

c. 岗位绩效标准。岗位绩效标准用于说明企业期望此岗位的员工完成工作任务时达到的标准。

  d. 工作联系。工作联系用于说明任职者与企业内部或外部人员之间因工作关系而发生的联系。

  e. 机器设备及其他。这是指岗位任职者在工作过程中需用到的办公用品及设备。

  f. 工作条件和环境。工作条件和环境包括工作地点、光照度、有无噪声干扰、工作中有无危险作业等。

  （2）工作规范。工作规范也称岗位规范或任职资格，是指该职务的人员在教育水平、工作经验等方面应具备的条件。工作规范主要包括以下 5 个方面的内容。

  ① 教育水平。教育水平是指本岗位的任职者应具备的知识水平，具体包括以下 3 个方面的内容。

  a. 学历水平。明确任职者的最低学历。

  b. 学习专业。明确任职者的专业领域和方向。

  c. 资格证书。明确任职者必须拥有的与专业工作相关的资格证书。

  ② 工作经验。工作经验包括行业工作经验和岗位工作经验两个方面。

  a. 行业工作经验。明确任职者必须具备的行业工作年限。

  b. 岗位工作经验。明确任职者必须具备的同岗位工作年限。

  ③ 必备知识与技能。必备知识与技能包括任职于某岗位所需要的专业知识与技能。

  a. 专业知识。这是指任职者必须具备的、胜任职位所需要的专业知识。

  b. 技能。这是指任职于该岗位应具备的基本技能。

  ④ 身体状况。身体状况包括身体素质和心理素质两个方面。

  a. 身体素质。身体素质包括身高、体重、身体健康状况等。

  b. 心理素质。心理素质包括观察能力、记忆能力、理解能力、学习能力、解决问题的能力、语言表达能力、逻辑思维能力、兴趣、爱好等。

  ⑤ 个性特质要求。个性特质要求是指任职于该岗位通常需要从业人员具备的性格特征。

2.3.2 岗位说明书设计要领

  在设计岗位说明书之前，人力资源管理人员应首先掌握其设计步骤，然后按步骤、有计划地完成岗位说明书的起草、修改工作，直至形成完善的岗位说明书。

  1. 岗位说明书的设计步骤

  岗位说明书是岗位分析的直接结果。岗位说明书从起草、修改到形成会经历以下 6 个步骤。

  （1）前期准备。人力资源部门应和企业高层领导沟通，让他们产生建立岗位责任制的意识。在编写岗位说明书的过程中，各部门应积极配合人力资源部门的工作，以便共同完成岗位说明书的编写工作。

  （2）明确内容。岗位说明书由工作描述和工作规范两部分组成。前者是对有关岗位的工作职责、工作内容、工作条件及工作环境等工作自身特性所进行的书面描述，后者则描述了有关岗位对人的知识、能力、品格、教育背景和工作经历等方面的要求。

  （3）明确要求。

  ① 逻辑性。岗位说明书中包含多项内容，应注意它们之间的先后顺序、重要程度等。

② 准确性。清楚说明该岗位的工作情况，描述用语准确，避免使用含糊不清的句子。

③ 实用性。岗位说明书必须客观、真实地反映岗位职责和任职条件。

（4）收集资料。浏览企业已有管理制度，与企业内部工作人员沟通，有选择地参考同行业其他企业的岗位说明书。

（5）信息处理。筛选出编制岗位说明书时可能会用到的内容。针对遇到的问题，和相应岗位的工作人员或其上级沟通，以保证内容的准确性。

（6）最终撰写。根据收集整理的信息，从工作职责、工作权限、工作关系及岗位任职资格等方面来完成岗位说明书的撰写工作。

2．岗位说明书起草和修改的内容

岗位说明书主要是从岗位名称和上下级关系、职务概述、岗位目的、岗位职责、企业内外部沟通关系、建议考核内容及任职资格和条件等方面进行编写的。

岗位说明书编写的 7 个问题

（1）岗位名称和上下级关系。岗位名称要统一，确保岗位名称与前一部分"岗位设置"中的名称一致。每个岗位只能有唯一的一个上级，不能有多个上级，但可以有多个下级。我们在填写"下属人员"一栏时，要注明是直接领导还是间接领导。

（2）职务概述。职务概述是用简明的话语对某一岗位的总体工作职责和工作性质进行的简要说明，表明该岗位的特点和工作概况。

（3）岗位目的。在"岗位目的"一栏中填写设置这个岗位的目的及完成该岗位的工作对实现组织战略和目标的意义。

（4）岗位职责。每个岗位的责任范围应根据本岗位所在的部门或单位的职能分解来确定。每个岗位的工作职责按照负责程度的大小可分为全责、部分、支持 3 种。

（5）企业内外部沟通关系。岗位说明书要明确本岗位在企业内外部的沟通关系。在企业内部，要明确它与企业内部其他岗位的沟通关系，如与上级、平级之间的沟通关系。在企业外部，要明确它与社会上其他单位的沟通关系，如与相关政府部门、上下游或关联企业、客户企业、社会团体、学术单位的沟通关系。

（6）建议考核内容。岗位说明书除要明确本岗位的责任范围和责任程度外，还要明确某项责任的建议考核内容。某项责任的建议考核内容一般为 2～3 项，而且要尽量选择较容易量化的指标。

（7）任职资格和条件。此项主要从受教育程度、知识水平、工作能力和专业技能、工作经验等方面来撰写，如在"受教育程度"一栏中应注明最低学历要求与最佳学历要求。

2.3.3　岗位说明书模板

为了确保岗位说明书编制合理，人力资源管理专业人员应严格按照起草和修改岗位说明书的相关要求编制相应模板，为后续岗位说明书的编制打好基础。岗位说明书由固定的内容模块组成，所以有相应的模板。这里给出岗位说明书的模板，供读者参考（见图 2-7）。

单位		岗位名称		编制日期	
部门		任职人		任职人签字	
		直接主管		直接主管签字	

任职条件	学历	
	经验	
	专业知识	
	业务了解范围	

岗位目的

沟通关系

内部 → ☐ ☐

☐ ☐

外部 → ☐ ☐

☐ ☐

下属人员		人员类别	
人数		经理	
直接		专业人员	
间接		其他	

职责范围	负责程度	建议考核内容	占用时间
按重要程度依次列出每项职责及其目标	全责/部分/支持	考核指标	100%
1.			
2.			
3.			
4.			
5.			

图 2-7　岗位说明书的模板

【微课堂】

　　A 公司是一家集实业投资、资产管理于一体的综合性控股集团公司，主营业务涉及矿业勘探开发、硅能蓄电池、基金管理等领域。A 公司刚刚重组，需要做各部门的岗位说明书，现在需要做人事主管的岗位说明书，请你结合所学知识，编制一份人事主管的岗位说明书。

问题思考

1. 如何分解部门职能？
2. 工作分析与岗位评价有哪些区别与联系？
3. 工作分析的方法有哪些？
4. 岗位说明书的作用是什么？
5. 岗位说明书包括哪几个部分？

知识链接

阿里巴巴非管理岗位的级别划分

阿里巴巴的非管理岗位分为 10 级，其中 P6、P7、P8 需求量最大，也是占比最大的级别。P 序列指技术岗，M 序列指管理岗。阿里巴巴非管理岗位的级别划分如表 2-9 所示。

表 2-9 　　　　　　　　　阿里巴巴非管理岗位的级别划分

级　别	基本定义	对应级别
P1、P2	一般空缺，为较为低端的岗位预留	
P3	助理	
P4	初级专员	
P5	高级工程师	
P6	资深工程师	M1 主管
P7	技术专家	M2 经理
P8	高级专家	M3 高级经理
P9	资深专家	M4（核心）总监
P10	研究员	M5 高级总监

技能列表

从事组织设计与分析工作所需技能表如表 2-10 所示。

表 2-10 从事组织设计与分析工作所需技能表

序 号	技能名称	具体描述
1	综合分析技能	（1）能够深入了解组织的目标、战略和环境，并对组织的结构、流程、角色等进行全面分析 （2）能够理解并提炼岗位要素，将其转化为简明扼要的说明
2	沟通和协调技能	需要与组织的各级管理层、员工和其他利益相关者进行有效的沟通和协调，以获得相关人员的支持和参与
3	创新和问题解决技能	能够提出新颖的组织设计方案，并解决在实施过程中出现的问题
4	写作技能	熟练掌握写作技巧，包括语法、标点符号和段落组织等
5	设备、软件操作技能	能够熟练使用各种办公设备、软件

技能实训

设计一份工作分析调查问卷

请你根据本章所学内容，对企业的岗位设置、职责要求、工作环境等方面进行分析，设计一份包含岗位基本信息、岗位职责、工作要求、工作环境等方面的工作分析调查问卷。

第3章 人才盘点与人才测评

【本章知识导图】

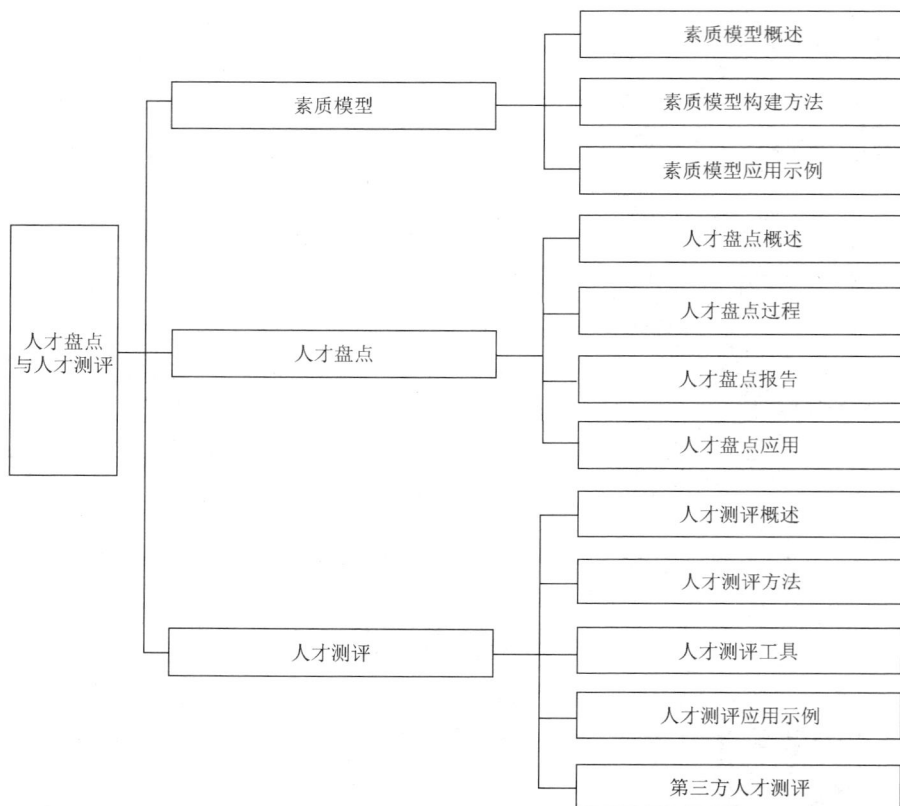

```
                                                    ┌─────────────────┐
                                            ┌───────│ 素质模型概述       │
                                            │       └─────────────────┘
                                            │       ┌─────────────────┐
                          ┌──────────────┐  ├───────│ 素质模型构建方法    │
                    ┌─────│ 素质模型       │──┤       └─────────────────┘
                    │     └──────────────┘  │       ┌─────────────────┐
                    │                        └───────│ 素质模型应用示例    │
                    │                                └─────────────────┘
                    │                                ┌─────────────────┐
                    │                        ┌───────│ 人才盘点概述       │
                    │                        │       └─────────────────┘
                    │                        │       ┌─────────────────┐
  ┌──────────┐      │     ┌──────────────┐  ├───────│ 人才盘点过程       │
  │ 人才盘点   │      │     │              │  │       └─────────────────┘
  │ 与人才测评 │──────┼─────│ 人才盘点       │──┤       ┌─────────────────┐
  └──────────┘      │     └──────────────┘  ├───────│ 人才盘点报告       │
                    │                        │       └─────────────────┘
                    │                        │       ┌─────────────────┐
                    │                        └───────│ 人才盘点应用       │
                    │                                └─────────────────┘
                    │                                ┌─────────────────┐
                    │                        ┌───────│ 人才测评概述       │
                    │                        │       └─────────────────┘
                    │                        │       ┌─────────────────┐
                    │                        ├───────│ 人才测评方法       │
                    │     ┌──────────────┐  │       └─────────────────┘
                    │     │              │  │       ┌─────────────────┐
                    └─────│ 人才测评       │──┼───────│ 人才测评工具       │
                          └──────────────┘  │       └─────────────────┘
                                            │       ┌─────────────────┐
                                            ├───────│ 人才测评应用示例    │
                                            │       └─────────────────┘
                                            │       ┌─────────────────┐
                                            └───────│ 第三方人才测评      │
                                                    └─────────────────┘
```

【学习目标】

职业知识	• 了解素质模型与人才测评
	• 明确人才测评方法的类型及适用范围
	• 明确第三方人才测评的概念、机构和优点
职业能力	• 灵活运用素质模型的构建方法，选择合适的素质模型构建方法
	• 能够根据企业的测评内容、工具和测评方法的适用范围，选择合适的人才测评方法
职业素质	• 具备较强的分析能力和归纳思考能力

人力资源管理已成为企业现代管理理念的核心。人力资源管理技术的应用使得管理更加规范、完善，提高了管理绩效和管理水平。在人力资源管理工作中，"找对人才放对位"是一个十分关键的问题。"找对人才"意味着要找到合适的人，"放对位"意味着要"人事相宜、人职相配"。

执行人才测评前需解答两个问题：需要什么样的人？用什么方法获得？如果寻找到这两个

问题的最佳答案并能够形成良性循环，就可以不断地优化人才的评价标准，并完善素质测评方法。本章将对素质模型和人才测评的相关内容进行阐述。

3.1 素质模型

3.1.1 素质模型概述

在人力资源管理领域，人员素质是指企业内的个人完成特定活动和特定任务所必须具备的基本条件和基本特点，具体包括员工的生理与心理素质、知识经验素质、能力与技能素质等。素质是影响人们从事某种活动的自身因素，对人们的职业倾向、工作能力及潜力、工作成就及事业的发展起着决定性作用。

素质模型构建的 3 个问题

而素质模型即胜任素质模型，是指完成某个岗位的工作、达成某一绩效目标，要求任职者具备的一系列不同素质要素的组合，其中包括个性与品质要求、自我形象与社会角色特征及知识与技能水平等。这些素质要素必须是可衡量、可观察、可指导的，并会对员工的个人绩效及企业的成功产生关键影响。

哈佛大学教授麦克利兰的冰山模型把人的素质模型描绘成一座冰山，从最简单的知识到最深层次的自我概念，人的素质被划分为 6 个层次。其中，技能和知识属于表层要素，自我概念、特质、动机、社会角色属于深层要素。

麦克利兰和其他心理学家们经过大量的研究，得出权威的、公认的素质词典。在这个词典中，人的素质分为六大类、21 个具体要素，每个要素又分为很多级别。这 21 个具体要素对人类的知识、技能、社会角色、自我概念、特质、动机做出了全面概括，形成了企业员工的完整素质模型，麦克利兰素质词典结构图如图 3-1 所示。

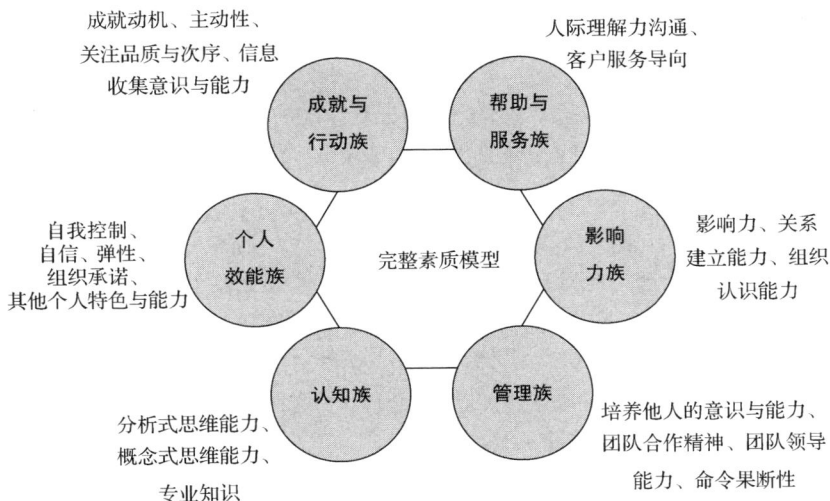

图 3-1　麦克利兰素质词典结构图

3.1.2　素质模型构建方法

要构建素质模型，我们必须先了解素质模型构建的方法和步骤。在具体实施时，我们首先应当明确素质模型构建所要参照的内容。

1．素质模型构建的准备

在构建素质模型之前，我们应清楚两个方面的内容。

（1）企业的战略及战略计划的关键环节。素质模型的构建源于企业的战略，模型中的素质是能够支撑战略有效实施的那些核心素质。

（2）关键岗位。关键岗位即与战略计划实施的关键环节相关的核心职位，通常这些职位对企业业务的成败具有核心作用，承担着实施战略的主要责任，控制着关键资源，可以产生价值增值。其对于企业进行素质模型研究，开展人力资源管理活动是非常有价值的。

2．构建素质模型的方法

（1）行为事件访谈。行为事件访谈是美国哈佛大学心理学教授麦克利兰开发的。其是通过对绩优及一般员工进行访谈，来获取与高绩效相关的素质信息的一种方法。

"行为事件"的意义在于通过访谈者对其职业生涯中某些关键事件的详尽描述，来揭示与挖掘当事人的素质，特别是隐藏在"冰山"下的潜能，用于预估当事人未来的行为及其绩效，并发挥指导作用。

访谈者对于关键事件的描述必须至少包括以下内容：这项工作的内容是什么？谁参与了这项工作？访谈者是如何做的？为什么要这么做？这样做的结果怎样？

（2）主题分析。主题分析通常包括以下两个方面的内容：一是基于素质词典提出的素质分类及相关定义与分级，提炼行为事件访谈中的素质信息，对其进行编码与归类整理；二是在素质词典之外，对行为事件访谈过程中新出现的、企业个性化的素质进行分析、提炼与概念化。

对行为事件访谈资料进行主题分析的切入点是观察行为事件访谈过程中绩优人员与一般人员对关键事件的描述以及问题回答存在的差异。

主题分析主要有3个关键环节：明确具体的素质有什么、明确素质要求的级别程度、定义素质要项。

主题分析可按照以下7个步骤进行。

① 组建主题分析小组。

② 被访者个体分析。

③ 主题分析小组共同研讨，界定素质要项的定义、内容与级别。

④ 结合素质词典，编制素质代码。

⑤ 主题分析小组讨论，统一素质编码。

⑥ 对提炼的素质主题进行统计分析与检验。

⑦ 根据统计分析的结果，主题分析小组再次对素质主题进行修正，形成最终的素质模型与相应的编码手册。

3．素质模型构建的步骤

素质模型构建的3个步骤如图3-2所示。

（1）第一阶段主要是素质研究与开发工作。这是一项基础性的、花费时间较长、素质模型构建的核心工作，涉及的技术和方法也较多。

素质研究与开发	素质模型评估与确认	素质模型的应用
1. 选定职位 2. 选择绩优人员 3. 构建素质模型 4. 收集数据、信息归类与编码 5. 提炼素质项目 6. 描述素质特征 7. 行为事件访谈	1. 对素质模型进行评估与验证 2. 选择标杆企业进行比较 3. 确认素质模型 4. 战略性人才规划	1. 人员甄选调配 2. 绩效管理 3. 薪酬管理 4. 培训开发 5. 职业生涯规划 6. 继任者计划

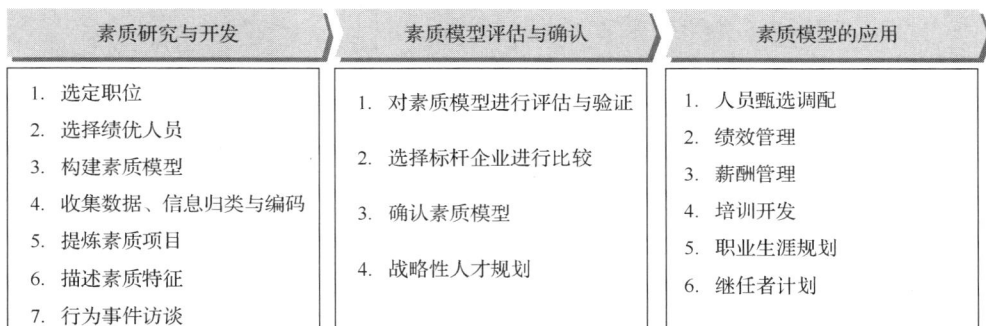

图 3-2　素质模型构建的 3 个步骤

（2）素质的开发是一个不断证伪、不断完善的过程。企业的通用素质开发尚且如此，更何况个性化的专业素质开发。它们都体现着企业为实现战略目标对专业系统能力的关注。因此，在第一阶段后，通常有一个素质模型评估与确认的过程。

在这个过程中，我们不仅要将评估对象扩展到企业内部更多的职位与更多的人员，还要将企业的其他管理措施与手段嫁接进来，为素质模型的应用营造良好的氛围与条件。对于那些比较成熟的行业，如电信、汽车等，相关企业还可以选取所在行业标杆企业的某些职位，在信息完备的前提下对素质模型进行标杆检验。

（3）最后则是素质模型的应用，将所评估与确认的素质模型进行实践应用，是验证素质模型合理性的关键环节。

3.1.3　素质模型应用示例

素质模型的应用是一项系统性的工作，涉及人力资源管理的各个方面。许多著名企业的使用结果表明，它可以显著提高人力资源的质量，提高企业的竞争力，促进发展目标的实现。素质模型可应用于不同的领域并且可发挥重要的作用。

1. 素质模型与潜能评价

潜能评价是采用科学的、专业化的方法与工具收集信息，测量并评价与个人相关的行为取向与素质特征，预测其未来业绩的过程。

企业实施潜能评价的目标：从企业层面评价员工掌握的核心专长与技能是否契合企业愿景与战略，以此为基准开展一系列人力资源管理活动；驱动人力资源管理各业务板块有序联动，聚焦企业面向核心人才的管理与开发。

企业实施潜能评价大致可分为 3 个步骤。

（1）构建素质模型。界定企业战略与核心能力，进而定义素质，依据特定的流程构建各职类、职种的素质模型。

（2）开发潜能评价的工具与方法。选择与使用合适的工具与方法；培养精干的专职潜能评价人员队伍，使之掌握相应的方法与技术，并为员工答疑解惑。

在此步骤中，确定核心案例、讨论或扮演活动，并确定案例、讨论、扮演活动中的核心素质是非常关键的。企业如果试图通过一个案例或讨论评价所有素质，将会使整个评价过程过于复杂与费时，并且影响评价的准确性。因此，通常一个活动对应的素质数量为 2～4 个。

（3）实施潜能评价。归纳整理被评者的素质分析结果，将结果应用于以有效开发与利用核心人才能力为目标的人力资源管理各个环节。

在具体实施中，专业人员必须观察被评者的语言、动作、表情、态度等，同时详细记录每项行为表现，用实际事例表明被评者的行为与对应素质层次之间的联系，由此归纳与整理出被评者的素质特征，并撰写相应的评价报告。评价报告通常由企业人力资源部门的专人保管，作为未来任免、调配、绩效管理、薪酬确定及培训开发的依据。

2．素质模型与招聘甄选

传统的招聘甄选是根据短期的职位需求开展的，仅仅将工作分析与候选人"过去做过什么"作为考查候选人是否具备所需要的知识、经验与技能的基础，缺乏对候选人未来绩效的预测与判断。

如今，企业招聘甄选的重点已逐渐从填补职位空缺，转向为了保证企业战略目标的实现，甄选与吸引那些能帮助企业达成当期及长期战略意图的高素质的人才。总之，企业依据候选人的知识及经验等进行甄选的传统理念与方法，已经不能满足企业获得持续竞争力、吸引关系企业长期发展关键人才的要求。

基于素质的招聘甄选，除了采用既定的工作标准与技能要求对候选人进行评价，还要依据候选人具备的素质对其未来绩效的指引作用来实施招聘甄选。这种基于素质的招聘甄选将企业的战略、经营目标与个人联系起来，在遵循有效的招聘甄选决策的同时，提高了招聘甄选的质量。同时，整个招聘甄选过程以企业战略框架为基础，使那些对企业持续良性发展最为重要的人员得到了重视，他们的重要素质也得到了相应强化。

企业实施潜能评价的目标是让合适的人做合适的事，明确招聘甄选对素质的要求，建立基于素质的招聘甄选决策流程，进而在选对人的基础上构建基于素质的人力资源管理系统。

企业实施基于素质的招聘甄选要遵循以下 4 个步骤。

（1）确定招聘甄选需求。招聘甄选需求一般体现为依据人才规划确定人员与职位变化和临时项目/特殊任务产生的人员需求。

（2）界定素质要求。明确关键的专业技能素质与通用素质要求，界定特定职位的素质等级。

（3）选择招聘渠道。选择合适的媒体或招聘中介机构；内部发布职位空缺信息，实施竞聘或工作轮换。

（4）实施招聘甄选。该步骤包括计划并执行面试，以及使用适当的评价工具做出甄选决策。

3．素质模型与绩效管理

基于素质的绩效管理以结果为导向，即由关注员工的短期绩效转为关注员工的长期绩效，这样的话，企业通过素质模型就能够对员工未来的绩效产生合理的预期，进而为人力资源管理活动提供有益的指导，包括晋升调配、培训开发等。

素质模型的引入对企业各级管理者的管理风格提出了新的要求，即企业各级管理者不仅要关注下属在达成绩效过程中的不足，还要让下属关注自己的潜能，即"最擅长什么""潜能将如何影响未来的绩效"等。

4．素质模型与薪酬管理

基于素质的薪酬管理为企业关注员工的未来发展与潜在价值提供了最终的落脚点。它促使一般员工与企业各级管理者不断提高现有技能水平，激发自身的潜能，使整个基于素质的人力资源管理系统对企业的运营实践产生价值成为可能。

5．素质模型与培训开发

企业要根据员工个人的职业发展规划及定期的绩效考核结果，在与企业实现战略所需的核心能力要求进行比较的基础上，确定员工的素质差距，并据此制订相应的培训计划，设计培训项目与课程。之后，通过对培训效果进行评估，为员工素质的改进和提高提供反馈与指导。特别是在培训方式、方法的选择上，除了对员工知识、技能进行培训，还应对员工潜能进行培训开发。

6．素质模型在人力资源其他业务板块中的应用

（1）素质模型与企业战略性人才规划。员工素质模型的构建能强化企业对人才的认知与界定。也就是说，企业通过分析自身战略规划及其实施过程中对人才核心专长与技能的要求，能根据素质模型及对人才的评价结果检验企业现有人才的能力状况，从而有针对性地开展包括人才的吸纳、开发、激励、维持等在内的一系列人力资源规划与行动。

（2）素质模型与核心人才管理。员工素质模型也可以成为企业评价与管理核心人才的重要依据，由此展开的一系列人力资源管理活动也能够服务于企业短期及长期发展所需关键人才的持续培养与开发等。

【微课堂】

> 假如你是某企业人力资源部门的工作人员，企业准备采用素质测评的方法对企业管理人员进行测评。请问，构建素质模型前需要准备什么？素质模型构建的方法与步骤有哪些？

3.2 人才盘点

3.2.1 人才盘点概述

人才盘点是指对某个组织、企业或者团队中的人员进行全面调查和评估，以了解人才的数量、质量、结构和潜力等情况。通过人才盘点，企业可以更好地了解人力资源的状况，为组织决策和人才管理提供依据。

人才盘点的目的是有效地配置和管理人力资源，其有助于组织确定人员的适应性和发展方向，合理规划人才培养和激励措施，促进人员的成长和发展，提高组织整体的竞争力和绩效。

人才盘点是企业管理中非常重要的一项工作，具有以下 5 点意义。

1．了解人才结构和分布情况

通过对组织内部的员工进行盘点，企业可以深入了解人才的数量、类型、结构和分布情况，从而制订更加合理的人才培养与发展计划。

2．发现潜力人才并进行培养

企业通过对员工能力、潜力、绩效等进行评估，筛选出具有潜力和发展空间的员工，对他们进行梳理和培养，提高他们在组织中的价值和贡献。

3．评估员工工作绩效

通过人才盘点，企业可以对员工工作绩效进行全面而客观的评估，及时发现问题，提出改

进措施，为企业的绩效管理提供依据。

4. 分析人才结构的优势和短板

通过人才盘点，企业可以了解本企业的人才结构，发现人才结构中的优势和短板，针对性地开展招聘、培养和流动工作，完善组织的人才结构，提升企业的核心竞争力。

5. 优化人才管理体系

通过人才盘点，企业可以分析本企业的人才管理体系，发现问题并提出改进措施，完善和优化企业的人才管理体系，提高员工的工作积极性和满意度。

总之，人才盘点是企业管理中不可或缺的一项工作，它可以帮助企业深入了解员工情况，评估员工绩效，发现人才潜力，优化组织结构和人才管理体系，提升企业的核心竞争力和可持续发展能力。

3.2.2 人才盘点过程

人才盘点的过程包括确定人才盘点的目标和范围、收集人才数据、分析人才数据、进行人才评估、识别潜力人才、分析人才结构和缺口、制订人才管理计划、实施和跟进。

1. 确定人才盘点的目标和范围

明确人才盘点的目标和要达到的效果，如了解人才结构、发现潜力人才、评估员工绩效等。确定盘点的范围，包括盘点的部门、岗位、人员等。

2. 收集人才数据

收集组织内部的人才相关数据，包括个人基本信息、学历背景、工作经历、专业技能、职称等。企业可以通过员工档案、人力资源信息系统、面谈等方式来获取数据。

3. 分析人才数据

企业对收集到的人才数据进行统计和分析，可以使用 Excel、数据库或人力资源管理软件等工具进行处理。分析的内容可以包括人才数量、分布、结构、潜力、绩效等方面的指标。

4. 进行人才评估

对员工的能力、潜力、绩效等进行评估，可以采用多种评估方法，如绩效考核、能力测试等，以获取更全面的评估结果。

5. 识别潜力人才

根据人才评估结果，识别出具备潜力和发展空间的员工。企业可以根据员工的绩效、学历背景、职业规划意愿等指标进行筛选。

6. 分析人才结构和缺口

企业通过分析人才数据和潜力人才的情况，对人才结构进行评估，识别出人才结构的优势、短板和缺口，确定关键岗位和紧缺人才，为后续的人才管理和发展提供依据。

7. 制订人才管理计划

根据人才盘点结果，制订相应的人才管理计划。该计划应包括招聘、培训、绩效管理、激励机制、职业发展规划等方面的措施，以提升人才的能力和满意度。

8. 实施和跟进

将人才管理计划付诸实施，并定期进行跟踪和评估，确保人才盘点的效果和措施的有效性。根据实际情况，灵活调整和优化人才管理的策略和措施。

总体来说，企业进行人才盘点需要充分了解和把握企业的发展规划和企业文化特点，并在此基础上采取科学的盘点方法和步骤，以便更好地管理和开发人才资源。

3.2.3　人才盘点报告

人才盘点报告是对组织内部人才情况进行全面评估和分析的报告。它通过收集、整理和分析各种人才相关数据，以及结合对员工能力、潜力、价值和发展需求的评估，来揭示组织在人才管理方面的现状和问题，并为制定人力资源战略和决策提供依据。

人才盘点报告一般包括以下 8 项内容。

1. 报告概述

对人才盘点的目的、范围和方法进行简要介绍，说明报告的结构和内容安排。

2. 人才数量和结构

通过数据分析，展示当前组织内各类人才的数量和比例，如不同职级人才、学历背景、工作经验等。各类人才的数量和比例可以用图表形式直观展示，同时指出人才结构中的优势和短板。

3. 潜力人才分析

企业对评估结果中被认定为具有潜力和发展空间的员工进行分析，包括其数量、岗位分布、能力特点等，可以从长期发展角度看待潜力人才对组织的重要性，并提出相应的建议。

4. 绩效评估分析

对员工的绩效评估结果进行分析，包括绩效等级分布、优秀员工和较低绩效员工的比例，以及绩效与其他因素的相关性分析等。提出改善绩效管理的建议，以进一步提高组织的绩效水平。

5. 关键岗位和紧缺人才分析

确定组织的关键岗位和紧缺人才，并分析其目前的状态和供需关系。企业要对关键岗位的人才储备情况进行评估，提出有针对性的招聘、培养和留任计划。

6. 人才流动与离职分析

企业要分析组织内部的人才流动情况，包括员工的晋升、转岗、外部招聘等；同时企业也要分析员工的离职原因和离职率，从中找出潜在问题并提出相应的解决方案。

7. 人才管理建议

基于以上分析，企业提出人才管理的改进建议和措施，包括培养计划、绩效管理改进、激励机制调整、招聘策略等，以提高组织的人才质量和竞争力。

8. 总结和展望

对报告进行总结，并展望未来的人才管理方向和发展趋势，强调人才盘点为持续的工作，需要不断跟进和调整。

人才盘点报告应该清晰、简洁、重点突出，具备数据支持和实际操作建议，为组织制定人才管理策略和措施提供参考依据。同时，报告的内容和形式可以根据组织的需求进行灵活调整，以最大限度地满足管理层和决策者的需求。

3.2.4　人才盘点应用

1. 人才规划

通过对现有员工进行综合评估，了解组织内部相关岗位的人才储备、关键岗位的人才短缺、是否需要引进高端人才等情况，为组织的人才储备规划提供依据。

2．绩效管理

企业基于对员工进行综合评估，更加客观公正地进行绩效考核，制定合理且具有挑战性的目标，为员工的绩效评价提供科学依据，并建立绩效奖励机制。

3．员工发展规划

企业通过人才盘点，了解员工的技能、能力、潜力、个性和职业发展意愿等方面的信息，帮助员工制订个人职业发展计划，从而达到优化公司人才结构和提高员工满意度的目的。

4．人才流动管理

通过对不同层级人员或者不同项目团队人员的人才盘点，了解这些人的整体素质和潜力，为人员流动提供参考依据，以便更好地调配和流通人才资源。

5．制订招聘计划

基于对企业现有人才情况的分析和预测，合理制订招聘计划，保障企业在汲取新鲜血液、消化原有业务人员的流动及应对不同市场需求时的能力。

总之，人才盘点是一种强有力的人力资源管理工具，能够帮助企业全面地了解现有人才的实际情况，为制定有针对性的人才管理措施提供支持，并为企业未来的发展规划提供可靠的数据基础。

【微课堂】

> B 公司进行了一次人才盘点，希望了解每个员工的职业发展情况、技能和兴趣爱好，以更好地进行人才管理和优化团队配置。在盘点过程中，公司发现一位叫小明的行政文员一直默默无闻地在公司工作，很少参与项目外的活动。通过与小明的沟通，公司发现小明在业余时间是一位非常优秀的插画师，还曾经在一些艺术展览上获得奖项。而在公司他只是负责一些日常的文档处理工作，并没有得到施展才华的机会。经过与小明的深入交流，公司决定让小明负责公司的视觉设计工作。小明的设计不仅获得了其他员工的赞赏，也吸引了更多客户的关注。请问，人才盘点的意义有哪些？

3.3 人才测评

3.3.1 人才测评概述

人才测评是指测评人员在较短时间内，采用科学的方法，收集被测人员在主要活动领域中的表征信息（行为事实），然后对被测人员的素质做出数量或价值判断。其宗旨是达到人与事、人与职位相匹配。

1. 人才测评的类型

人才测评按不同的标准可划分为不同类型。

（1）按人员素质的性质划分。这是一种常用的分类方法，与人员素质结构有关，具体分为以下 4 种测评类型。

① 生理素质测评。生理素质测评主要是对体质、体力及精力的测评，多借用医学仪器设备进行测评。有些生理素质测评，也可以运用观察、自评、笔试等方式来完成。

② 知识经验素质测评。知识经验素质测评是对人员已掌握的知识的测评，包括对知识掌握的深度、广度和灵活运用程度的测评。知识经验素质测评可以通过查阅学籍档案、面试或笔试、实际操作等方式进行。

③ 能力/技能测评。能力/技能测评大多数通过面试、实际操作、演练的方式来进行。

④ 心理素质测评。心理素质测评是对个体心理特征及其倾向性的测评，主要运用经典的心理测量表来完成，具体包括一般智力测评、职业倾向测评和创造能力测评等。

（2）按测评的目的划分。按测评的目的划分，人才测评可划分为以下 5 种类型。

① 以选拔优秀人才为目的的选拔型测评。

② 以人力资源合理配置为目的的配置型测评。

③ 以鉴定、验证被测人员是否具备某种素质及其具体程度为目的的鉴定型测评。

④ 以了解人员素质现状或寻求原因为目的的诊断型测评。

⑤ 基于人员素质的可塑性，以开发人员素质为目的的开发型测评。

2. 人才测评的功能与作用

（1）评定。人才测评评定功能的正向发挥，在人力资源管理中首先表现为人力资源管理的促进与形成作用，还会表现为激励、强化和导向作用。

（2）诊断反馈。诊断反馈功能的正向发挥，首先表现为咨询的作用；其次表现为对人力资源开发方案的制定和选择；最后还表现为调节与控制的作用。

（3）预测。素质测评，尤其是心理素质测评，根据大量的特征行为测试素质，可以依据素质表征行为发展的历史轨迹及其趋向，对被测人员的素质发展进行某种预测，预测功能的正向发挥表现为选拔作用。

3.3.2　人才测评方法

下面具体介绍心理测验、笔试、面试和评价中心 4 种人才测评的方法。

1. 心理测验

心理测验起源于实验心理学中的个别差异研究。心理测验可间接对一组样本的行为进行客观和标准化的测量，其主要通过观察人们有代表性的行为，对贯穿在行为活动中的心理特征，依据事先确定的原则进行推论和数量化分析。

心理测验主要有人格测验、兴趣测验和能力测验 3 种类型，心理测验类型介绍如表 3-1所示。

表 3-1　　　　　　　　　　　　　　心理测验类型介绍

心理测验的类型	测验内容	测评工具
人格测验	被测个体所拥有的可测量的人格特质，测试个体所有的行为反应方式及与他人的交往方式	明尼苏达多项人格测验（Minnesota Multiphasic Personality Inventory，MMPI） 卡特尔16种个性因素问卷（Cattell 16 Personality Factor Questionnaire，16PF） 加州心理测验（California Psychological Inventory，CPI）
兴趣测验	被测个体的职业兴趣，测试个体感兴趣的工作是什么，从工作中最希望得到哪些方面的满足	霍兰德职业兴趣测试量表 斯特朗职业兴趣量表 库德职业兴趣调查表
能力测验	被测个体表现在认知能力方面的心理特质，如观察力、理解能力、思维能力、推理能力等	韦氏智力量表 麦夸里机械能力测验 奥康纳手指灵活性和镊子灵活性测验

其中，在招聘活动中运用最多的是人格测验和兴趣测验。从某种程度上讲，应聘者能否在工作中取得优异成绩，其人格和兴趣会产生很重要的影响。因为一个人工作能力不足，可以通过后期培训提高，而性格不适合岗位或对工作没有兴趣，要改变起来则比较困难。所以在招聘活动中，有的人力资源工作人员会首先考虑应聘者的性格及兴趣是否与应聘岗位相符合，尽量做到性格、兴趣与岗位相匹配。

2．笔试

笔试是要求被测评者根据试卷的内容把答案写在答题纸上，以便了解被测评者对各种知识的掌握程度、书面表达能力、思维分析能力等素质的一种方法。

按照试题的评分是否客观、答案是否唯一，笔试试题分为主观题和客观题两大类。

主观题可以用来考查被测评者多方面的能力，同时测评者根据被测评者的回答可以更深层次地了解被测评者。但是由于主观题的答案并不是唯一的，所以其评判标准就会带有一定的主观色彩，使试题的信度和效度很难得到保证。

客观题有明确且固定的答案，判断标准比较客观、科学，被测评者只需根据自己的判断给出答案即可。因此，客观题阅卷工作可以借助现代化的手段和工具，既节省时间，又提高效率，但其不足之处在于试题不容易考查被测评者的综合素质。

常见的笔试题型有选择题、填空题、简答题、计算题、论述题和案例分析题等，笔试题常见题型分析如表3-2所示。

表 3-2　　　　　　　　　　　　　　笔试题常见题型分析

题型	优点	缺点
选择题	（1）适用范围广，从一般知识到复杂的能力测评均可使用 （2）评分的客观性强 （3）题量可以较大，考查的范围更广，采样代表性更强，有利于实现标准化测验	诱答项难以编制，诱答项不仅量大，而且应显得似是而非，编好它并非轻而易举之事，而且难以避免猜答案
填空题	具有较为广泛的适用性，答案明确，评分客观，编制容易，容易发现被测评者在学习过程中存在的具体问题	（1）考查范围较窄 （2）容易鼓励被测评者机械记忆，不能检测更为复杂的知识和能力

续表

题　型	优　点	缺　点
简答题	编写方法相对简单，适用范围广，完全由被测评者提供答案，克服了选择题易发生猜答案的现象	（1）因为被测评者提供的答案具有不确定性，所以评分无法计算机化，较易受人为主观因素的影响，降低了测评的信度 （2）对较复杂问题的深入分析、评价等功能的测评也难以评估
计算题	计算题可以在很大程度上避免被测评者猜测作答，评分的客观性强	（1）编制较为困难 （2）考查的范围较为狭窄，容易导致被测评者大量做题，运用"题海战术"，产生不必要的紧张感和压力
论述题	论述题可以较全面、深入地考查被测评者的知识水平和能力，降低被测评者猜测的成功率；题目不要求很多，也不需要准备很多选项，因此不需要花费很多时间，较容易准备	（1）题目不多，知识的覆盖面不广且不均衡 （2）评分主观且标准不一致 （3）评分容易受到卷面整洁与否、书法优劣等一些无关因素的影响。另外，论述题的答卷和阅卷都很耗时耗力
案例分析题	案例分析题考查的目标层次高，综合性强，具有很强的区分度，非常适合人员选拔测评	（1）评分受主观因素影响大，信度难以提高 （2）题量小，占用分值高，影响了知识测评的广度 （3）对背景材料的要求较高，编制难度大

3．面试

面试是指在特定的时间、地点进行的，通过面试官与应聘者面对面的观察与交谈，收集相关信息，从而了解应聘者素质状况、能力特征及求职动机的一种测评方法。

根据不同的划分标准，面试可分为不同的类型，面试的类型如表 3-3 所示。

表 3-3　　　　　　　　　　　　　　面试的类型

划分依据	面试类型	内　容
根据面试的结构化程度	结构化面试	结构化面试是就面试前预先设计的具有一定次序的一系列问题向应聘者进行提问并对其回答进行评估的面试方式。此种面试方式在面试之前已有一个问题清单和提问框架，面试官只需根据问题清单进行提问，并根据应聘者的回答进行评估即可
	非结构化面试	非结构化面试对面试内容、提问次序都不事先确定，面试官只要就岗位的基本情况与应聘者随意交谈即可，给予应聘者充分展现自己的机会，旨在考查应聘者是否具备岗位所需的知识技能
	混合式面试	混合式面试是将结构化面试和非结构化面试结合起来，即先设计几个通用的问题向应聘者提问，再与应聘者漫谈，让其自由发表言论，充分发挥自己的能力和潜力
根据面试官的多少	个别面试	个别面试是指一个面试官与一个应聘者面对面交流
	小组面试	小组面试是指一组面试官对一个或多个应聘者进行面试
根据面试的提问方式	压力式面试	压力式面试是将应聘者置于一种人为的紧张气氛中，让应聘者接受诸如非议性的、刁难性的刺激，以考查其应变能力、压力承受能力、情绪稳定性等
	非压力式面试	非压力式面试是相对于压力式面试而言的面试方式，是在没有压力的情景下考查应聘者有关方面素质的面试形式
根据面试的进程	一次性面试	一次性面试是指用人单位对应聘者的面试集中在一次进行的面试形式
	分阶段面试	分阶段面试是分几次进行面试，如先由招聘工作者对应聘者进行面试，再由人力资源部门负责人对应聘者进行面试，最后由用人部门的负责人对应聘者进行面试

4．评价中心

评价中心是人才测评的一种综合性方法，其通过一系列科学测评手段对被测评者的心理和行为特点进行评价，最突出的特点是它使用了情景性的测验方法对被测评者的特定行为进行观察和评价。评价中心在人才评价、个人发展指导、人员培训等人力资源管理领域有着广泛的实际应用，设计也更趋于完善和科学。

评价中心的"情景性"特性决定了其具体测评的形式，包括无领导小组讨论、文件筐测试、案例分析、管理游戏、角色扮演等形式。在测评不同的素质时，评价中心需要选择不同的测评形式和工具。

（1）无领导小组讨论。这是一种情景模拟的测评方法，是指一组无具体负责人的被测评者在一定时间（1小时左右）内，围绕给定的问题或在既定的背景之下展开讨论，并得出小组意见，以此评价被测评者各方面的能力、个性特点及风格，为人事决策提供可行的依据。

（2）文件筐测试。它又称为公文处理练习，是一种情景模拟测评方法。它要求被测评者在一定时间内处理与管理岗位相关的报告、信函、备忘录、请示等文件（涉及人事、资金、财务、工作程序等内容），用来测评被测评者的实际工作能力或管理潜力。

文件筐测试通常用于管理人员的选拔，考查被测评者分析资料、信息处理、授权、计划、组织、控制、判断等多项素质，是评价中心测评中、高层管理人员素质的重要工具。

（3）案例分析。它是指先向被测评者提供一段背景资料，然后提出问题，在问题中要求被测评者阅读分析给定的资料，依据一定的理论知识，或做出决策，或做出评价，或提出具体的解决问题的方法或意见等。案例分析的综合性较强，考查的是高层次的认知目标。它不仅能考查被测评者的知识掌握程度，而且能考查被测评者理解、运用知识的能力。更重要的是，它能考查被测评者综合、分析、评价方面的能力。因此，案例分析是区分度很高的测评形式。

（4）管理游戏。它是一种以完成某项实际任务为目标的团队模拟活动，通常采用小组形式进行，数名被测评者（通常为6～10人）组合成一个小组，依据给定的材料、工具共同完成一项游戏任务，并在任务完成后就某一主题讨论交流。

在游戏中，每个小组成员各被分配一定的任务，有的游戏还规定了小组成员的角色，不同的角色权限不同，但不管是什么角色，要完成任务，所有的成员都必须进行合作；在游戏过程中，测评者通过观察被测评者的行为表现，对预先设计好的某些能力与素质指标进行评价。

（5）角色扮演。角色扮演是一种情景模拟测评形式，通常的做法是选取和被测评者的工作相关的一个人际或工作情景，由一名角色扮演者饰演被测评者的客户、上级、同事、下属等角色。在这种活动中，测评者设置了一系列尖锐的人际矛盾与人际冲突，要求被测评者扮演某一角色并进入角色情景，去处理各种问题和矛盾。

评委通过对被测评者在不同角色情景中表现出的行为进行观察和记录，测评被测评者是否具备相应素质，在模拟情景中的行为表现与企业预期的行为模式、职位角色规范之间的吻合程度，被测评者的个性特征是否与工作情景和谐统一。

评价中心的测评形式除上述5种外，还包括事实判断、模拟面谈、信息收集、演讲、公文写作等。

3.3.3　人才测评工具

人才测评的工具有很多。表3-4所示为人才测评的工具。

表 3-4 人才测评的工具

测评类型	具体测评工具
个性品质测验	卡特尔 16 种个性因素问卷、瑞文推理测验、艾森克人格测试问卷、霍兰德职业兴趣测验、管理人员人格测验、管理人员自我开发测验
能力测验	韦氏智力量表、陆军甲/乙种测试、威廉斯创造力倾向测评量表、多项能力、职业意向咨询、管理数量分析能力测验、管理逻辑推理能力测验、敏感性与沟通能力测验
职业适应性测验	生活特性问卷、职业兴趣测验
高级管理技能测验	文件筐测试、无领导小组讨论
个体行为评估	工作感觉评定、价值取向评估、需求测试
领导行为评估	沟通方式评定、冲突应付方式评定、工作习惯评定、变革意识评定
团体行为评估	团体健康度评定、团体绩效评定

下面具体介绍两种人才测评工具，供读者参考。

1．韦氏智力量表

韦氏智力量表是由美国心理学家大卫·韦克斯勒研制的成套智力测验。这套智力测验具体包括 3 个测验。

（1）韦氏儿童智力量表（WISC-R），适用于 6～16 岁儿童的智力测验。

（2）韦氏成人智力量表（WAIS-R），适用于成年人的智力测验。

（3）韦氏幼儿智力量表（WPP-SI），适用于 4～6 岁幼儿的智力测验。

WAIS-R 由 11 个分测验组成，其中常识、数字广度、词汇、算术、理解、类同 6 个分测验构成言语分量表，填图、图片排列、积木图案、物体拼凑、数字符号 5 个分测验构成操作分量表。所有分测验的分数都要转化成标准差为 3、平均数为 10 的标准分数。

2．卡特尔 16 种个性因素问卷（16PF 量表）

16PF 量表是有关性格的自测量表之一，主要用于教育及教育辅导，心理障碍，心身疾病的预防、诊断、治疗，以及人才的选拔和培养。

16PF 量表可用于测评个人的乐群性（A）、聪慧性（B）、稳定性（C）、好强性（E）、兴奋性（F）、有恒性（G）、敢为性（H）、敏感性（I）、怀疑性（L）、幻想性（M）、世故性（N）、忧虑性（O）、激进性（Q_1）、独立性（Q_2）、自律性（Q_3）、紧张性（Q_4）16 种性格特征。

16PF 量表在人才测评中的应用主要体现在表 3-5 中的 5 个方面。

表 3-5 16PF 量表在人才测评中的应用一览表

应用项目	组合要素	推算公式
测评性格内外向性	乐群性（高 A）、好强性（高 E）、兴奋性（高 F）、敢为性（高 H）、独立性（低 Q_2）	见 Y_1 公式
测评心理健康状态	稳定性（高 C）、兴奋性（高 F）、忧虑性（低 O）、紧张性（低 Q_4）	见 Y_2 公式
测评学习或适应新环境的成长能力	聪慧性（高 B）、有恒性（高 G）、自律性（高 Q_3）、兴奋性（低 F）	见 Y_3 公式
测评专业有成就的性格因素	自律性（高 Q_3）、有恒性（高 G）、稳定性（高 C）、好强性（高 E）、世故性（高 N）、独立性（高 Q_2）、激进性（高 Q_1）	见 Y_4 公式
测评创造能力的性格因素	乐群性（低 A）、聪慧性（高 B）、好强性（高 E）、兴奋性（低 F）、敢为性（高 H）、敏感性（高 I）、幻想性（高 M）、世故性（低 N）、激进性（高 Q_1）、独立性（高 Q_2）	见 Y_5 公式

$Y_1 = [(2A+3E+4F+5H)-(AQ_2+11)] \div 10$，低于 4.5 分者属于内向型，高于 6.5 分者属于外向型，4.5～6.5 分者则为中性。

$Y_2 = C+F+(11-O)+(11-Q_4)$，低分者属于心理健康状态较差者，高分者属于心理健康状态较好者。此要素总分可为 4～40 分，平均值为 22 分。

$Y_3 = B+G+Q_3+(11-F)$，低分者属于学习、成长能力较弱者，高分者属于学习、成长能力较强者。此要素总分可为 4～40 分，平均值为 22 分，25 分以上者的成功概率较大。

$Y_4 = 2Q_3+2G+2C+E+N+Q_2+Q_1$，低分者为成就较低者，高分者为成就较高者。此要素总分可为 10～100 分，平均值为 55 分，67 分以上者的成功概率较大。

$Y_5 = 2(11-A)+2B+E+2(11-F)+H+2I+M+(11-N)+Q_1+2Q_2$，低分者为创造能力较弱者，高分者为创造能力较强者。实际得分高于 88 分者，创造力较强，应有所成就。

3.3.4　人才测评应用示例

在人力资源管理中，我们要正确认识人才测评在人力资源管理实践中的作用，应用人才测评合理地开发、利用、整合人力资源。

以下是某制药公司所进行的文件筐测试实例。

文件框测试实例

一、背景

某制药公司是一家大型国有控股公司，公司技术力量雄厚，管理规范，现有员工 300 多人，业务领域涉及颗粒剂、口服液、胶囊剂等多种剂型，深受广大医生和患者的欢迎，营销网络遍布全国各地，并在药品市场上取得了良好的口碑，品牌已深入人心。

该公司人力资源部门下设 3 个主管岗位，分别是招聘培训主管、薪酬主管和劳动关系主管，每个主管下设 2～3 名专员。

二、要求

现在是××××年××月××日 9:00，你担任某制药公司人力资源部门经理职务，全面主持该公司人力资源管理工作。你所要处理的各类文件已随机放在了文件夹内，你需要在一个小时内将这些文件处理完毕，并做出相关批示。该公司的相关资料（组织结构图、部门职能表、人事规章制度）已放在你的桌子上，以供查阅。

好，你现在可以开始工作了！

三、文件

1．文件 1［电话录音］

刘经理：

我是××，有件事情非常紧急，今早七点我接到××交通管理局的电话，说六点钟左右我公司销售部的张某驾车与一辆货车相撞，张某及对方司机伤势严重，正在医院抢救。目前，事故责任还不能确定，我正前往××市处理相关事务，希望您能尽快和我联系，商量一下应对措施。

回复方式：

☐ 信件/便函　　☐ 面谈　　☐ 电话　　☐ E-mail　　☐ 不予处理

回复内容：

2．文件 2［便函］

刘经理：

您好！公司本年度的人力资源培训费用与预算总额编制数据有些出入，不知您何时有空，我们需要和您核对一下。

财务部：×××

××××年××月××日

回复方式：

□ 信件/便函　　□ 面谈　　□ 电话　　□ E-mail　　□ 不予处理

回复内容：

3．文件 3［邀请函］

刘经理：

您好！××月××日 9:00 我中心将在××饭店举行一场关于人力资源前沿问题的研讨会，届时会有业界著名人士及各大公司的高层领导莅临，真诚邀请您的参与！

祝您工作愉快！

××中心

××××年××月××日

回复方式：

□ 信件/便函　　□ 面谈　　□ 电话　　□ E-mail　　□ 不予处理

回复内容：

4．文件 4［电子邮件］

刘经理：

您好！我是王××。我请求调换部门，因为我实在无法忍受部门经理张××的独裁专断行为。在做出重大决策时，他总是一意孤行，使整个部门的员工跟着受累。若哪个同事犯了一点儿小错误，他言辞极为恶劣。我愿意为公司付出，但不愿意在这样的领导手下工作。

注：王××是公司技术骨干，工作业绩一直很出色。张××刚晋升为部门经理。

回复方式：

□ 信件/便函　　□ 面谈　　□ 电话　　□ E-mail　　□ 不予处理

回复内容：

5．文件 5［请示］

刘经理：

您好！公司近来效益有所下滑，目前公司的工资水平较同行业的市场水平是偏高的，是否考虑适当降低公司的工资水平？但这样做有可能会造成核心员工的流失。若采取降低工资水平的方法，是降低基本工资还是降低奖金？请批示。

薪酬主管：×××

××××年××月××日

回复方式：

□ 信件/便函　　□ 面谈　　□ 电话　　□ E-mail　　□ 不予处理

回复内容：

四、面试评分

面试官根据应聘者的表现给予评分，并填写面试评分表（见表3-6）。

表3-6　　　　　　　　　　　　　　面试评分表

姓　名		年　龄		应聘职位		应聘部门	
评估要素	要素内容			满分	实际得分		备注
计划组织能力	处理问题是否有条理，处理是否得当			15			
分析、解决问题的能力	是否善于发现问题并从中获得有用的信息，继而快速采取有效的措施解决问题			15			
决策能力	处理问题是否果断、合理			20			
授权	是否恰当地授权			25			
协调沟通能力	是否有效地化解了分歧并达成一致意见			10			
控制统筹能力	是否分清了事情的轻重缓急并进行了全面掌控			15			
总体评价				签字： 日期：　年　月　日			

五、文件筐测试评分

经过文件筐测试，现得出应聘者的成绩，刘××综合成绩一览表如表3-7所示，刘××单项素质测评成绩一览表如表3-8所示。

表3-7　　　　　　　　　　　　　刘××综合成绩一览表

姓名	性别	年龄	学历	专业	应聘职位	测评成绩	排名
刘××	男	35	硕士	企业管理	人力资源部门经理	85	2

表3-8　　　　　　　　　　　　刘××单项素质测评成绩一览表

姓　名	刘××	
测评要素	成　绩	排　名
计划组织能力	13	3
分析、解决问题的能力	13	2
决策能力	18	1
授权	21	2
协调沟通能力	8	1
控制统筹能力	12	2

此环节主要考查应聘者的管理素质，因此围绕管理素质这一要素，为其设定了6个细化的测评要素。

六、测评要素的解析

下面对刘××各个测评要素的表现分别做简单的解析。

1．计划组织能力

有较强的规划能力，并有明确的目标，但未对计划的可行性做全盘考虑。

2．分析、解决问题的能力

能快速、准确地找出问题的关键点，并能针对所面临的问题提出切实可行的方案。

3．决策能力

能在有一定外界干扰的情况下冷静地做出应对决策且快速执行。

4．授权

能较好地协调周围的资源，但给予下属权限时有点谨慎。

5．协调沟通能力

能较好地与其他人员沟通。

6．控制统筹能力

有战略眼光，能从事物的全局出发，但在计划实施过程中考虑不太周全，因此，为以后的监控工作增加了一定的难度。

总体来说，刘××的管理素质良好，凭借扎实的专业知识和丰富的管理经验，在这一轮面试中表现不错。

3.3.5 第三方人才测评

1．第三方人才测评的概念

第三方人才测评是指第三方人才测评机构通过科学的测评方法和手段对被测评者的能力素质状况、个性特点、工作动机、职业兴趣和发展潜力等方面进行评估，以便为客户企业和组织选人用人提供一定的科学依据，也对被测评者的能力和素质状况及其职业发展提供建议和参考。

第三方人才测评通常采用标准化的测评工具和方法，如问卷调查、人格测试、智力测试、技能测试等，能够客观地评估员工的职业特点和潜力。测评结果将会以报告的形式呈现，帮助企业更好地了解员工的优劣势，并做出更好的管理决策。

2．第三方人才测评机构

我国现如今没有专门提供人才测评服务的机构，大部分提供人才测评服务的都是一些中介机构或者咨询公司，它们不仅提供人才测评服务，也可提供其他人事相关业务。

国内提供人才测评服务的机构主要有人才中介服务机构、人力资源咨询服务机构和人才市场。这些机构的相关说明如下所示。

（1）人才中介服务机构。

① 人才中介服务机构是指为用人单位、求职者、职场人士等提供中介服务及其他相关服务的专营或兼营的组织。

② 人才中介服务机构可以提供人才推荐、人才招聘、人才培训、人才测评等服务，以及负责法规、规章允许的其他有关业务。

（2）人力资源咨询服务机构。人力资源咨询服务机构是指专门从事人才测评或者从事人力资源管理相关业务模块的专业管理咨询服务的公司，人才测评是人力资源管理相关业务模块之一。

（3）人才市场。由于市场竞争的日益加剧，人才市场也在积极地推出人才测评服务这项重要业务。

3．第三方人才测评的优点

（1）专业。第三方人才测评机构拥有丰富的经验和专业知识，能够提供科学、可靠的人才测评服务。

（2）独立。第三方人才测评机构独立于企业和员工之外，可以提供中立和客观的评估结果。

（3）全面。第三方人才测评可以从多个方面对员工进行评估，包括知识、技能、态度、性格等，能够帮助企业全面了解员工的素质和潜力。

（4）可比性。第三方人才测评采用标准化测评工具和方法，能够保证不同员工之间的测评结果具有可比性。

在使用第三方人才测评前，企业需要选择一个信誉良好、专业可靠的测评机构，以确保评估结果的科学性和客观性。同时，企业还需要注意员工隐私保护问题，确保在测评过程中不侵犯员工的个人隐私权。

【微课堂】

C公司在招聘经理岗位时，选用了人才测评工具来帮助筛选合适的候选人。在初步筛选后，公司选出了几位表现较为出色的应聘者，并进行了人才测评。经过评估，公司得到了每位应聘者的测评报告。应聘者小李在智力测试中表现出色，具备较高的分析能力和解决问题的能力。在性格评估中，他展现了自信、稳定和善于与人合作的特点。此外，在领导能力评估中，小李也展现了较强的领导才能和团队管理能力。基于测评报告，公司最终录用了小李。之后，小李充分发挥了他的智力优势和领导才能。请问，人才测评的功能与作用有哪些？

问题思考

1. 什么是素质模型？
2. 素质模型在人力资源管理中是如何被应用的？
3. 人才测评的功能与作用有哪些？
4. 人才测评工具主要有哪些？
5. 第三方人才测评的优点有哪些？

知识链接

互联网时代下的人才测评

"科学管理之父"弗雷德里克·温斯洛·泰勒曾说："在各行各业，即使在最微不足道的细节上，用科学的方法代替单凭经验的方法，也将带来巨大的收益。"在互联网时代，企业人才测评也有着新的特点。

1. 测评方式的改变

随着个人计算机、智能手机和无线网络的普及，线上测评逐渐成为最普遍的测评方式。人才测评对用户体验、测评效度有了更高的要求，更加碎片化和游戏化。

2. 人岗匹配更精确

在互联网时代，信息公开，测评者和被测评者可以平等地了解信息。测评者可以选择合理的测评内容，被测评者也可以在了解到企业的工作内容和氛围后，选择最适合自己的应聘职位。

3. 测评素材多样化

社交网站上的部分信息、企业内部人力资源系统上的被测评者的行为记录等信息都可以作为测评素材，有助于对被测评者做出更加合理的判断，做出正确的人事决策。

技能列表

人才盘点与人才测评所需技能表如表3-9所示。

表 3-9　　　　　　　　　　　人才盘点与人才测评所需技能表

序号	技能名称	具体描述
1	评估技能	能够准确地运用测评工具来评估员工能力水平和潜力，并能够分析和解读评估结果
2	数据分析与整理技能	（1）能够运用数据分析工具和方法，对评估结果进行深入分析，提取有价值的信息，为决策提供科学依据 （2）能够收集、整理和存储员工的相关数据
3	沟通与解释技能	能够清晰地解释评估结果和建议，将专业的知识和概念以易于理解的方式传达给非专业人员

续表

序　号	技能名称	具体描述
4	组织与规划技能	能够制订评估计划、安排评估流程，并有效地管理和运作评估项目
5	决策技能	能够综合考虑员工的实际表现、发展需求和组织战略，做出明智的人才决策
6	设备、软件操作技能	能够熟练使用各种办公设备、软件

技能实训

设计一份素质模型的模板

假定你是某企业人力资源部门的工作人员，该企业准备采用素质测评的方法对该企业管理人员进行测评。请结合该企业人员的特点及素质模型的构建方法，设计一个市场部经理素质模型模板。

人力资源管理战略与 规划

第4章

【本章知识导图】

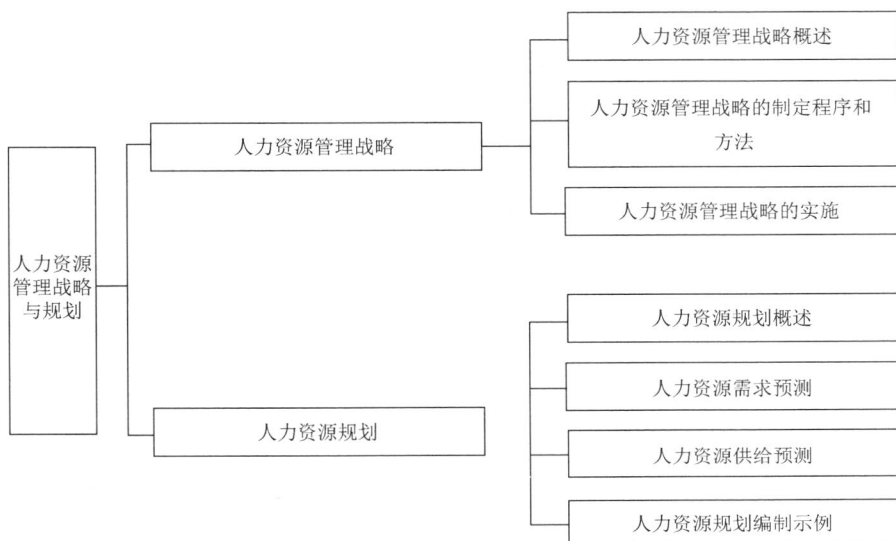

```
                                          ┌──────────────────────────┐
                                     ┌────│    人力资源管理战略概述    │
                                     │    └──────────────────────────┘
                  ┌──────────────┐   │    ┌──────────────────────────┐
              ┌──│ 人力资源管理战略 │───┼────│ 人力资源管理战略的制定程序和 │
              │   └──────────────┘   │    │           方法            │
              │                      │    └──────────────────────────┘
 ┌─────────┐  │                      │    ┌──────────────────────────┐
 │ 人力资源 │  │                      └────│   人力资源管理战略的实施    │
 │ 管理战略 │──┤                           └──────────────────────────┘
 │ 与规划  │  │
 └─────────┘  │                           ┌──────────────────────────┐
              │                      ┌────│     人力资源规划概述       │
              │                      │    └──────────────────────────┘
              │                      │    ┌──────────────────────────┐
              │   ┌──────────────┐   ├────│     人力资源需求预测       │
              └──│   人力资源规划   │───┤    └──────────────────────────┘
                  └──────────────┘   │    ┌──────────────────────────┐
                                     ├────│     人力资源供给预测       │
                                     │    └──────────────────────────┘
                                     │    ┌──────────────────────────┐
                                     └────│    人力资源规划编制示例     │
                                          └──────────────────────────┘
```

【学习目标】

职业知识	• 了解人力资源管理战略的概念
	• 知晓人力资源管理战略的制定程序、人力资源规划模型
	• 掌握人力资源需求预测与供给预测的方法
职业能力	• 掌握人力资源管理战略的制定方法，能够根据企业的实际需求制定人力资源管理战略
	• 选择合理的方法，对企业人力资源需求与供给进行科学的预测
职业素质	• 具备优秀的归纳思考能力与分析能力

4.1 人力资源管理战略

4.1.1 人力资源管理战略概述

企业在人力资源管理过程中越来越重视人力资源管理战略，因为人力资源管理战略为企业提高核心竞争力指明了方向。

1. 人力资源管理战略的内涵

企业战略是指导企业全局的计划或规划，是事关全局发展的大政方针，是一个企业如何成功竞争以获得生存和发展的主张。

企业战略管理有广义和狭义之分。广义的企业战略管理是指运用人力资源管理战略对整个企业进行管理。狭义的企业战略管理是指对企业战略管理的制定、实施、控制和修正进行的管理。

人力资源管理战略是对人力资源战略及其规划进行全方位的指挥、监督、协调和控制的过程。其中，战略性是人力资源管理战略的本质特征，主要体现在以下4个方面。

（1）战略指导思想——"以人为本"。

（2）战略目标——"获得竞争优势"。

（3）战略范围——"全员参与"。

（4）战略措施——"系统化的科学和人文艺术"。

2．传统人力资源管理与人力资源管理战略

人力资源管理的重点正从传统人力资源管理转向人力资源管理战略，二者的比较如表4-1所示。

表4-1　　　　　　　　传统人力资源管理与人力资源管理战略的比较

关注点	传统人力资源管理	人力资源管理战略
对企业的观点	微观 狭窄的技能应用	宏观 广泛的技能应用
关键技能	组织 管理 服从 执行 战术	战略 规划 诊断 分析 咨询
对员工的观点	关注人数 基于成本 可利用资源	贡献者 基于资产 关键资源
规划前景	短期 低风险 采用试真法	长期 高风险 尝试新方法
人力资源体系和实践	常规的，传统的 反应型 回应显性需要	适应性的，创新的 前摄行为的 识别潜在需要
教育和培训	传统的人力资源管理通才和专才 其他专家	商业智能 全面的人力资源管理知识体系

4.1.2　人力资源管理战略的制定程序和方法

人力资源管理战略的制定是严格按照一定程序进行的，并且是有方法可以参照的。

1．人力资源管理战略的制定程序

（1）人力资源管理战略分析。人力资源管理战略分析可以为人力资源管理战略的制定提供更好的外部条件支持，同时对企业自身条件的分析可以让企业更加了解自身的优势和不足。

（2）人力资源管理战略选择。人力资源管理战略的选择过程是一个战略测评的过程。一般在人力资源管理战略分析后，人力资源管理人员会根据人力资源管理战略的内容制定出几种不同的人力资源管理战略方案，然后结合企业实际，按照一定的标准对各人力资源管理战略方案进行排序。

（3）人力资源管理战略实施。人力资源管理战略的实施就是将人力资源管理战略转化为实实在在的人力资源管理实践活动，具体包括企业现有资源在不同部门之间的分配，组织结构的调整，企业文化的管理（确保人力资源管理战略的有效实施）。

（4）人力资源管理战略评估。在进行人力资源管理战略评估时，企业根据人力资源管理部门在一段时间内的成果，评价人力资源管理战略的科学性和有效性。根据人力资源管理战略评估的结果及时进行人力资源管理战略调整，以适应新的情况。

2．人力资源管理战略的制定方法

（1）双向计划过程。双向计划过程包括自上而下的规划过程和自下而上的规划过程，双向计划过程的具体内容如表 4-2 所示。

表 4-2 双向计划过程的具体内容

内　　容	自上而下的规划过程	自下而上的规划过程
目的	提供战略框架	设计具体行动
方法	由公司层流向部门层	部门向上提交，由公司审议
时间范围	长期	短期
环境分析	为企业战略所做的环境评价的部分或独立工作	鉴别战略趋势与框架中的问题
含义分析	由高层管理人员和人力资源管理人员对计划的人力资源含义做出评价	由管理人员和人力资源职能人员对计划的人力资源含义做出评价
完整的规划	是企业计划过程的一部分，或阐明与人有关问题的单独人力资源规划	对特殊问题或有关主题的分析、预测和规划
评价与控制	跟踪、检查、监督和反馈	监测与报告解决问题的进展

（2）并列关联过程。并列关联过程的具体内容如表 4-3 所示。

表 4-3 并列关联过程的具体内容

过程类别	环境评价	战略制定	战略实施
整体过程	人力资源作为环境评价的组成部分	企业战略涵盖所有职能领域，包括人力资源	人力资源管理：组织、绩效管理结合在一起
并列过程	相互平行且相互影响的环境评价 人力资源问题影响整个评价过程	人力资源战略与企业战略一起制定	
单独过程	环境评价针对人力资源 评价以往企业战略对人力资源问题的重视程度	人力资源战略被制订为一个单独的职能计划	

4.1.3　人力资源管理战略的实施

人力资源管理战略的实施是人力资源管理工作的核心，它需要经过以下几个步骤。

1．制订人力资源管理战略计划

制订人力资源管理战略计划，需要综合考虑组织的发展需求、业务目标、员工特点和外部环境等因素。人力资源管理战略计划应当具有明确的目标、措施和时间表，以确保实施的有效性和可操作性。

2. 评估组织的现状与未来的人力资源需求

评估组织的现状和未来的人力资源需求，包括员工的能力、潜力、职业规划和培训需求等方面。企业通过评估，制订符合员工和组织利益的战略计划，确定人力资源政策。

3. 设立人力资源管理战略的指标体系

设立人力资源管理战略的指标体系，用于衡量实施效果。这些指标体系应当基于战略目标，并能够量化人力资源管理的效果和贡献，如员工流失率、员工满意度、员工转化率等。

4. 资源配置

根据人力资源管理战略计划，确定资源配置，包括人力、财务、技术等资源。企业需要根据预算要求和组织发展需要，分配适当的资源，支持人力资源管理战略计划的实施。

5. 实施方案设计

制定详细的实施方案，包括任务分工、执行时间表、项目安排等。在此基础上，企业制定人力资源管理政策、流程、制度等具体措施，以实现战略目标和指标要求。

6. 实施跟踪与监控

对实施过程进行跟踪与监控，并及时调整和纠正，以保证人力资源管理战略计划的有效性和可持续性。同时，持续收集和分析数据，评估实施效果，形成反馈和改进机制，不断推动人力资源管理工作的优化和升级。

总之，人力资源管理战略的实施过程应具备系统性、科学性和可操作性，需要依靠科学的方法和工具，结合组织的实际情况，以达到有效地引导员工发展、提升组织竞争力的目标。

【微课堂】

> A公司是一家集生产和销售于一体的公司。在过去一年中，A公司的利润及市场份额都保持了稳健的增长，员工的流动率是30%。为了获得更大的发展，A公司重新制定了战略目标。根据A公司的发展战略，人力资源管理部门需重新制定人力资源管理战略。请问，人力资源管理战略该如何制定？

4.2 | 人力资源规划

4.2.1 人力资源规划概述

人力资源规划是指为实施企业的发展战略，完成企业的生产经营目标，根据企业内外部环境和条件的变化，运用科学的方法对企业人力资源的需求和供给进行预测，制定相宜的政策和措施，从而使企业人力资

人力资源规划的5项内容

源供给和需求达到平衡，实现人力资源合理配置，有效激励员工的过程。

1. 人力资源规划的内容

（1）组织规划。组织规划是对企业整体框架进行设计，主要包括组织信息采集、处理和应用，组织结构图的绘制，组织调查、诊断和评价，组织设计与调整，以及组织机构的设置等内容。

（2）制度规划。人力资源管理制度规划是人力资源总规划目标实现的重要保证，包括人力资源管理制度体系建设的程序、制度化管理等内容。

（3）人员规划。人员规划是对企业人员总量、构成、流动的整体规划，包括人力资源现状分析、企业定员、人员需求与供给预测、人员供需平衡等内容。

（4）人力资源费用计划。人力资源费用计划是对企业人工成本、人力资源管理费用的整体规划，包括人力资源费用预算、核算、审核、结算，以及人力资源费用控制等内容。

（5）经济性原则。经济性原则即在信息采集和处理过程中，统筹考虑企业的经济效益。在很多情况下，要提高信息的有效性，就必须增加经费，而减少费用就会影响信息的有效性，费用和信息的有效性往往相互矛盾。为经济、合理地提供信息，必须权衡费用和信息的有效性，取利弃弊。

人力资源规划的影响因素包括宏观经济形势，政府的政策法规，企业的经营状况，企业管理层的更迭，技术、设备条件的变化，企业人力资源部门的人员素质。

2. 人力资源规划模型

人力资源规划的制订，一方面依赖于企业的目标，另一方面以工作分析为依据。一份完整的人力资源规划应该涉及员工招聘、测试与选拔、培训与开发、职业规划、绩效评估、薪酬系统、员工关系等人力资源开发与管理的各个领域。人力资源规划模型如图 4-1 所示。

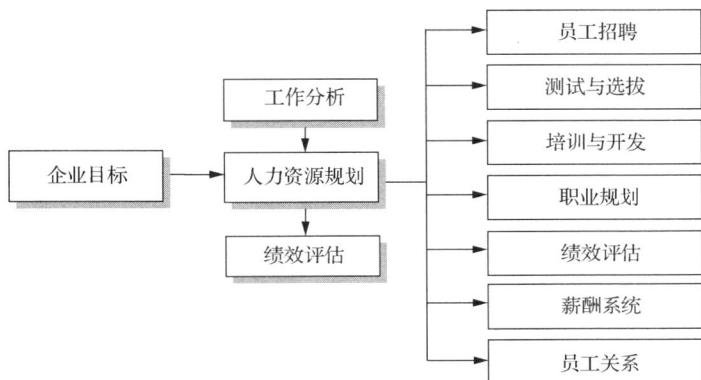

图 4-1　人力资源规划模型

4.2.2　人力资源需求预测

人力资源需求预测是指企业以组织的战略目标、发展规划和工作任务为出发点，综合考虑企业内部和外部各方面的因素，运用科学的预测方法，对人力资源需求的数量、质量和结构等进行预测。

人力资源需求预测会受到多种因素的影响，各部门在预测过程中应灵活应用定性预测方法和定量预测方法，并在实际执行中对预测结果进行不断的修正，以保证预测结果的准确性。人力资源需求的预测方法如表 4-4 所示。

表 4-4 人力资源需求的预测方法

分 类	方 法	方法说明	适用范围
定性预测方法	经验预测法	用以往的经验推测未来的人员需求	较稳定的小型企业，适合一定时期内企业发展状况没有发生方向性变化的情况
	现状规划法	（1）假定当前岗位设置和人员配置恰当，没有空缺，且不存在人员总数扩充，人员需求完全取决于人员退休、离职等状况 （2）人力资源预测就相当于对人员退休、离职等情况的预测 （3）通过对历史资料进行统计与分析，准确预测离职人数	中、短期的人力资源预测
	德尔菲法（专家讨论法）	依靠专家的知识和经验，对未来做出判断性估计。为增加预测的可信度，可采取二次和多次讨论法	技术型企业长期人力资源预测
	自下而上法	（1）从企业组织结构底层开始逐步进行预测 （2）先对组织结构底层人员进行预测，然后将对各个部门的预测情况层层向上汇总，总体预测人力资源	短期人力资源预测
	自上而下法	（1）上级人员先拟订预测计划，然后逐级传达给下级人员 （2）进行讨论和修改，上级人员听取并集中意见后修改总的预测和计划	短期预测或企业对组织结构做总体调整、变化
定量预测方法	人力资源成本分析预测法	从成本的角度进行人力资源需求预测	所有企业
	定员法	根据企业人力资源现状预测未来的人力资源状况，预测方法主要有设备定员法、岗位定员法、比例定员法和生产率定员法	大型企业和历史久远的传统企业
	趋势预测法	这是一种基于统计资料的定量预测方法，主要根据企业的历史人员数据来分析其未来的变化趋势，并以此预测企业在未来某一时期的人力资源需求量	假设其他一切因素都保持不变或者变化幅度保持一致，忽略循环波动、季节波动和随机波动等
	多元回归预测法	这是一种建立在统计技术上的人力资源需求预测方法，不只考虑时间、产量这些单个因素，还要考虑两个或两个以上的因素对人力资源需求的影响，更重视变量之间的因果关系，根据多个自变量的变化推测因变量的变化趋势	较成熟、规模较大的企业

4.2.3 人力资源供给预测

人力资源供给预测，是为满足企业未来某一时点或某一时期对员工的需求，对组织可从其内部及外部得到的员工数量和质量进行的预测。

我们在对企业人力资源供给进行预测时，主要从两个方面进行分析：一是对企业内部人力资源供给的预测，如对人员调动、晋升的预测；二是对企业外部人力资源供给的预测。

表 4-5 对人力资源内部供给的预测方法做了相关说明。

表 4-5 人力资源内部供给的预测方法

方 法	内 容	特 点
技能清单法	技能清单是一个用来反映员工工作能力特征的列表，包括技能、特殊资格、工资和工作经历、个人在企业内的情况、健康状况、其他特殊爱好等内容	技能清单可反映员工竞争力，可以用来帮助人力资源部门预测现有员工调换工作岗位的可能性，确定哪些员工可以补充企业当前的空缺

方　法	内　容	特　点
替换单法（接任计划）	（1）根据现有人员分布状况及绩效评估资料，在未来理想人员分布和流失率已知的情况下，对各个岗位尤其是管理阶层的备选人员预先安排，并且记录各职位的备选人员预计可以晋升的空间，作为企业内部人力供给的参考 （2）经过规划，由待补充岗位空缺所需求的晋升量和人员补充量即可知人力资源的供给量	（1）替换单法是一种定性研究方法，预测结果具有强烈的主观性和模糊性，精确性较差 （2）依据员工置换图，实施起来简单易行
德尔菲法	首先将要咨询的内容写成若干意义明确的问题交给专家，由中间人归纳中间意见，并将意见反馈给专家，在此基础上由专家重新考虑其预测，得出最后的结论并说明经过和理由	（1）德尔菲法是一种定性研究方法，预测结果带有主观性 （2）预测时综合考虑社会环境、企业战略、人员流动三大因素对人力资源计划的影响
马尔科夫分析法	（1）找出过去人力资源变动的规律，推测未来人力资源变动的趋势 （2）前提是假设不受任何外部因素的影响，且 $t+1$ 时刻的员工状态只依赖于 t 时刻的员工状态，而与 $t-1$、$t-2$ 时刻的员工状态无关	（1）为企业提供精确的数据信息，有利于企业做出有效决策 （2）实施效果差

上述方法各有优势、劣势，企业在实际运用中需根据自身规模的大小、周围环境条件及规划预测重点等的不同，选择最适合本企业的预测方法或者方法组合。

4.2.4　人力资源规划编制示例

人力资源规划主要根据环境的变化来编制。人力资源规划的主要工作是制定必要的人力资源政策和措施，以保障企业及个人的长期良好发展。因此，企业进行人力资源规划必须综合考虑各个因素的影响，严格依照要求进行编制。

人力资源规划编制的 3 个原则如下。

（1）充分考虑内部、外部环境的变化。

（2）确保企业的人力资源保障。

（3）使企业和员工都得到长期的利益。

下面是某公司编制的人力资源规划，供读者参考。

××公司××××年人力资源计划书

一、人力资源现状调查与统计分析

1．人力资源现状调查（略）。

2．人力资源统计分析（略）。

二、××公司××××年度人力资源部门的总体目标

人力资源部门计划从以下 4 个方面开展××××年度的工作。

1．进一步完善公司的组织结构，确定和区分每个职能部门的权责，争取做到组织结构科学适用，两年内不再做大的调整，保证公司按照既定的组织结构平稳运行。

2．完善日常人力资源招聘与配置工作，保证各岗位人员的及时有效配置。

3．加强薪酬管理，完善员工薪资结构，实行科学、公平的薪酬制度。

4．在现有绩效考核制度的基础上，参考先进企业的绩效考核办法，实现绩效评价体系的完善与正常运行，并保证与薪资挂钩，从而增强绩效考核的权威性和有效性。

三、各项工作的总体负责人

1．第一负责人为人力资源部门经理。

2．协同责任人为人力资源部门经理助理、人事专员、招聘专员和薪酬专员等。

四、公司组织结构完善工作计划

（一）实施安排

1．××××年1月月底前，完成公司现有组织结构和职位编制合理性调查及公司各部门未来发展趋势调查。

2．××××年2月月底前，完成公司组织结构的设计草案并征求各部门的意见，报请董事会审阅和修改。

3．××××年3月月底前，完成公司组织结构图和人员编制方案。要求公司各部门根据本部门的组织结构图对本部门各岗位的岗位说明书、工作流程在去年的基础之上进行改进。人力资源部门负责归纳整理成册并归档。

（二）实施注意事项

1．组织结构的设计本着简洁、科学、务实的方针，以提高组织工作效率为目标。

2．组织结构的设计不是对现有组织结构状况的记录，要综合公司整体发展战略和未来一段时间内公司运营的需求进行设计。

3．组织结构的设计应注重可行性和可操作性。

五、人力资源招聘与配置工作计划

（一）实施安排

1．计划招聘的方式。

（1）以现场招聘为主，兼顾网站招聘。

（2）现场招聘会主要考虑设在×××地区人才市场。

（3）在2月、3月考虑参加大型招聘会，10月、11月考虑参加各院校举办的应届生见面会等。

（4）网站招聘主要以×××地区人才网、×××人才网为主。

2．具体招聘时间安排。

（1）1～3月，根据公司需求参加3～5场现场招聘会。

（2）10～11月，根据公司需求参加1～3场现场招聘会（含学校供需见面会）。

与学校学生部门保持良好的联系，以备所需。

（3）长期进行×××地区人才网、×××人才网的网上招聘，以储备可能需要的人才。

3．为规范人力资源招聘与配置工作，人力资源部门1月31日前起草完成《公司人员招聘与配置规定》，经公司领导审批后下发到各部门执行。

4．计划发生招聘费用_____元。

（二）实施注意事项

1．招聘前应做好准备工作。

2．安排面试时，注意面试方法的选定、面试官的选定、面试题的拟定、面试表单的填写、面试官的形象和面试结果的反馈等。

六、员工培训与开发工作计划

（一）实施安排

1．人力资源部门根据公司整体需求和××××年培训需求编制"××××年度公司员工培训计划"。

2．培训形式：外聘培训师到公司授课，派学员到外部学习，对有潜力的员工进行轮岗培训和员工自我培训等。

3．计划培训内容根据公司发展和各部门的需求而定，重点培训人力资源管理和生产管理等。

4．培训时间安排。

（1）外聘培训师到公司授课或派学员到外部学习时要根据公司生产经营实际情况和部门工作计划进行安排。

（2）组织员工内部学习或开展读书会等，原则上一个月不得低于一次。

5．所有外聘培训师的聘请、培训课程的开发均由人力资源部门全权负责。

6．针对培训的工作细节，人力资源部门在××××年2月28日前拟定《公司培训制度》，并报总经理批准后下发到各部门。××××年的员工培训工作将严格按制度执行。

7．××××年培训费用约需_____万元。

（二）实施注意事项

1．人力资源部门平时要注意培训课程的研究和开发，及时收集国内知名咨询和培训公司的培训师资料和培训课程资料，结合公司和部门需求，不定期地向有关部门推荐相关课程信息。

2．培训不能形式化，要做到有培训、有考核、有提高。外派培训人员回到公司后必须进行培训总结和内容传达，并将相关资料交给人力资源部门。

3．人力资源部门应注意培训后的考评组织和工作绩效观察，并将其结果存入员工个人培训档案，作为其绩效考核、升迁和调薪等的依据。

4．人力资源部门在安排培训时要考虑与工作的协调性，避免培训与工作发生冲突。

七、薪酬管理工作计划

（一）实施安排

1．××××年3月月底前，人力资源部门完成公司现有薪酬状况分析，结合公司组织结构设置和岗位分析情况，制定并提交《公司薪酬设计草案》，即公司员工的薪酬登记、薪酬结构和薪酬调整方案等。

2．××××年4月月底前，人力资源部门根据初步完成的岗位分析，结合本地区同行业薪资状况和现有各岗位人员薪资状况，提交"各部门岗位薪资等级表"，报请各部门经理审议并修改后，呈报公司董事会审核。

3．××××年5月，人力资源部门完成《公司薪酬管理制度》并报请董事会审核。

（二）实施注意事项

1．改革后的薪酬体系和管理制度，应以能激励员工、留住人才为出发点。

2．人力资源部门对特例进行个案处理，全面考虑整体影响，以免因个案影响全员士气。

八、绩效评价体系建设与运行工作计划

（一）实施安排

1．××××年1月31日前，完成《公司绩效考核制度》及其配套方案的修订和撰写工作，提交各部门经理审议。

2．自××××年春节后，人力资源部门按修订后的绩效考核制度对员工全面实施绩效考核管理。

3．结合上一年绩效考核工作中存在的不足，对现行《公司绩效考核制度》和《绩效考核具体要求》等进行修改，建议对考核形式、考核项目、考核办法、考核结果反馈与改进情况进行跟踪，考核结果与薪酬体系的挂钩等方面进行修改，以保证绩效考核工作的良性运行。

4．建议将目标管理与绩效考核进行平行分离。

5．人力资源部门在完善绩效考核评价体系后，将对全体员工进行绩效考核。

6．人力资源部门完成工作的目标是建立科学、合理、公平、有效的绩效评价体系。

（二）实施注意事项

1．人力资源部门要做好绩效考核过程中的宣传和释疑，以期达到绩效考核校正的目的。

2．人力资源部门在操作过程中要注意纵向和横向的沟通，确保绩效考核工作的顺利进行。

【微课堂】

A公司是一家实力雄厚的会展企业，在广州、成都和武汉3个城市有自己的分支机构。A公司以灵活、快捷、周密的运作方式承办各类展览、会议及其他团体展示活动，广泛服务于国内外旅游界、工商贸易界与文化交流机构。现在A公司为了实现可持续发展，成为行业领导者，打算开始做年度人力资源规划。请问，A公司应该怎样编制人力资源规划？

问题思考

1．人力资源管理战略的内涵是什么？

2．传统人力资源管理与人力资源管理战略有哪些区别？

3．如何理解人力资源规划？

知识链接

人力资源计划实施的主要风险点

人力资源计划在实施过程中主要存在以下几个风险。

1．人力资源计划审批风险

人力资源计划审批不规范、不充分，可能会导致人力资源计划和预算不合理、不客观。

2. 人力资源招聘计划风险

人力资源招聘计划中招聘方式不合理，可能会导致企业难以招聘到合适的人才，从而影响企业的生产经营。

3. 人力资源绩效考核和薪酬计划风险

绩效考核计划和考核标准不合理，可能会导致企业的员工绩效考核不能做到公平、公正；薪酬计划和薪酬标准不合理，可能会导致企业员工工作分配不合理。

技能列表

人力资源管理战略与规划所需技能表如表 4-6 所示。

表 4-6　　　　　　　　人力资源管理战略与规划所需技能表

序　号	技能名称	具体描述
1	综合分析和解决问题技能	对行业和市场的深入了解，能够对组织和员工情况进行全面分析，提出问题的解决方案
2	数据分析技能	能够对人力资源管理战略与规划中涉及的人力资源数据进行有效分析，以支持决策和改进过程
3	人际沟通与协调技能	能够与各级别部门沟通协调，与员工进行有效沟通，包括传达政策和指导，解决疑虑等
4	组织与规划技能	能够制订评估计划、安排评估流程，并有效地管理和运作评估项目
5	领导技能	能够采取有效的方式激励员工、协调人际关系
6	设备、软件操作技能	能够熟练使用各种办公设备、软件

技能实训

设计一张招聘需求表

假如你是 B 公司的人力资源部门经理，公司现有人员情况如下：总经理办公室定编 6 人，现有 4 人，其中 1 人下个月被调到财务部门；研发部门定编 8 人，现有 5 人；采购部门定编 5 人，现有 3 人；工程部门定编 6 人，现有 4 人，其中 1 人将在下个月辞职；财务部门定编 6 人，现有 5 人；人事部门定编 8 人，现有 6 人；行政部门定编 6 人，现有 4 人；战略部门定编 5 人，现有 4 人。请你结合人力资源管理的内容，设计一张招聘需求表。

第5章 招聘、面试与录用

【本章知识导图】

- 招聘、面试与录用
  - 招聘管理
    - 招聘概述
    - 招聘计划的内容
    - 招聘渠道的选择
    - 简历的筛选方法
    - 招聘效果的评估方法
  - 面试管理
    - 面试的实施程序
    - 面试的方法和提问技巧
    - 面试误差的规避方法
    - 面试管理的评估方法
    - 面试试题的设计说明
  - 录用与入职管理
    - 录用的策略
    - offer的撰写与发送
    - 入职的管理
    - 试用期的管理
  - 灵活用工管理
    - 灵活用工管理概述
    - 灵活用工管理的发展趋势
    - 灵活用工管理的措施与风险控制

【学习目标】

职业知识	• 了解人员招聘的常识 • 知晓人员招聘计划的内容、各种招聘渠道、简历筛选的标准与方法等 • 明确人员面试及录用的相关程序、试用期管理的标准 • 知晓灵活用工管理的特点、发展趋势和管理措施
职业能力	• 能够运用关注整体印象、分析简历结构等方法，进行招聘简历的筛选 • 能够利用人员面试的方法和技巧，选择适合岗位的优秀人员
职业素质	• 具备良好的沟通能力、识人用人能力与分析能力

本章主要围绕人员招聘与选拔管理，具体介绍招聘管理、面试管理、录用与入职管理及灵活用工管理 4 个部分的内容。

5.1 招聘管理

5.1.1 招聘概述

招聘是企业吸引应聘者并从中选拔、录用企业需要的人才的过程，是企业为了弥补岗位的空缺而进行的一系列人力资源管理活动的总称。它是人力资源管理的首要环节，是确保人力资源管理有效性的重要保证。

招聘的 6 个步骤如下。

招聘的 4 大难题

（1）制订人力资源计划和编制岗位说明书。

（2）制定人员招聘实施方案。制定方案，确定具体的招聘目标、招聘岗位及人员数量要求、选拔录用流程、人员安排等信息。

（3）招聘。了解市场，发布信息，接受申请。

（4）选拔。初步筛选，组织笔试、面试、其他测试。

（5）录用。做出决策，发布通知。

（6）评估。评估内容包括招聘程序、招聘效率、招聘成本等。

其中，人力资源计划和岗位说明书是招聘的依据。人力资源计划明确了招聘的时间、人数和岗位等，岗位说明书则明确了招聘人员的录用要求。根据人力资源计划和岗位说明书，企业就可制订具体的招聘计划，从而指导招聘工作。

5.1.2 招聘计划的内容

招聘计划是根据企业的人力需求状况，结合企业内外部人力资源供给情况制订的。招聘计划应包括招聘职位的相关信息、发布信息的渠道、招聘预算等内容。企业应根据需要招聘的对象、企业自身的规模及发展阶段等实际情况，编制详细的招聘计划表。表 5-1 所示为某企业招聘计划表。

招聘计划包括以下 3 个方面的内容。

（1）根据企业的发展要求，各用人部门分析人力资源配置现状，根据工作需要，提出人员需求计划，报人力资源部门汇总。

（2）根据岗位说明书及其他相关信息，明确招聘职位的主要工作职责、任职资格等内容。

（3）根据招聘的各岗位任职资格，选择合适的招聘渠道，明确是采用内部招聘还是外部招聘。

表 5-1　　　　　　　　　　　　　　　　某企业招聘计划表

招聘计划	职位名称	计划招聘人员数量		招聘时间	任职人员要求
招聘广告发布方式与广告费用预算	广告发布方式	人员类别			广告费用预算
		基层工作人员	中层工作人员	高层工作人员	
	报纸				
	专业杂志				
	网站				
	人才交流会				
	猎头公司				
	其他				
其他费用支出					
费用合计					

5.1.3　招聘渠道的选择

按照招聘对象的来源划分，招聘活动可分为外部招聘和内部招聘两种。外部招聘是指企业出现职位空缺而内部招聘无法满足需要时，从企业外部选拔人员的活动。内部招聘是指企业出现职位空缺，在企业内部有相应的人才储备时，优先招聘选拔企业内部人员的活动。外部招聘和内部招聘的优点和缺点如表 5-2 所示。

表 5-2　　　　　　　　　　　　外部招聘和内部招聘的优点和缺点

招聘类型	优　　点	缺　　点
外部招聘	（1）可以为企业注入新鲜的血液 （2）为企业带来新的思想和观念	（1）相对于内部招聘，成本较高 （2）新员工不能很快适应环境，需要一段时间的磨合期 （3）压缩了内部人员的升职空间，内部晋升激励的效果可能会降低
内部招聘	（1）员工熟悉本企业情况，很快融入角色 （2）招聘和培训成本低 （3）有利于激发员工积极性	（1）易产生裙带关系和帮派现象 （2）形成近亲繁殖，不利于创新及引进新的技术和观念，不利于企业的长期发展 （3）从内部选拔人才可能会鼓励员工安于现状

网站招聘、借助中介进行招聘、广告媒体招聘、推荐法、社交媒体招聘和校企合作均是企业外部招聘的方法。企业招聘渠道多种多样，各种类型的招聘有各自的优点、缺点和适用范围等，企业应根据自身的需要进行恰当的选择。

1．网站招聘

网站招聘是指企业通过自己的网站或第三方招聘网站等，使用简历数据库或搜索引擎等工具来完成招聘的过程。网站招聘的优缺点如表 5-3 所示。

表 5-3   网站招聘的优缺点

优　　点	缺　　点
（1）覆盖面广，可以在短时间内吸引更多的应聘者 （2）成本低，可以使用较低的成本将招聘信息发布很长时间 （3）方便、快捷，不受时间和空间的限制 （4）针对性强，能够有效减弱企业招聘和员工应聘的盲目性	（1）应用范围比较窄，没有在网上查找工作信息的潜在候选人无法看到职位空缺信息 （2）部分企业发布虚假招聘信息或应聘者填写虚假简历，导致网站招聘的真实度降低 （3）同一职位会同时产生众多的应聘者，会增加企业筛选简历的难度

2．借助中介进行招聘

借助中介进行招聘时，企业与应聘者均可获得大量的信息。借助中介进行招聘主要有人才交流中心、招聘洽谈会和猎头公司 3 种形式。

（1）人才交流中心。人才交流中心一般建有人才资料库，企业可以方便地在资料库里查找条件相符的人员资料，针对性强、费用低，但对于计算机、通信等专业的热门人士或高级人才的招聘效果不太理想。

（2）招聘洽谈会。企业招聘人员时可以了解当地人力资源素质和趋势、同行业其他单位的人力资源政策和人才需求情况，做好洽谈前的准备工作。招聘洽谈会的优点是应聘者集中，企业选择余地较大；缺点是应聘者众多，洽谈面受限，挑选面受限，有时也难以招到合适的高级人才。

（3）猎头公司。猎头公司推荐的人才素质高，对企业及其人力资源需求有较详尽的了解，对应聘者的信息掌握得较全面，在供需匹配上较慎重，成功率高。但招聘过程较长，费用高，一般费用为所推荐人年薪的 25%～35%。

3．广告媒体招聘

广告媒体是用于向公众发布广告（信息）的载体，传统的"四大广告媒体"包括电视、广播、报纸、杂志。企业可通过广告媒体刊登职位空缺信息，以吸引应聘者投简历或至指定地点进行应聘。不同广告媒体招聘的优缺点比较如表 5-4 所示。

表 5-4   不同广告媒体招聘的优缺点比较

广告媒体类型	优　　点	缺　　点
报纸	（1）招聘广告内容篇幅可灵活选择 （2）针对某一特定的区域 （3）报纸各版块分类编制，便于查询	（1）对招聘的特定群体界限不明 （2）时效性强，很多潜在应聘者可能看不到招聘信息
杂志	（1）对要招聘的对象有明确的针对性，尤其是某些专业性的杂志 （2）杂志时限较长 （3）杂志印刷质量好，显档次	（1）杂志发行地域广，不适用于单一区域招聘 （2）杂志发行间隔期较长，企业需要较长的广告预约期
广播、电视	（1）可以将应聘者锁定在某一地区 （2）能更好地渲染气氛，激发应聘者的求职欲	（1）传递的信息不如报纸、杂志丰富，且缺乏持久性 （2）发布招聘信息所需成本较高

4．推荐法

推荐法可分为内部推荐和外部推荐。内部推荐最常见的是主管推荐，其优点在于主管一般比较了解被推荐人的能力，主管提名的人选一般具有一定的可靠性。外部推荐主要为在职人员推荐，即企业将有关空缺岗位的信息通告给本企业的在职人员，鼓励他们向企业推荐合适人选。

同时，为了确保将员工推荐作为企业招聘的一项常规工作并使之顺利开展，企业应建立完善的员工推荐流程和奖惩机制，使员工推荐工作规范化，避免操作过程中的随意性。

5. 社交媒体招聘

随着互联网技术的发展，企业通过社交媒体进行招聘已成为一种新的招聘方式。在我国，很多社交媒体正在积极涉足招聘，如微博、微信、QQ等。

在招聘工作中，无论采用何种社交媒体，企业都不能忽视图5-1所示的3个问题。

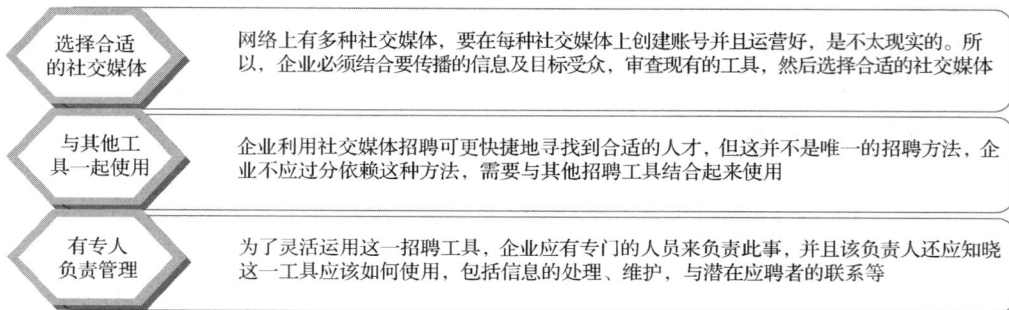

选择合适的社交媒体	网络上有多种社交媒体，要在每种社交媒体上创建账号并且运营好，是不太现实的。所以，企业必须结合要传播的信息及目标受众，审查现有的工具，然后选择合适的社交媒体
与其他工具一起使用	企业利用社交媒体招聘可更快捷地寻找到合适的人才，但这并不是唯一的招聘方法，企业不应过分依赖这种方法，需要与其他招聘工具结合起来使用
有专人负责管理	为了灵活运用这一招聘工具，企业应有专门的人员来负责此事，并且该负责人还应知晓这一工具应该如何使用，包括信息的处理、维护，与潜在应聘者的联系等

图 5-1　运用社交媒体招聘时需注意的问题

如何有效利用社交媒体达到招聘的目的，是企业管理人员亟待解决的问题。下面以微信招聘为例进行详细的说明。

利用微信进行招聘的方式包括以下 3 种。

（1）通过加入相应微信群或自主建立微信群，发布招聘信息，实现招聘。

（2）通过在微信朋友圈发布招聘信息和招聘活动二维码，实现招聘。

（3）通过直接向微信好友发布招聘信息，由微信好友推荐人才，实现招聘。

利用微信招聘时的重点注意事项如图 5-2 所示。

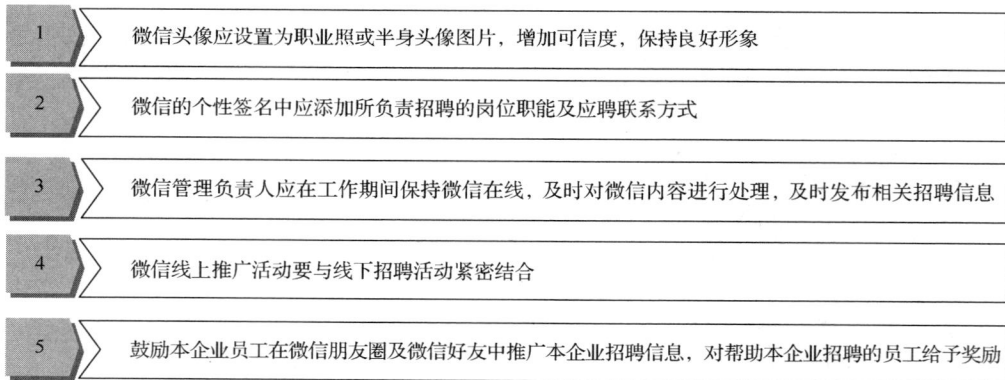

1	微信头像应设置为职业照或半身头像图片，增加可信度，保持良好形象
2	微信的个性签名中应添加所负责招聘的岗位职能及应聘联系方式
3	微信管理负责人应在工作期间保持微信在线，及时对微信内容进行处理，及时发布相关招聘信息
4	微信线上推广活动要与线下招聘活动紧密结合
5	鼓励本企业员工在微信朋友圈及微信好友中推广本企业招聘信息，对帮助本企业招聘的员工给予奖励

图 5-2　利用微信招聘时的重点注意事项

6. 校企合作

企业需要大量的具有某种技能的人员时，可以与院校合作，由院校有针对性地为企业培养技术人才，企业按一定比例接收并安置毕业生。

校企合作的优点如图 5-3 所示。

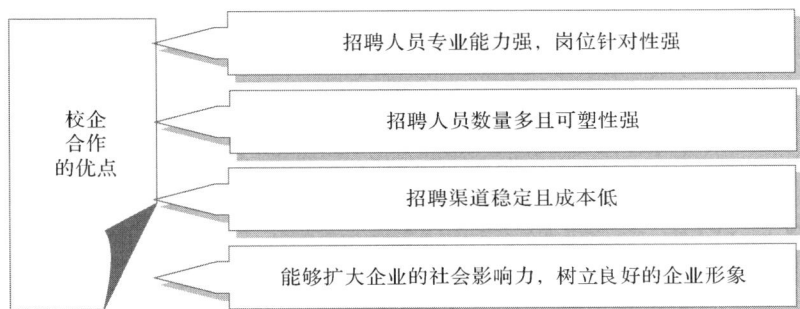

图 5-3　校企合作的优点

5.1.4　简历的筛选方法

应聘者最初的资格审查和初选是人力资源部门通过审阅应聘者的个人简历进行的，目的是筛选出那些背景、潜质与职位所需条件相当的候选人参加后续选拔。所以，简历的筛选是对应聘者进行资格审查的重要环节。

1．筛选标准

（1）某些硬性指标，如职位要求的专业水平、工作经验、工作地点等。

（2）工作内容。查看简历中应聘者的工作内容是否与企业要求的工作内容相吻合。

（3）跳槽频率。查看简历中应聘者的跳槽频率，判断其工作的稳定性。

（4）工作时间间距。对于简历中应聘者的工作时间中较长时间的空档期，应该在面试时重点关注。

（5）工作行业跨度。一般而言，有明确职业定位的应聘者都会限定在某个行业内，如果简历上的行业跨度大、不具有相关性，则可以看出此人职业定位模糊。

2．筛选简历的方法

简历是应聘者自带的个人介绍材料，简历筛选涉及很多方面的问题，人力资源部门招聘人员可以从以下几个方面进行简历筛选，即关注整体印象、分析简历结构、审查简历的客观内容、审查简历中的逻辑性、判断岗位技术与经验相符性、注意应聘人员登记表与简历的匹配度。

（1）关注整体印象。招聘人员在筛选简历时，一般通过观察法对应聘者的简历进行大致浏览后，得出对简历的整体印象，标出简历中感觉不可信的地方及感兴趣的地方，面试时可以询问应聘者。简历筛选的主要标准包括格式是否规范、是否有错别字及版面是否美观和整洁等。

（2）分析简历结构。简历结构在很大程度上反映了应聘者的组织和沟通能力。结构合理的简历比较简练，一般不超过两页。通常应聘者为了强调自己近期的工作，书写工作经历时，会采取从现在到过去的时间排列方式，最近的经历常被突出表述。书写简历并没有固定的格式，只要通俗易懂即可。

（3）审查简历的客观内容。简历内容大体上可以分为两个部分，即主观内容和客观内容。其中，主观内容主要包括应聘者对自己的描述，如"本人开朗乐观、勤学好问"等评价性的内容。招聘人员在筛选简历时，应将注意力主要放在客观内容上。客观内容主要包括个人信息、受教育程度、工作经历和个人成绩 4 个方面。

（4）审查简历中的逻辑性。在审查应聘者简历中的工作经历和个人成绩时，招聘人员要注意简历中的描述是否有条理及是否符合逻辑。招聘人员如果能够断定简历中有虚假信息存在，一般就可以直接将这类应聘者淘汰。

简历中的逻辑问题有很多种。例如，应聘者在简历中描述工作经历时，列举了一些知名的单位和高级岗位，而应聘者应聘的却是一个普通岗位，这就需要引起注意。另外，如果应聘者在简历中描述自己在许多领域取得了很多成绩，获得了很多的证书，但是依据其工作经历分析，很难有这样的条件和机会，这样的简历也要引起注意。

（5）判断岗位技术与经验相符性。招聘人员在筛选简历的过程中，最重要的一步就是通过分析应聘者的学习经历及工作经历，来判断其岗位技术与经验的相符性。

招聘人员一方面要判断应聘者的专业资格和经历是否与空缺岗位相关、相符。如果不符合要求，招聘人员就没有必要再浏览其他内容，可以直接淘汰。如果对学历有特殊要求，招聘人员则需特别注意简历中是否使用了模糊的字眼、隐藏了教育的起止时间及类别。

另一方面，招聘人员需要对应聘者的工作经历进行评估，详细分析其工作经历是否与本岗位要求的技能及相关经验相符。工作经验及工作技能的重叠度不可能达到100%，招聘人员在招聘工作中应对应聘者之前的工作单位、岗位、项目经历等相关因素进行综合分析，找到最合适的候选人。

（6）注意应聘人员登记表与简历的匹配度。应聘人员登记表的出发点是服从和服务于企业需要。招聘单位要求应聘者填写应聘人员登记表是为了规避应聘者提供资料中的漏洞、表述不详和不真实信息等。

个人简历的出发点是服从和服务于应聘者的个人需要。有些应聘者为了获得好的工作，可能会在个人简历中进行不真实的描述，或者在制作简历时出现纰漏。

若应聘者的个人简历和应聘人员登记表中存在有关信息不一致，企业招聘人员应该加以注意，并在面试中进行询问和考证。

5.1.5 招聘效果的评估方法

招聘效果评估的目的是检验招聘工作的成果与招聘方法的有效性，并为招聘工作的改进提供依据。对招聘效果进行评估时一般采用成本效益评估、数量质量评估和信度效度评估 3 种方法。

1．成本效益评估

通过成本与效益核算，可以使招聘人员清楚地知道费用的支出情况，区分哪些是应支出项目，哪些是不应支出项目。这有利于降低今后的招聘费用，为企业节省开支。成本效益评估主要分为招聘成本效用评估和招聘收益成本比评估两种方式，成本效益评估的具体内容如表 5-5 所示。

表 5-5　　　　　　　　　　　　　　　成本效益评估的具体内容

方　　式	相关说明	所用公式
招聘成本 效用评估	对招聘成本所产生的效果进行分析	1． 总成本的效用=录用人数/招聘总成本 2． 招聘成本效用=应聘人数/招聘期间费用 3． 选拔成本效用=选中人数/选拔期间费用 4． 人员录用效用=正式录用人数/录用期间费用

续表

方　式	相关说明	所用公式
招聘收益成本比评估	招聘收益成本比既是一项经济评价指标，又是一项对招聘工作的有效性进行考核的指标 招聘收益成本比越高，说明招聘工作越有效；反之，说明招聘工作越无效	招聘收益成本比=所有新员工为企业创造的总价值/招聘总成本

2．数量质量评估

（1）数量评估。对数量进行评估是检验招聘工作有效性的一个重要方面，企业通过数量评估，分析数量上满足或不满足需求的原因，有利于找出各招聘环节的薄弱之处，改进招聘工作。同时，企业通过录用人员数量与计划招聘人员数量的比较，可为人力资源计划的修订提供依据。

录用人员数量评估主要从录用率、招聘完成率和应聘率 3 个方面进行，计算公式具体如下。

$$录用率=\frac{录用人数}{招聘人数}\times100\%$$

$$招聘完成率=\frac{录用人数}{计划招聘人数}\times100\%$$

$$应聘率=\frac{应聘人数}{计划招聘人数}\times100\%$$

其中，当招聘完成率大于等于 100% 时，说明企业在数量上完成或超额完成了招聘任务。应聘率可用于说明招聘的效果，其越大，则招聘信息发布的效果越好。

（2）质量评估。对录用员工质量的评估是对员工的工作绩效行为、实际能力与工作潜力的评估。它既是对招聘成果与方法的检验，又可为员工培训、绩效评估提供必要的信息。对录用员工质量进行评估，有利于检验招聘工作与方法的有效性，进而改进招聘方法。

3．信度效度评估

信度主要是指测试结果的可靠性和一致性。可靠性是指重复测试得出同样结论的程度。效度即有效性或准确性，是指实际测评的应聘者的有关特征与想要测评的特征的符合程度。

信度效度评估是对招聘过程中所使用方法的正确性与有效性进行检验。只有信度和效度达到一定水平的测试，其结果才适合作为录用决策的依据，否则将误导招聘人员，影响其做出准确的决策。

【微课堂】

　　从众多的简历中筛选出企业所需要的简历是招聘人员必备的技能之一，也是把好企业人员入口关的要求。请根据所学知识分析简历中的哪些细节还可以作为筛选简历的依据。

5.2 面试管理

5.2.1 面试的实施程序

面试一般要经过面试准备阶段、正式面试阶段、面试结束阶段和面试评估阶段。

1. 面试准备阶段

面试准备阶段的工作主要包括以下6个方面。

（1）明确面试的目的。面试官应明确面试的目的是什么，最终要达到什么效果等。只有弄清了这些问题，面试官才能对应聘者做出客观、公正的评定。

（2）制定面试实施方案。面试实施方案应包括面试的时间及地点、面试方法和面试问题等内容。

（3）资料的准备。应聘者的资料包括个人简历、应聘人员登记表等，企业资料包括企业简介、面试官的名片等，评价表包括面试评分表、加权评定表等。

（4）面试时间、地点的安排。面试时间应合理安排，让面试双方都有充分的准备时间。应聘者在参加面试时，总会因为有一些压力而感到紧张，而干扰性的环境会加深其紧张程度，这样极有可能会影响应聘者的正常发挥。另外，面试官在外界环境的干扰下，也有可能会遗漏许多关键性的信息。企业的面试环境会给应聘者留下较深的印象，这也关系到社会对企业形象的评价。因此，在面试地点的安排上，人力资源部门应注意以下两个问题。

① 环境：宽敞、明亮、安静，室内温度适宜。

② 座位的摆放：面试官与应聘者的座位安排一般有3种方式。

a. "多对一"面试座位的摆放，即多个面试官面对一个应聘者，一般面试官不超过5人，3人较佳。此时，最好采用圆桌式的座位安排，应聘者与面试官相对而坐。

b. "一对一"面试座位的摆放，即一个面试官面对一个应聘者。座位在距离上不能太远，也不要太近。这种方式不会给应聘者造成过多的心理压力，相对来说是一种较为妥善的方式。

c. "多对多"面试座位的摆放，即集体面试。应聘者通常会被随机地分为几个小组，就某一问题展开讨论，面试官在一旁观察应聘者的逻辑思维能力、领导力、语言表达能力等，对应聘者进行甄选。

（5）面试官的确定。面试官应具备以下条件。

① 良好的个人修养和品德。

② 公平、公正、客观的态度。

③ 充分了解拟招聘岗位的任职资格和该岗位的工作性质。

④ 熟练运用各种面试技巧。

⑤ 具有较强的人际沟通能力和观察判断能力。

⑥ 具备相关专业知识。

（6）面试官的准备工作。第一，回顾岗位说明书。面试官要明确了解拟招聘岗位的任职资格，而任职资格的确定主要依据岗位说明书。第二，浏览应聘者的个人简历及相关资料。面试官在面试正式开始前的 3～5 分钟快速浏览应聘者的相关资料，及时发现问题，方便面试时双方进行沟通。

2．正式面试阶段

正式面试阶段又分为以下两个阶段。

（1）开始阶段。这一阶段主要用于缓和应聘者的紧张情绪，面试官一般从应聘者可以预料到的问题开始提问，如从应聘者的教育背景、工作经验等方面开始提问。

（2）正式阶段。此阶段是面试工作的核心阶段。在此阶段，面试官要获得应聘者区别于其他人的情况，如心理特点、行为特征、能力素质等。由于要测评的内容是多方面的，故要求面试官就与工作有关的内容采取灵活多样的方式向应聘者提问。

3．面试结束阶段

在面试官提问完所有相关问题后，面试即进入尾声。在面试的最后，最好给应聘者留出几分钟的时间，让其就自己感兴趣的问题进行提问，如面试官可问"您还有什么需要了解的吗""您还有其他问题吗"等，不要使应聘者产生一种突兀的感觉，同时还应告知其下一步的面试工作安排并对应聘者表示感谢。

4．面试评估阶段

面试评估阶段主要是对应聘者在面试中的表现给予评估，为人员录用决策提供依据。

5.2.2　面试的方法和提问技巧

为达到招聘的预期效果，招聘人员应对应聘者进行客观评估，从而为企业选拔优秀的人才。招聘人员应运用一定的面试方法和提问技巧，科学有效地实施面试。

1．面试的方法

（1）行为描述法。此种方法是根据在应聘者资料中发现的完整行为事件来推测应聘者工作表现（能力）的一种方法。它主要围绕应聘者某一行为的情景、工作任务、工作结果和个人能力展开。一个完整的行为事件应包含以下 4 个因素，这些因素可简称为"STAR"。

① 情景（Situation）：行为事件发生的背景或情景。

② 任务（Task）：在一定情景下所需达到的目标。

③ 行动（Action）：为达到目标所采取的行动。

④ 结果（Result）：该事件所产生的效果或结果。

（2）压力面试法。压力面试法是指面试官故意制造紧张气氛，以考查应聘者在外界压力下的反应。面试官会问一些让应聘者难堪的问题或者针对应聘者不愿回答的某一问题做一连串的发问，直到应聘者无法回答。这种方法主要考查应聘者的灵活应变能力、情绪控制能力及心理素质等。

（3）情景模拟法。情景模拟法是指将应聘者安排在模拟的工作环境之中，让应聘者根据担任的职务处理或解决一些工作中的"现实"问题，通过观察应聘者处理问题过程中的行为表现及问题处理结果，判断应聘者的工作胜任能力，如人际交往能力、事务处理能力等。

（4）心理测试法。心理测试法是指设计一套科学的测评量表，将应聘者的心理特征数量化，通过应聘者的回答来评估其智力水平及个性方面的差异。

2．面试提问技巧

面试是面试官对应聘者综合素质的测试。在面试过程中，面试官的提问方式会影响应聘者的发挥。因此，面试官在提问时应注意以下5个技巧。

（1）语气自然亲切。在面试的开场导入阶段，应聘者一般会带有或多或少的紧张情绪。因此，面试官在面试开始前应努力缓解应聘者的紧张情绪，使其尽量正常发挥甚至超常发挥。

（2）所提的问题要简明、有力。面试官向应聘者发问时，应注意把握语速、节奏等细节，如采用连串式的提问方式，应注意语句的停顿及确保所提问题清晰、明了。

（3）提问的顺序应从易到难。一般来说，面试官会在面试开始前准备好一部分试题，提问时基本上应按照先易后难、先具体后抽象的原则，因为这样有助于应聘者放松紧张的情绪，从而更好地进入面试状态。

（4）声东击西。面试官若发现应聘者对某一问题欲言又止或者不想回答，则可以尝试着问其他相关的问题，从而达到获取相关信息的目的。

（5）适当地追问。为了更详细地了解某一信息，面试官可以适时地对应聘者进行追问。

此外，面试官提问时应避免两种问题：不合适的引导式问题，如"您对这一现象有何看法？不是很好吧"；选择终止式的问题，如"您对这一领域是否了解"。在提问过程中，面试官应提出与工作有关的问题：一是可以获得应聘者更多与岗位有关的信息；二是有利于面试官控制面试的进度，从而提高效率。

5.2.3　面试误差的规避方法

面试误差包括多种认知偏差，如晕轮误差、近因误差、暗示误差和个人偏见。

1．晕轮误差规避

晕轮误差也称晕轮效应，是指当面试官对应聘者的某种特征形成好的或坏的印象后，会倾向于据此推论该人其他方面的特征，即一般印象会影响对具体某个问题的评价。例如，面试官喜欢某应聘者，对其持肯定态度，结果"爱屋及乌"，对应聘者回答的问题采取很宽容的态度，而不是进行客观评价。

在面试过程中，面试官要意识到这一问题，一定要紧紧围绕主题，从多方面来考查应聘者，而不能根据应聘者的某一优点或缺点而对其做出整体的判断。加强对面试官的培训有助于避免这一问题的产生。

2．近因误差规避

人们对近期发生的事情往往印象比较深刻，而对远期发生的事情往往印象比较模糊。面试官在面试中也会经常发生这种现象，即评价一个人时，只看其近期表现，因而造成考评误差，这就是近因误差。为了避免这种误差的出现，面试官应注意了解应聘者在之前工作中或在学校的表现，这样有利于从不同角度考查应聘者。

3．暗示误差规避

暗示是指通过语言、行为或某种事物提示别人，使其接受或照办而引起的迅速的心理反应。在面试过程中，在面试官的暗示下，应聘者容易接受他们的看法，甚至改变自己原来的看法，从而造成面试误差。

4. 个人偏见规避

在面试过程中，面试官可能会因对某一现象或者行为感兴趣而根据自己的经验对应聘者做出评价，忽略了应聘者在面试中的具体表现。

在面试过程中，面试官也可能会对与自己有相同之处（如老乡、校友、共同的个性、共同的爱好、相似的工作经历等）的应聘者比较宽容，并且评分偏高。例如，面试官与应聘者曾经在同一所学校就读或者具有相似的经历，就会很容易产生主观印象误差，对应聘者产生一种亲切感，从而影响面试的客观性和公平性。如果面试官不喜欢某种性格的人，而应聘者偏偏又是这种性格的人，那么很容易会使面试官产生不好的印象，从而影响面试的客观性和公平性。

面试官的责任心、工作态度等是导致误差的重要因素，即面试官的业务素质高低、个人欣赏水平、风格的不同，容易造成面试标准不同，进而影响面试的客观性。评分细则应该做到具体化，便于操作，以最大限度地消除由于个人风格、评判角度和欣赏水平的不一致而产生的误差。

5.2.4 面试管理的评估方法

面试管理评估包括两个方面：一是对面试官的评估，二是对应聘者的评估。

1. 评估面试官

在面试考核这一环节，面试官各方面的素质、能力和性格特征等会直接影响面试的质量。由于每个行业、每个企业的情况不同，一般来讲，对面试官进行的培训包括人才测评工具的使用方法、结构化面试及其组织方法、降低测评中主观误差的方法等内容。通过培训，面试官至少应具备表 5-6 所示的素质和能力。

表 5-6　　　　　　　　　　　　　　面试官应具备的素质和能力

面试官应具备的素质和能力	说　　明
良好的个人修养和品德	在面试过程中，面试官代表着企业形象，要反映个人的修养水平
了解企业组织状况及招聘岗位任职要求	面试官在了解企业组织状况及招聘岗位任职要求的基础上，明确招聘标准，才能帮助企业选出真正符合需求的人才
具备相关专业知识	如人力资源部门的工作人员应掌握面试、人员测评等专业知识；用人部门的面试负责人除了应具备招聘岗位的基本专业知识，还应掌握面试的相关技巧
熟练运用各种面试技巧，能够控制面试进程	在面试过程中，面试官应运用所掌握的面试技巧，在有限的时间内掌握较多的应聘者信息，同时还应掌控面试进程，使整个面试过程不致发生偏离
公正、客观地评价应聘者	人才招聘是为企业挑选所需要人才的过程，因此，在面试过程中，面试官应不受应聘者的外表、性格、背景等因素的影响

2. 评估应聘者——面试评估表

面试评估表的内容一般包括应聘者的基本信息、考核内容、评分标准等。某企业的面试评估表如表 5-7 所示，供读者参考。

表 5-7　　　　　　　　　　　　　　面试评估表

姓　名		性　别		年　龄	
应聘部门		应聘职位		应聘时间	
考评项目	权　重	考核内容	备　注		
专业知识掌握程度及相关工作能力	50%	专业知识			
		专业技能			
		相关知识			
		实际工作经验			
个人能力	40%	语言表达能力			
		解决问题的能力			
		应变能力			
		创新能力			
工作态度	10%	工作主动性			
		工作责任感			
面试评价	录用决定	□予以录用　　□进一步考核　　□不录用			
	备注				

面试官：

5.2.5　面试试题的设计说明

面试试题的设计是一个重要的面试准备环节，面试试题的类型有很多种。

1. 面试试题的类型

面试试题会涉及教育、培训、工作经历、职业发展、自我评价、家庭背景、求职动机、专业知识和技能等方面的内容。按照面试试题设计的原理，面试试题具体可分为背景性问题、知识性问题、思维性问题、经验性问题、情景性问题、压力性问题、行为性问题7种类型。

2. 面试试题的设计

不同的岗位对面试试题会有个性化的要求，但是也存在共性的面试试题内容。面试试题举例如下。

面试试题

一、专业知识水平

1. 针对应届毕业生。所掌握的理论知识与专业技能有哪些？接受的培训有哪些？举一个理论与实际相结合的应用实例。专业领域涉及的问题。

2. 针对有一定工作经验的人员。在业余时间进修过什么课程？对专业领域的案例进行分析。

二、计划组织能力

1. 您为这次面试做了哪些准备？

2. 请描述您以往的工作中最忙碌的一天。

3. 如果您现在成功应聘上了部门经理这个职位，您就需要制订一个部门季度工作计划，请问您将如何制订？

4. 您最近五年的职业规划是什么？您计划如何实现？

5．如果您是一个团队的领导，现正忙于完成一个新任务，可您发现所需的资源会与其他部门发生冲突，请问您如何处理？

三、领导能力

1．您如何给领导这一角色定位？

2．您认为管理人员需具备哪些基本素质？

3．请描述一个成功说服别人支持并参与您的工作，最终达到您所期望结果的事例。

4．作为公司的高层领导，您是如何让下属尊敬并信任您的？

5．当下属不服从管理时，您会怎么解决？

四、分析决策能力

1．您在以往的工作、学习、生活中做出的最重大、最有意义的决定是什么？您为何做出那样的决定？

2．您在做出重大的决定时一般会考虑哪些因素？举个例子加以说明。

3．如果您需要一名助手，您希望他具备什么样的条件？

4．公司决定投资一个重大项目，而据您掌握的信息，只有60%的成功概率，您会做出什么决定？

5．您在衡量一个好的领导者时，判断标准是什么？

五、人际沟通能力

1．您觉得良好的沟通须具备哪些条件？

2．您的同事/同学对您是怎样评价的？

3．您在学习和工作过程中遇到的最难相处的人是怎样的？您又是如何和他相处的？

4．假如您负责的部门中有两个优秀的员工之间存在激烈的摩擦，二人之间关系的不协调已经严重影响部门的业绩。请问您将如何改变这一现状？

5．工作中，您是如何处理与领导的关系的？

六、团队合作能力

1．您所期望的合作伙伴应具有哪些特点？

2．您不喜欢哪一类型的合作伙伴？

3．您认为一个高效的团队需具备哪些条件？

4．请举一个您曾经领导一个团队完成某项任务/活动的事例，包括当时的客观条件、工作是如何开展的，最后的结果。

5．请描述一个在团队活动中您提出的正确的建议/意见没有被采纳的事例，并说说您有没有争取过。

七、工作主动性

1．在工作中，除了做好自己的本职工作，您是否还会做一些额外的事情？如果是，那为何要这样做？

2．在工作过程中，除了工作技能的提高，您还学到了哪些额外的知识/技能？

3．请描述一个自己独辟蹊径为公司成功解决某一难题的事例。

4．您在业余时间有无进修提高工作技能方面的课程？

5．在接触一个新领域时，您会通过什么样的渠道尽快获得新知识？

八、灵活应变能力

1．如果我们公司的竞争对手也决定录用您，您将如何抉择？

2．当您接到一个重要客户的电话，该客户说要与总经理商谈要事，而此时您联系不到总经理，您将如何答复客户？

3．请描述一个较为典型的事例——在工作或者学习过程中遇到的两难选择，说说最后您是如何抉择的。

九、责任感

1．当您得到一个重要的、事关公司利益的信息，但一旦将其告诉总经理，您的好友就会受到牵连时，您会怎么做？

2．如果您生病了且比较严重，而此时公司业务很忙，您又是公司的骨干之一，您会怎么做？

【微课堂】

> A 公司是一家集服装设计、生产、销售于一体的综合性公司。为了增强公司的获利能力，推进公司内部管理、经营制度的改革，经该公司领导商榷，决定面向社会招聘一名高级管理者来担任公司副总经理。请问，在面试时，面试官需运用什么技巧有效甄选人才？

5.3 录用与入职管理

5.3.1 录用的策略

人员录用是依据选拔的结果做出录用决策并进行安置的活动，其中最关键的内容是做出录用决策。录用决策是指根据人员录用的原则，避免主观武断和不正之风的干扰，把选拔阶段的多种考核和测验结果组合起来进行综合评价，从中择优确定录用名单。

人员选拔环节中使用的所有方法都可用来选择潜在的员工，但使用哪些选拔方法，一般要综合考虑时间限制、费用等因素，如相对简单或无须特殊技能的工作采用一种方法即可。但是，对大部分岗位来说，通常需要采用多重淘汰式、互为补充式、结合式等方法，相互结合使用，扬长避短，以增强录用决策的科学性和正确性。

1．多重淘汰式

多重淘汰式是指在人员选拔过程中采用多种测试方法，每种测试方法依次使用，每种测试方法都具有淘汰性，应聘者有一种测试没有达到要求即被淘汰。应聘者要想通过筛选，必须在每种测试中都达到要求标准。对通过全部测试的应聘者，企业再按最后综合分数排出名次，择优确定录用名单。

2．互为补充式

由于不同测试的成绩互为补充，最后企业根据应聘者在所有测试中的总成绩做出录用决策。例如，分别对应聘者进行笔试与面试，之后按照规定的笔试与面试的权重算出应聘者的总成绩，决定录用人选。

值得注意的是，权重不一样，录用人选也会有差别。假设某次招聘中要在甲、乙两人中录用一人，两人的基本情况与考核得分不相上下，到底录用谁，关键要看不同测试的权重。

3. 结合式

结合式是指选拔过程中的测试方法由多重淘汰式测试和互为补充式测试共同组成。企业首先进行多重淘汰式测试，再进行互为补充式测试。在多重淘汰式测试中，有一项不通过者即被淘汰；多重淘汰式测试全部通过者再进行互为补充式测试。最后，企业综合应聘者的总成绩，确定录用人选。

5.3.2 offer 的撰写与发送

1. offer 的撰写

offer 是指正式的聘用邀请函或工作报价，即给予候选人或应聘者的工作机会和待遇。它是企业向候选人提出正式录用的建议，明确工作职位、薪资待遇、福利和其他相关条件，以及入职日期等信息。

offer 通常包含以下 6 项基本信息。

（1）职位信息：明确工作职位、职责和隶属关系等。

（2）薪资待遇：列明具体的薪资水平、奖金、加班补贴等。

（3）福利待遇：包括医疗保险、养老保险、带薪假期、调休、职业发展机会等福利待遇。

（4）工作条件：涉及工作地点、工作时间、试用期或固定雇佣期限等。

（5）入职日期：明确入职时间和相关安排。

（6）其他条款：可能包括合同条款、保密协议、知识产权等其他约定。

一份优秀的 offer 应该准确、清晰地传达企业的意图和对候选人的认可，同时也需要遵循相关法律法规，并充分考虑候选人的需求和期望。它不仅是录用候选人的工具，也是企业形象和雇主品牌的重要组成部分。

因此，招聘人员在撰写 offer 时需要注意表 5-8 所示的内容。

表 5-8   招聘人员撰写 offer 时需要注意的内容

序号	内容	说明
1	清晰明确	应该清楚地表达职位、薪资待遇、福利和工作条件等信息，确保候选人了解到所提供的具体细节
2	简洁扼要	尽量使用简洁明了的语言，避免过多的行文，以便候选人能够快速理解和接受 offer
3	专业规范	使用专业的语言和格式，遵循企业内部规定的 offer 模板或标准格式，确保 offer 的专业性和正式性
4	准确无误	仔细核对 offer 中的各项信息，如职位标题、薪资待遇、福利待遇、工作条件等，确保准确无误，避免给候选人造成困惑或误解
5	合法合规	遵守相关法律法规，确保 offer 内容符合法律法规要求，不涉及歧视性言辞或违法行为
6	相关附件	如果需要，可以附上相关文件和合同作为 offer 的一部分，确保候选人获得全面的信息

撰写 offer 时，招聘人员需要根据企业的具体要求和政策，结合候选人的实际情况进行调整。最重要的是，offer 应该尽量准确、清晰地传达企业的意图和候选人的待遇，以便候选人做出决定。

如何对未被录用者进行回复呢，毕竟这对应聘者来说不是一个好消息。如果企业采用电话、信件等方式告知，则一定要注意做到措辞妥当、语气委婉，并且最好采用统一的表达方式。这样做一方面保持了企业形象的统一，另一方面可以公平地对待每一位应聘者。

2. offer 的发送

offer 的发送可以通过以下 4 种途径进行。

（1）电子邮件。使用企业的邮件系统，将 offer 以电子邮件的形式发送给候选人。在邮件正文中写明职位信息和待遇，同时附上 offer 信函作为附件。

（2）纸质版邮寄。将打印好的 offer 信函通过快递或邮局寄送给候选人。确保信函能够安全、准确地送达，并选择可追踪的邮寄方式。

（3）在线申请系统。如果企业使用在线申请系统，可以通过该系统向候选人发送 offer。候选人可以通过登录系统查看和接受 offer。

（4）企业内部系统。如果企业有内部的员工管理系统或人力资源系统，可以通过该系统向候选人发送 offer。

无论通过哪种途径发送 offer，都应确保使用安全、可靠的通信方式，并妥善保护候选人的个人信息和隐私。在发送 offer 之前，招聘人员最好与候选人确认其首选的接收方式，并遵循企业的流程和政策进行操作。同时，招聘人员要及时跟进候选人是否已经收到 offer，并为其提供必要的支持和解答问题的渠道。

5.3.3　入职的管理

入职的管理包括人事登记和档案建立、行政手续办理、企业介绍和文化培训、部门介绍和导师安排、反馈和支持机制、持续跟进和发展规划 6 项内容。

1．人事登记和档案建立

将新员工的个人信息、就业合同等必要文件进行登记和归档，并建立员工档案。

2．行政手续办理

为新员工办理入职所需的各种行政手续，如社会保险、公积金、健康体检等。

3．企业介绍和文化培训

向新员工介绍企业的背景、使命、价值观和组织结构，帮助他们更好地理解企业文化。

4．部门介绍和导师安排

安排新员工与其所在部门的同事进行介绍和交流，同时指派一位导师或导师团队，协助新员工融入团队。

5．反馈和支持机制

设立反馈和支持渠道，让新员工能及时获得帮助和解答问题。

6．持续跟进和发展规划

在入职后的初期，定期跟进新员工的适应情况，并为其规划个人发展路径，提供相应的培训和发展机会。

5.3.4　试用期的管理

在新员工入职的试用期期间，人力资源部门和用人部门要和新员工进行定期沟通，企业在了解新员工动态的同时，新员工也可及时了解企业的要求。对于有不同表现的新员工，企业要采取不同的管理方式，如到期转正、提前转正、协议变更、辞职辞退等。

1．到期转正

在劳动合同中，根据劳动合同的期限，企业与新员工均会约定新员工的试用期。对于在试用期内无重大违法、违纪行为，经过试用期的培训、考核能够胜任岗位工作的新员工，试用期到期日前填写相关资料并经审批后，可办理转正手续，即到期转正。

对于试用期新员工转正与否，人力资源部门应和用人部门进行沟通，并依据新员工试用期的表现和考核表记录的实际情况进行最终决策。

2. 提前转正

在试用期内，如果新员工工作勤奋，迅速掌握了工作要领，工作表现突出，并且认同企业文化，能够很快融入工作团队，用人部门负责人可与人力资源部门沟通，提出缩短试用期的建议，经总经理审批后生效，此即提前转正。但新员工试用期最短不应少于一个月。

新员工提前转正所需填写的资料和审批流程与到期转正相同。提前转正是对新员工工作等方面的高度认可，能够很好地激励新员工继续努力工作。

3. 协议变更

在新员工试用期阶段，因个人原因或企业原因，协议变更有可能会发生。一般协议变更有推迟转正、延期转正等形式。

新员工试用期满后，因个人原因或企业原因没能及时办理转正手续，称为延期转正。延期转正者的试用期自动调整到转正手续办理完毕为止。

4. 辞职辞退

试用期辞职是指在试用期内新员工经过对新环境的了解及对新工作的熟悉和接触，感觉自身对新工作不适应或因其他原因不愿继续在企业工作，主动提出离职要求。

试用期辞退是指在试用期内由于新员工有重大违法违纪行为、严重违反企业规章制度、不能胜任工作且态度不端正、不认同企业文化等一种或几种情况发生，用人部门负责人经与人力资源部门沟通后，依法律规定终止对该员工的试用。

【微课堂】

> D 公司招聘了一位市场营销专员小李。人力资源专员小宋安排了他的入职手续办理。首先，小宋与小李联系，向他发送了一份 offer，并在其中详细列出了需要准备和提交的文件清单。入职的第一天，小宋在该公司门口迎接小李，并协助小李填写了一份入职登记表，之后小李被引领到培训室进行公司的培训。此外，小李还被安排了入职体检。完成所有入职手续办理后，小李被引领到新办公区域，并与他的团队成员见面。请问，完善的入职流程应该包括哪些内容？

5.4 灵活用工管理

5.4.1 灵活用工管理概述

灵活用工管理是一种人力资源管理策略，旨在根据企业的实际需求和变动情况，通过灵活的雇佣模式和工作安排来满足不同工作岗位的人力资源需求。

1. 灵活用工管理的特点

（1）灵活性。灵活用工管理是企业根据自身的业务需求，随时调整劳动力供应量和岗位配置，可以有效应对市场的变化和业务的波动，确保企业在不同经营阶段都能保持高效运营。而劳动者可以根据自己的实际情况，自由安排工作时间和地点，提高了工作的自主性和灵活性。因此，灵活性不仅有助于提升劳动者的工作满意度，还能促进企业劳动力的优化配置。

（2）多样性。兼职、临时工、实习生、自由职业者、合同工、劳务派遣等多种灵活用工方式可以满足企业的多样化需求，使企业能够根据具体业务情况选择最合适的用工模式。并且，灵活用工涵盖了制造业、服务业、互联网等多个领域，成为企业应对不同用工需求的重要选择。

（3）规范性。灵活用工管理需遵守相关的法律法规和政策规定，确保用工过程的规范性和合法性，这有助于维护企业和劳动者的合法权益，降低法律风险。并且，灵活用工管理通常会遵循一定的标准和流程，以确保管理质量和效率，提升用工管理的规范性和专业性。

（4）成本效益。企业可根据实际业务需求灵活调整用工规模，避免不必要的招聘成本、培训成本和福利成本等人工成本支出。企业根据业务需要采用灵活用工管理，合理分配劳动力资源，可提高工作效率和生产效益。

（5）风险分担。灵活用工管理允许企业将部分用工风险转移给劳动力提供商或平台。例如，通过劳务派遣或人力资源服务公司等方式用工时，企业可以将部分劳动风险转移到这些第三方机构，使企业能够更快速地适应市场变化和业务需求来调整用工策略，从而降低因市场波动带来的经营风险。

综上所述，灵活用工管理具有灵活性、多样性、规范性、成本效益和风险分担等特点。这些特点使得灵活用工成为越来越多企业的首选用工模式之一，为企业应对复杂多变的市场环境提供了有力支持。

2. 灵活用工的常见形式

灵活用工常见的 8 种形式如表 5-9 所示。

表 5-9 灵活用工常见的 8 种形式

序 号	形 式	说 明
1	弹性工作时间	允许员工在一定范围内自行安排工作时间，以适应个人需求和生活平衡，如弹性上下班时间、非固定工时等
2	远程工作	允许员工在不必全程到企业的情况下，通过技术手段在家或其他地点完成工作任务
3	临时工/兼职	针对特定项目或短期需求，雇用临时工或兼职员工来填补人力缺口，节约成本，增加灵活性
4	外包	将某些业务流程或特定工作委托给外部机构或个人来完成，以专业化和效率化的方式提供服务
5	合同工	雇用具有特定技能或背景的员工，根据合同约定的工作期限和项目要求来进行工作
6	人才众包	通过互联网平台，将任务分解为小型任务，由大量分散的参与者完成，从而实现灵活的协同工作
7	创业合同制	借鉴自创业模式，雇用相关人员为企业提供特定的服务或产品，以临时项目合同的形式进行合作
8	劳务派遣	将企业内部的一部分劳动力资源外包给第三方服务商，减少企业在人力资源管理上的负担

以上是灵活用工的一些常见形式，企业可以根据自身的需求和实际情况来选择适合的方式。灵活用工管理可以帮助企业更好地应对变化和需求波动，提高效率，同时也给员工带来更多的工作选择，促进员工工作与生活的平衡。

5.4.2　灵活用工管理的发展趋势

随着社会经济的发展和科技进步，灵活用工管理有以下几个发展趋势。

1．技术驱动

人工智能、云计算、大数据等技术的应用将进一步推动灵活用工管理向前发展。企业可以利用这些技术提高效率和精度。

2．全球化

随着全球化的深入发展，越来越多的企业将跨越国家或地区界限，需要吸纳来自不同国家或地区的雇员。因此，灵活用工管理也将逐渐呈现"全球运营"和"文化多样性"的特征。

3．双向选择

随着新一代员工的到来，组织和员工之间的关系将出现更多的双向选择和互动。企业将需要更加注重员工的体验和福利，员工也将更有选择机会和话语权。

5.4.3　灵活用工管理的措施与风险控制

1．灵活用工管理措施

企业可以从以下 6 个方面对灵活用工人员进行管理。

（1）明确工作要求。明确灵活用工人员的工作职责、任务目标、工作时间等要求，并将其与企业整体目标和价值观进行对齐，确保灵活用工人员理解并能够胜任自己的工作。

（2）建立有效沟通渠道。建立与灵活用工人员之间的良好沟通渠道，包括面对面沟通、在线沟通工具、反馈机制等，确保信息的顺畅传递和及时反馈，解决工作中的问题和困惑。

（3）提供培训与支持。为灵活用工人员提供必要的培训和支持，帮助他们提升工作技能和专业素养。这可以包括在线培训、指导手册、经验分享会等形式，为灵活用工人员提供必要的资源和指导，使他们更好地完成工作任务。

（4）绩效管理。建立适当的绩效管理体系，对灵活用工人员的工作表现进行评估和奖励。企业要通过设定明确的绩效指标、定期考核和激励机制，激励灵活用工人员积极投入工作、提高工作质量。

（5）关注福利权益。确保灵活用工人员的合法权益，包括按时足额支付工资、提供社会保险和福利待遇等。同时，企业要关注灵活用工人员的工作环境和安全问题，及时解决可能存在的困扰和风险。

（6）建立长期合作关系。对于优秀的灵活用工人员，企业应该积极考虑与其建立长期合作关系，以稳定和持续提供服务。这可以通过签订长期合同、提供发展机会和晋升通道等方式来实现。

总之，企业在开展灵活用工管理活动过程中需要明确职责要求、建立良好的沟通渠道、提供培训支持、进行绩效管理、关注福利权益并建立长期合作关系。企业通过细致而有效的管理，可以确保灵活用工人员的工作质量和满意度，为企业的发展做出积极贡献。

2．灵活用工的风险识别与控制

（1）灵活用工的风险识别。灵活用工常见的风险有以下 7 项。

① 法律风险：可能违反劳动法规、社会保险法等相关法律法规，导致被处罚或诉讼。

② 信息安全风险：灵活用工人员往往需要使用企业的信息技术系统和设备，如果灵活用工人员不妥善保管机密信息或不遵守企业的信息安全规定，可能导致信息泄露或受到黑客攻击。

③ 业务风险：灵活用工人员的能力和素质不够，可能导致业务质量下降，影响企业形象和客户满意度。

④ 安全风险：灵活用工人员在工作过程中存在工伤或安全事故的风险，这将可能导致企业需要承担相应的经济赔偿和管理责任等。

⑤ 经济风险：由于灵活用工是临时性或短期性的雇佣关系，企业在人员流动和工作时间上存在不确定性，这将可能对企业的经济效益产生影响。

⑥ 知识产权风险：灵活用工可能产生著作权、专利权等知识产权问题，如果没有明确的知识产权协议或保密协议，可能对企业的知识产权造成损失。

⑦ 信任风险：由于灵活用工是临时性或短期性的雇佣关系，灵活用工人员往往无法获得企业的完全信任和认同，这将可能导致企业在管理和控制上存在困难。

因此，企业应该充分认识到灵活用工带来的风险和挑战，积极采取措施，进行有效的管理和风险控制。

（2）灵活用工的风险控制。企业针对灵活用工进行风险控制时需要综合考虑多个方面的因素，以下是一些常见的控制策略。

① 合规管理：确保与灵活用工人员签订的劳动合同或服务协议符合法律法规的要求。合同内容应明确规定工作性质、薪酬待遇、工作时间、保险责任等条款，以保障双方的权益。

② 风险评估：对于每位灵活用工人员，进行风险评估和背景调查。通过核实其履历信息、工作经验和相关证书等，评估其能力和可靠性，减少录用不合适人员带来的风险。

③ 安全管理：确保灵活用工人员在工作过程中的安全。提供必要的劳动保护设备和培训，加强工作场所的安全意识和安全规范，防止工伤事故发生。

④ 绩效评估：建立明确的绩效评估机制，对灵活用工人员的工作表现进行定期评估。根据评估结果，及时给予奖惩，激励其提高工作质量和效率。

⑤ 沟通与管理：企业要与灵活用工人员保持频繁的沟通，了解他们的需求和问题，并给予及时解决。同时企业要建立有效的沟通渠道，确保信息畅通，减少误解和纠纷的发生。

⑥ 风险预警机制：建立风险预警机制，尽早发现和应对潜在的风险。定期进行内部审计和风险评估，及时调整管理策略，降低灵活用工带来的各类风险。

⑦ 保险和福利：为灵活用工人员提供必要的社会保险和福利待遇，确保他们在工作期间享受到一定的保障和福利。例如，购买工伤保险、个人意外险等，为不可预见的风险提供相应的保障。

⑧ 定期审查和改进：定期审查灵活用工管理策略的效果，并根据实际情况进行调整和改进，不断提升风险控制的效能。

【微课堂】

一家电商公司在"双十一"期间需要大量的人员来处理订单。为了应对发货高峰期的需求，该电商公司迫切需要解决人力短缺问题。请问，采用哪种方式可以快速解决人力短缺问题？

问题思考

1. 招聘计划的内容包括哪些?
2. 招聘有哪些渠道? 每种渠道的优缺点是什么?
3. 如何开展面试工作?
4. 在面试中, 面试官需要运用哪些方法和提问技巧?
5. 录用的主要策略有哪些?
6. 灵活用工有哪些常见形式?

知识链接

数字面试

数字面试是指通过数字技术进行的面试, 包括视频面试、电话面试和在线笔试等各种形式。数字面试的形式因公司、行业和职位而异, 但通常都是通过数字渠道进行的面试。

与传统的面试方式相比, 数字面试具有以下 4 个优势。

1. 方便快捷

数字面试不需要面对面进行, 时间和地点的限制大大减少, 可以随时随地进行面试。

2. 节省成本

数字面试不需要应聘者或面试官花费时间和金钱前往其他地点面试, 也可降低一些面试费用, 如交通费用和场地租赁费用等。

3. 提高效率

面试官通过数字面试可以快速筛选出合适的候选人, 并提高面试效率, 使招聘流程更加高效。

4. 更好地记录

面试官通过数字面试可以很方便地记录面试的内容, 包括应聘者的声音、面部表情、笔试的答案等, 方便以后回顾和评估。

总之, 数字面试是一种高效、方便、省时和成本效益高的面试方式。在进行数字面试时, 应聘者除应做好面试前的相关准备工作, 还应测试设备和网络, 确保测试设备 (如摄像头、麦克风等) 正常工作, 网络连接稳定, 通信质量良好, 以获得更高的评分和更好的面试印象。

技能列表

招聘、面试与录用所需技能表如表 5-10 所示。

表 5-10 招聘、面试与录用所需技能表

序 号	技能名称	具体描述
1	评估技能	准确评估候选人的技能、知识和适应能力，需要通过面试、测试或案例分析等方式，对候选人进行全面评估
2	决策技能	基于候选人的技能匹配度、文化适应性、团队配合等综合表现和符合岗位要求的程度，做出正确的招聘决策
3	沟通与协调技能	与候选人、内部团队和其他利益相关者进行沟通和协调，向他们清晰地传达信息、解答问题，并与不同的利益相关方合作完成招聘流程
4	时间控制技能	有效地管理时间，处理多个候选人的面试安排、反馈和跟进，确保招聘流程按计划进行
5	反馈与关怀技能	能够提供及时和准确的反馈，帮助候选人了解自己在面试中的表现和发展机会，并在他们需要时展示关怀和尊重候选人的态度
6	语言技能	对于需要与国际合作伙伴或客户进行交流的职位能够进行包括口语和书面的表达
7	设备、软件操作技能	能够熟练使用各种办公设备、软件

技能实训

设计一份招聘信息表

A 集团是一家以房地产开发为主，集建筑装饰装潢、计算机软件开发、系统集成业务为一体的集团公司。它有十多年的管理经验，拥有一批专业管理人才，实行全方位、多元化的经营战略，形成了以房地产业务为主、多种业务为辅的经营格局。现集团由于业务发展的需要，需要招聘项目经理 2 名、业务经理 2 名、工程部门经理 1 名、建筑工程师 2 名、财务运营总监 1 名、行政助理 1 名。

请你根据以上职位信息，设计一张招聘信息表。

【本章知识导图】

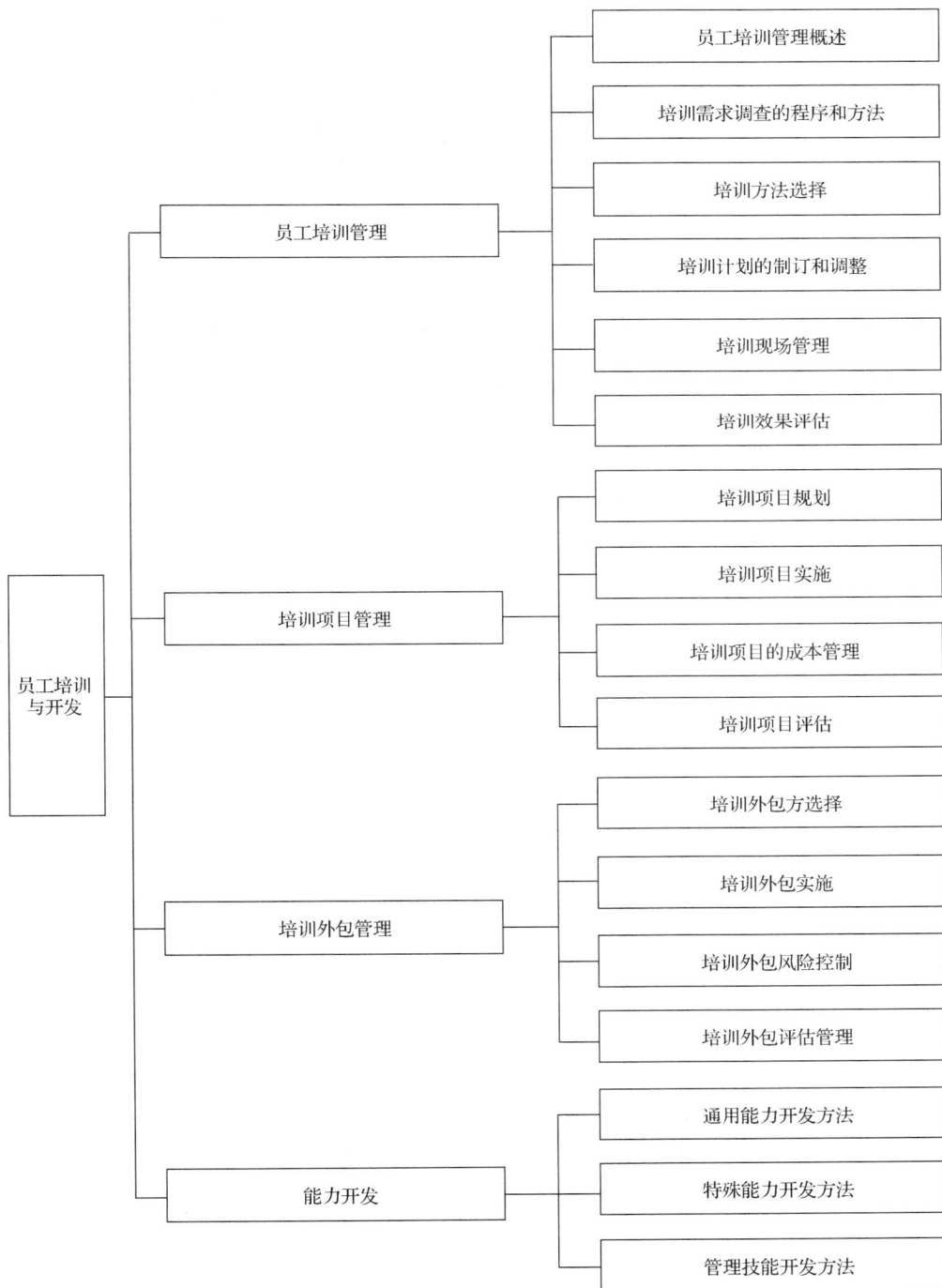

```
                                           ┌─────────────────────┐
                                           │   员工培训管理概述    │
                                           ├─────────────────────┤
                                           │ 培训需求调查的程序和方法│
                                           ├─────────────────────┤
                                           │    培训方法选择      │
                      ┌──────────┐         ├─────────────────────┤
                      │ 员工培训管理├─────────┤  培训计划的制订和调整  │
                      └──────────┘         ├─────────────────────┤
                                           │    培训现场管理      │
                                           ├─────────────────────┤
                                           │    培训效果评估      │
                                           └─────────────────────┘

                                           ┌─────────────────────┐
                                           │    培训项目规划      │
                                           ├─────────────────────┤
                      ┌──────────┐         │    培训项目实施      │
                      │ 培训项目管理├─────────┤                     │
                      └──────────┘         │   培训项目的成本管理   │
┌──────┐                                   ├─────────────────────┤
│员工培训│                                   │    培训项目评估      │
│与开发 ├                                    └─────────────────────┘
└──────┘
                                           ┌─────────────────────┐
                                           │   培训外包方选择      │
                                           ├─────────────────────┤
                      ┌──────────┐         │   培训外包实施       │
                      │ 培训外包管理├─────────┤                     │
                      └──────────┘         │   培训外包风险控制     │
                                           ├─────────────────────┤
                                           │   培训外包评估管理     │
                                           └─────────────────────┘

                                           ┌─────────────────────┐
                                           │   通用能力开发方法     │
                      ┌──────────┐         ├─────────────────────┤
                      │  能力开发  ├─────────┤   特殊能力开发方法     │
                      └──────────┘         ├─────────────────────┤
                                           │   管理技能开发方法     │
                                           └─────────────────────┘
```

【学习目标】

职业知识	• 了解员工培训与能力开发的基本内容
职业能力	• 能够通过对员工培训需求进行分析，选择合适的培训方法对员工进行培训 • 掌握培训计划制订的步骤，能够根据需求制订科学、合理的培训计划 • 掌握能力开发的各种方法，能够根据企业不同的需求选择不同的方法
职业素质	• 熟悉员工培训与能力开发的各种方法及技术，具备较强的分析能力及信息收集与处理能力

　　培训是指企业为了实现其战略发展目标，满足培养人才、提高员工职业素养的需要，对员工进行有计划的教育、培养和训练的活动。开发是指企业依据员工需求和组织发展需求，对员工的潜能进行开发，对员工的职业发展进行系统设计与规划的活动。

　　培训和开发的最终目的在于通过提高员工的能力，实现员工与企业的共同成长。

6.1 员工培训管理

6.1.1　员工培训管理概述

　　从企业全局角度看，员工培训有利于培养人才，打造队伍，促进企业战略目标的实现。

　　从员工个人角度看，员工培训有利于改变员工的态度和行为，提高员工的素质。同时，员工培训可帮助员工确认职业发展通道，促进员工自我价值的实现。

新员工培训的设计

1.　培训的分类

培训可以根据培训对象、培训内容和培训形式的不同划分为不同的类型。

（1）按培训对象划分，培训可以分为基层员工培训和管理人员培训。

基层员工培训的目的是使员工拥有积极的工作心态，掌握工作原则和方法，提高劳动生产率。培训的主要内容包括安全事故的预防、企业文化与团队建设、新设备操作、人际关系技能等。基层员工培训应该注重实用性。

管理人员培训又可以根据管理层次的不同，分为基层管理人员培训、中层管理人员培训和高层管理人员培训。

基层管理人员一般是指在生产、销售、教学和科研一线承担管理任务，保证各任务在基层全面落实的管理人员。针对此类人员的培训主要涉及实际操作技能和目标管理能力等内容。

中层管理人员处于企业中的执行层，是企业管理的中坚力量，也是一般员工的直接管理者。针对此类人员的培训主要涉及执行能力、沟通能力及决策能力等内容。

高层管理人员位于组织的最高层，需要对整个组织负责。针对此类人员的培训主要涉及战略决策能力、领导能力、风险控制能力等内容。

（2）按培训内容划分，培训可以分为知识培训、技能培训及态度和观念培训。

① 知识培训。此类培训的主要任务是对员工所拥有的知识进行更新。只有员工知识不断更

新，企业才能保持行业领先地位。

② 技能培训。随着时代的进步，各行各业都会有新的技术和能力要求。另外，随着现代产业结构的不断调整，大量的行业和岗位在消失，新行业逐渐兴起，员工只有学习新的技能才能从事新行业的岗位。

③ 态度和观念培训。员工通过接受态度和观念培训，可获得对人、对事、对己的反应倾向。态度和观念会影响员工对特定对象做出的行为选择，如要热情、周到地对待客户咨询与投诉，并在 24 小时内回复来电或来函。为达到这一目的，售后服务部门的员工必须接受相关的业务培训。

（3）按培训形式划分，培训可以分为岗前培训、在岗培训和脱产培训。

岗前培训是指在新员工正式上岗前进行的培训，培训内容涉及企业规章制度、企业文化、企业环境、岗位职责、岗位技术、工作流程和考核标准等。岗前培训的目的是使新员工尽快熟悉环境和工作，迅速进入工作状态。

在岗培训是指为了使员工具备有效完成工作任务所必需的知识、技能和态度，在不离开工作岗位的情况下，对员工进行的培训，又称为在职培训、不脱产培训等。

脱产培训又称为脱产教育培训，是指离开工作和工作现场，由企业内外的专家和培训师对企业内各类人员进行集中教育培训。

2. 员工培训管理流程

一个完整的员工培训管理流程包括 5 个方面的内容，即培训需求调查、培训方法选择、培训计划的制订和调整、培训现场管理及培训效果评估。员工培训管理流程如图 6-1 所示。

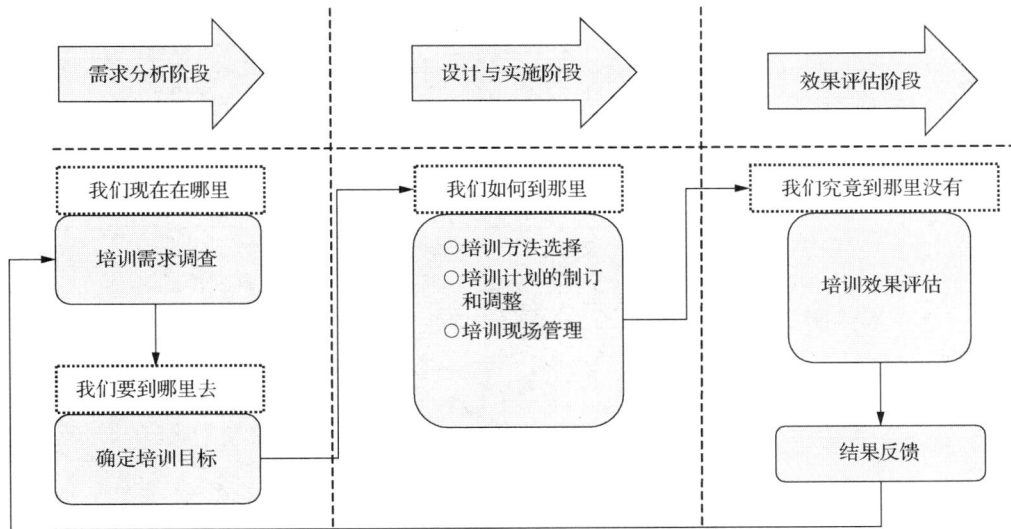

图 6-1　员工培训管理流程

6.1.2　培训需求调查的程序和方法

培训需求调查是整个培训的首要工作。如果该项工作不规范、不细致，就会导致培训计划难以制订，从而影响整体培训工作的开展。

1. 培训需求调查程序

（1）制订培训需求调查计划。培训需求调查计划的内容包括以下 5 个方面。

① 调查目的：说明为什么要进行这项调查及想要了解的核心内容。

② 调查项目：根据调查目的，确定所需要获取的资料类型及调查途径。

③ 调查方法：确定调查地点、调查对象、调查样本数等。

④ 经费预算：主要包括文印资料费、调查人员的交通费及补贴、调查过程中需要的费用等。

⑤ 进度安排：根据调查过程中所要做的各项工作及其关系，列出调查进度表，画出调查进度网络图，以便控制培训需求调查的进度。

（2）人力资源部门依据培训需求调查计划，确定培训需求调查人员。

（3）培训需求调查人员根据调查目的、对象，选择调查方法，准备好调查表、调查问卷等资料。

（4）培训需求调查人员实施培训需求调查，被调查人员应给予支持和配合。

（5）培训需求调查人员对调查所得的资料进行归类、分析及整理，撰写培训需求调查报告，上报给企业领导。

（6）人力资源部门做好问卷及相关信息、资料的存档工作，作为编制下年度培训计划的依据。

2．培训需求调查方法

（1）面谈法。面谈法是指调查者与受访者面对面交谈，从受访者的表述中发现问题，进而判断培训需求产生的真正原因。

面谈分为正式面谈和非正式面谈两种。正式面谈是以标准模式向所有受访者提出同样的问题；非正式面谈是调查者针对不同的受访者提出不同的开放式问题，以获取所需的信息。

面谈法同其他培训需求调查方法一样，有着自身的优缺点和适用范围，因此企业在实际开展培训需求调查时，最好不要单独使用一种方法，要与其他调查方法结合使用。面谈法的优缺点如图 6-2 所示。

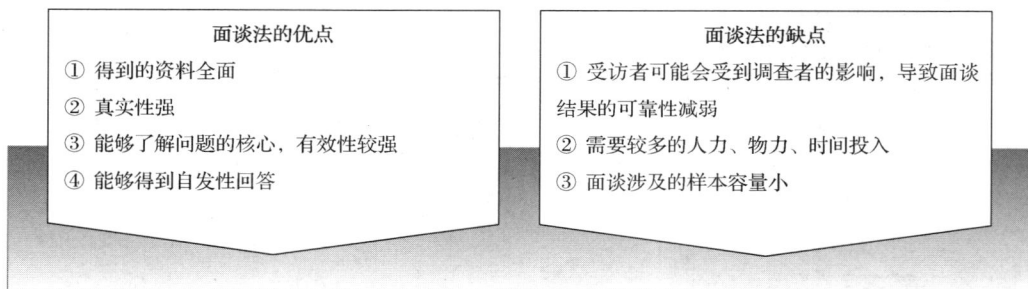

面谈法的优点	面谈法的缺点
① 得到的资料全面	① 受访者可能会受到调查者的影响，导致面谈结果的可靠性减弱
② 真实性强	② 需要较多的人力、物力、时间投入
③ 能够了解问题的核心，有效性较强	③ 面谈涉及的样本容量小
④ 能够得到自发性回答	

图 6-2　面谈法的优缺点

通过面谈法收集培训需求信息时，可以按照图 6-3 所示的流程进行。

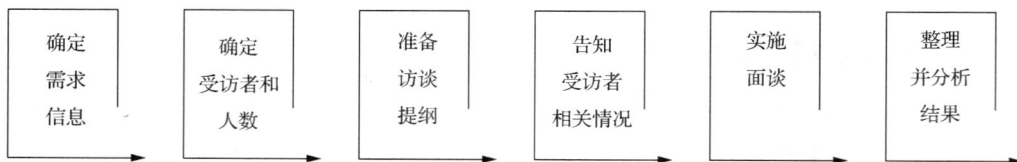

确定需求信息 → 确定受访者和人数 → 准备访谈提纲 → 告知受访者相关情况 → 实施面谈 → 整理并分析结果

图 6-3　通过面谈法收集培训需求信息的流程

（2）观察法。观察法是通过较长时间的反复观察或者通过多种角度、多个侧面或在有典型意义的具体时间进行细致观察，进而得出结论的方法。

了解员工工作表现的比较好的方法就是观察法，通过仔细观察容易发现工作中存在的问题。观察法的优缺点如图 6-4 所示。

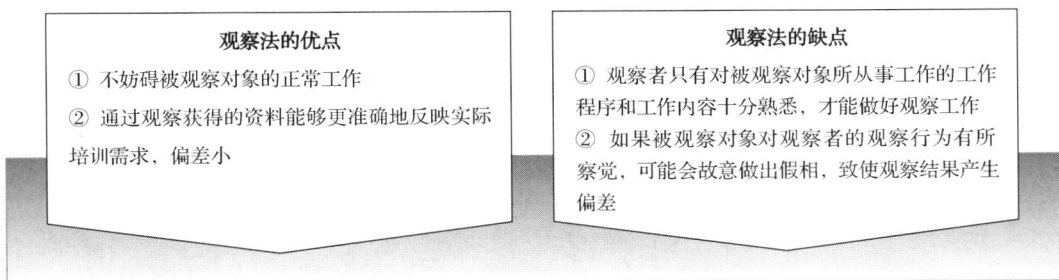

观察法的优点	观察法的缺点
① 不妨碍被观察对象的正常工作 ② 通过观察获得的资料能够更准确地反映实际培训需求，偏差小	① 观察者只有对被观察对象所从事工作的工作程序和工作内容十分熟悉，才能做好观察工作 ② 如果被观察对象对观察者的观察行为有所察觉，可能会故意做出假相，致使观察结果产生偏差

图 6-4　观察法的优缺点

基于观察法的缺点，在运用观察法把握培训需求时，观察者应采取尽量隐蔽的方式进行观察，并进行多次重复观察，以增强观察结果的准确性。观察者也可采用摄像技术记录被观察对象的表现，然后观察视频，从而发现问题。

（3）小组讨论法。小组讨论法同面谈法有相似之处，适用于工作分析，群体问题分析，目标确定或者任务、专题的分析。

小组讨论法的优缺点如图 6-5 所示。

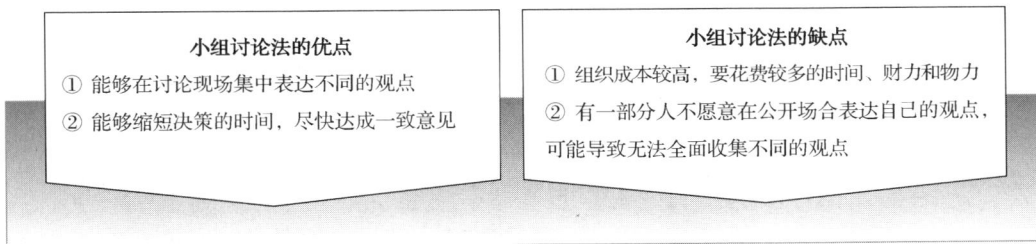

小组讨论法的优点	小组讨论法的缺点
① 能够在讨论现场集中表达不同的观点 ② 能够缩短决策的时间，尽快达成一致意见	① 组织成本较高，要花费较多的时间、财力和物力 ② 有一部分人不愿意在公开场合表达自己的观点，可能导致无法全面收集不同的观点

图 6-5　小组讨论法的优缺点

小组讨论法的开展步骤如下。

① 召集小组成员，向他们说明企业或员工的现实情况或问题，并提供相关的全面、准确的信息。

② 小组成员对问题产生的原因或相关情况进行讨论，寻找可能的解决办法或进行界定分析。

③ 汇总讨论结果，最终判断培训是否为解决问题或改变现状的有效方法。

小组成员在开展小组讨论时，可以采用头脑风暴法、组织对照法、刺激法、塑造法等多种方法，以增强讨论效果。

（4）问卷调查法。问卷调查法的优缺点如图 6-6 所示。

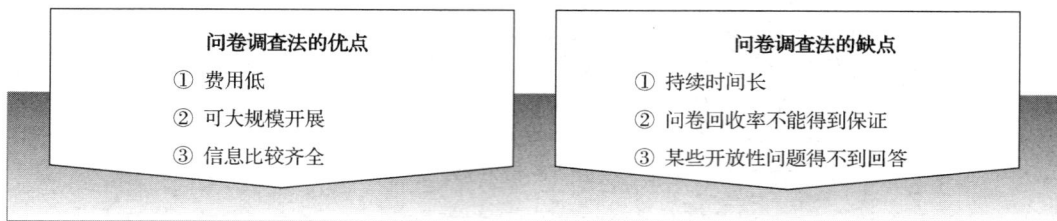

图 6-6　问卷调查法的优缺点

问卷调查法是对随机样本、分层样本或总体进行调查或民意测验的方法。问卷中的问题形式包括开放式、探究式和封闭式 3 种，问卷中的问题形式的说明如表 6-1 所示。

表 6-1　　　　　　　　　　　　　问卷中的问题形式的说明

问题形式	特　征	作　用
开放式	使用"什么""如何""为什么""请"等词语，不能用"是"或"否"来回答，如"你为什么参加此类培训"	发掘对方的想法和观点
探究式	更加具体，使用"多少""多久""谁""哪里""何时"等词语，如"你希望这样的培训多久举行一次"	缩小收集信息的范围
封闭式	只能用"是"或"否"来回答，或用选择题的形式表达	限制收集信息的范围

6.1.3　培训方法选择

员工培训方法的选择和培训内容紧密相关，不同的培训内容应使用不同的培训方法，不同的培训方法有不同的特点。在实际工作中，培训师应依据企业的培训目的、培训内容、培训对象的特点及企业具备的培训资源，选择适当的培训方法。

1．培训方法的类型

根据不同的划分依据，培训方法可划分为不同的类型，培训方法的类型如表 6-2 所示。

表 6-2　　　　　　　　　　　　　培训方法的类型

划分依据	具体方法
适合事实和概念的理解	讲义法、项目指导法、演示法等
解决问题能力的提高	案例分析、文件筐、课题研究、商务游戏
创造性素质的培养	头脑风暴法、形象训练法、创造性思考
操作技能的提升	实习、工作传授法、个人指导、模拟训练
态度、观念和素养的形成	面谈、集体讨论、集体决策、职务角色扮演、悟性训练
基本能力的开发	自我开发的支持、跟踪培训

2．课堂培训的方法

课堂培训是指培训师和学员在特定的时间、特定的地点，针对某一个或某几个方面的内容进行的培训活动。课堂培训针对不同的培训内容和培训目的，可以分为不同的方法，课堂培训的方法介绍如表 6-3 所示。

表 6-3 课堂培训的方法介绍

类 别	定 义	优 点	缺 点
讲授法	讲授法是指培训师按照准备好的讲稿，系统地向学员传授知识的方法，适用于学员对学科知识和理论的了解	传授内容多，知识系统、全面，有利于大批培养人才，学员也可向培训师请教问题，费用比较低	（1）传授内容过多，难以消化 （2）单向传授，缺乏互动 （3）理论与实际脱节 （4）不能满足个性化需求
专题讲座法	专题讲座法针对某一专题知识，一般只安排一次培训，适用于管理人员或技术人员了解专业发展动向或热点	（1）占用时间少，形式灵活 （2）可随时满足学员某一方面的需求 （3）讲授内容专一，易于学员加深印象	讲授知识集中于一点，不够系统、全面
研讨法	研讨法是指在培训师的指导下，学员围绕一个或几个主题进行交流、相互启发的培训形式	（1）多向交流信息 （2）学员全面参与，有利于综合能力的提高 （3）加深对所学知识的理解，提高运用能力	（1）对研讨题目、内容的准备要求比较高 （2）对指导老师要求比较高

3. 现场培训的方法

现场培训是指在不影响工作的情况下，由老员工担任培训师，指导新员工熟悉岗位知识和技能。现场培训可以使新员工学到"手把手"传授的工作经验，有利于学习的转化，也有利于企业工作流程的连续进行。可以说，现场培训相对于课堂培训更为灵活、及时。现场培训的方法介绍如表 6-4 所示。

表 6-4 现场培训的方法介绍

类 别	定 义	优 点	缺 点
工作指导法	工作指导法又称教练法或实习法，是指由有经验的员工或直接主管人员在工作岗位上对学员进行培训的方法。培训师的任务是教学员如何做，提出如何做好的建议，并对学员进行激励	（1）应用广泛，可用于基层岗位，也可用于管理人员，让学员和培训师一起工作，后者对前者给予指导 （2）在需要时学员可顶替岗位	（1）培训师某些不当的工作方法会影响学员 （2）全盘接受别人的工作方法有时会影响工作的创新
工作轮换法	工作轮换法是指让学员在预定时期内变换工作岗位，使其获得不同岗位工作经验的培训方法	（1）丰富学员的工作经验，增加学员对企业的了解 （2）明确自身优势和不足，找到合适定位 （3）促进部门间的了解与合作	通才（指学识广博、具有多种才能）化，适用于直线管理人员的培养，不适用于职能管理人员的培养
个别指导法	个别指导法类似于"师父带徒弟"，即资历深的员工指导新员工，使其能够迅速掌握岗位技能	（1）新员工在指导者的指导下开始工作，可以避免盲目摸索 （2）有利于新员工尽快融入团队 （3）刚毕业的新员工可以消除工作时的紧张感 （4）有利于企业优良传统工作作风的传递 （5）新员工可以从指导者那里获得丰富的经验	（1）为防止新员工对自己构成威胁，指导者可能会有意保留自己的经验、技术，从而使指导流于形式 （2）指导者的水平对新员工的学习效果有极大影响 （3）指导者不良的习惯会影响新员工 （4）不利于新员工的工作创新

4. 拓展训练的方法

拓展训练又称外展训练，是一种户外体验式心理训练。它让参与者在不同于平常的户外环境下，直接参与一些精心设计的活动，继而自我发现、自我激励，达到自我突破、自我升华。

它运用独特的情景设计，通过创意独特的专业户外项目，帮助企业激发学员的潜力，增强团队活力、创造力和凝聚力，以达到提高团队生产力的目的。

拓展训练作为一种重要的体验式学习方式，拥有完整的循环式学习流程。为了弥补传统教学方式的缺陷，拓展训练里增加了体验和联系实际等环节，由学员本人找出存在的问题及实用的工作方法，这样的培训效果是传统培训方式达不到的。传统培训方式与拓展训练的主要区别如表 6-5 所示。

表 6-5　　　　　　　　　　　传统培训方式与拓展训练的主要区别

比较项目	传统培训方式	拓展训练
培训场地/环境	室内	户外，陌生的环境
培训方法	直线式、灌输式教学，学习	参与、互动式教学，启发
培训内容	偏知识性，如知识、技能	非智力因素，如观念、态度、人格

5. 沙盘模拟培训的方法

沙盘模拟培训是一种先进的体验式培训方法，它将军事沙盘推演创造性地用于企业管理，实现管理实战演练，具有很强的实战性和操作性。

沙盘模拟培训运用独特、直观的教具，根据不断变化的市场环境，结合角色扮演、情景模拟、培训师点评，使学员在虚拟的市场竞争环境中，真实体会企业数年的经营管理过程，从而感悟管理得失和经营成败。

沙盘模拟培训课程与传统的培训课程的区别表现在：它通过模拟企业运营过程，能够使学员体会到不同角色在企业经营管理过程中的作用；通过和其他小组开展竞争，学员能够体验得失，总结成败，进而领悟科学管理规律，提高经营管理能力。

沙盘模拟培训与传统的培训方法相比，具有很强的参与性、互动性、实战性、竞争性、体验性和综合性等特点，沙盘模拟培训的特点如表 6-6 所示。

表 6-6　　　　　　　　　　　　　沙盘模拟培训的特点

特　点	特点描述
参与性	（1）每位学员都要进行角色扮演 （2）每个小组都要切实参与到市场竞争中 （3）每个小组不但要参与经营，还要关注其他小组的经营状况
互动性	（1）学员和学员之间要不断交流和讨论 （2）每位学员之间要不断交流和学习 （3）小组和小组之间也要不断进行交流和学习
实战性	（1）每位学员都切身参与，有切身体会 （2）每位学员都要发挥所扮演角色的能力 （3）每组学员都要在和其他组学员的比较中互相学习

续表

特　　点	特点描述
竞争性	（1）每位学员在本组内轮流扮演不同的角色参与竞争 （2）小组和小组之间进行业绩竞争
体验性	（1）能够体验到管理的各个环节 （2）能够体验到经营企业中遇到的各种问题 （3）能够体验到团队的作用 （4）能够体验到市场对企业的影响
综合性	（1）能够看到每位学员的某种能力 （2）能够看到整个团队的协调能力 （3）能够将培训所得运用到企业的日常经营中去 （4）能够体会不同角色在企业中发挥的作用

6. E-Learning

E-Learning 的英文全称为 Electronic Learning，国内根据其不同的含义，分别译作"电子（化）学习""网络（化）学习""数字（化）学习"等。电子（化）学习强调的是通过电子化手段进行学习。网络（化）学习强调的是基于互联网的学习。数字（化）学习强调在学习中要把数字化内容与网络资源结合起来。

关于 E-Learning 中的"E"，还有多种解释，如表 6-7 所示。

表 6-7　　　　　　　　　　　　E-Learning 中"E"的多种解释

"E"对应的英文单词	"E"的解释	侧　重　点
Exploration	探索式学习	强调 E-Learning 中学员自由探索的精神。学员成为 E-Learning 环境下的主动学员，可以利用 E-Learning 资源进行情景探究学习、自主发现式学习，也可以使用信息工具，通过解决具体的问题，进行创新性、实践性的问题解决式学习
Engagement	沉浸式学习	强调学员在真实的环境中学习知识的能力，并接受挑战，促使学习状态从被动型转向投入型，以提高学习效果
Experience	体验式学习	强调通过深度的学习体验提高学员的学习效果，学员可以与计算机仿真学习环境互动，深度体验和感悟学习内容
Excitement	激情式学习	强调学员要全身心地参与到学习中去，这样才能产生良好的学习效果。基本理念是在 E-Learning 环境中根据学员自身的特点，组建协作团队，并使之基于一定的任务进行有意义的学习，激发学习热情，使学习效率达到最高
Empowerment	授权式学习	强调 E-Learning 能快速扩展学员的学习能力。学员通过不同的媒体、不同的方式进行学习，反思自己的知识建构。根据学习反馈，发掘与专家交流的机会、与其他学员分享知识和发展能力的机会、平等地参与讨论和协作的机会
Effectiveness	有效式学习	强调转换教学理念，精心设计教学模式，采用多种教学形式和教学环节，将课程讲授、测试、协同学习、模拟学习等各种教学手段整合在一起，调整评价方法，加强 E-Learning 教学管理，从而大大提高教学效果
Enterprise	企业级学习	强调 E-Learning 是一种企业级别的学习，既不局限在信息部门，又不局限在培训部门
Easiness	便利式学习	强调学习是愉快之旅，是容易的。强调 E-Learning 的易用性是企业在建设和推广 E-Learning 时首先要考虑的因素

E-Learning 的优点和缺点如图 6-7 所示。

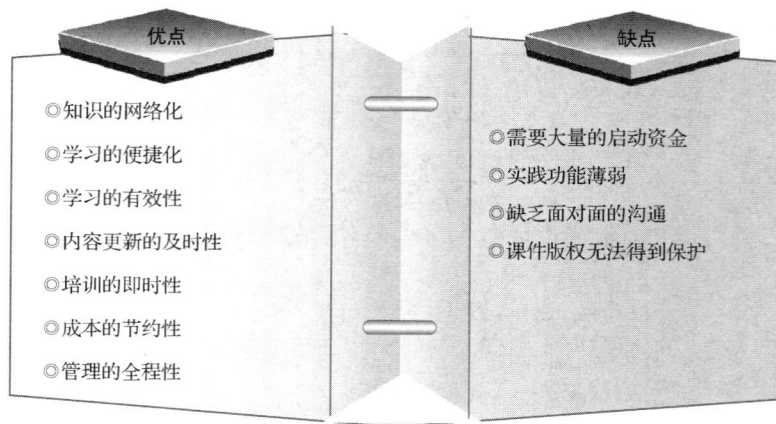

图 6-7　E-Learning 的优点和缺点

6.1.4　培训计划的制订和调整

为了从根本上保证培训的质量，企业需要根据自身的战略规划，在进行培训需求分析的基础上，制订一套完整的培训计划。

1．培训计划的主要内容

培训计划至少应包含培训项目、培训目标、培训对象、培训场地、培训时间、培训形式、培训教材、培训师来源、经费预算、培训负责人与培训考核等内容。

2．培训计划的编制步骤

培训计划包括年度培训计划、月度培训计划和单项培训计划，各培训计划的编制步骤如图 6-8 所示。

年度培训计划	月度培训计划	单项培训计划
（1）各部门提交本部门的年度培训计划草案 （2）培训部汇总各部门年度培训计划草案，并将其编制成企业年度培训计划 （3）培训部按照各部门的培训需求，及时将年度培训计划分解到各部门，并进行综合平衡 （4）培训部将分解后的培训计划报培训总监审批，通过后方可下发 （5）培训部将审批通过的年度培训计划及时送交各部门 （6）对培训计划有异议的部门，需要在规定的时间内向培训部提出异议，由计划制订人员负责协调和处理	（1）培训部需根据年度培训计划和各部门培训执行情况，及时分解，编制成月度培训计划 （2）各部门根据本部门的培训实施情况、年度培训计划及客观的培训需求状况等，及时编制、调整本部门的月度培训计划	培训部在每项培训工作开始前应当组织相关人员及时编制单项培训计划，确保培训工作的顺利开展。单项培训计划原则上至少应包含培训项目、培训目标、培训对象、培训场地、培训时间、培训形式、培训教材、培训师来源、经费预算、培训负责人、培训考核等内容

图 6-8　各培训计划的编制步骤

3．培训计划调整

调整培训计划时应遵循以下几个原则。

（1）实际性原则。培训计划调整应结合企业所处的社会环境、企业内部运营情况、企业所在行业情况等诸多因素进行。

（2）具体性原则。培训计划调整的原因及内容必须描述得非常清晰、具体，并且确保调整后的内容能够得到有效落实。

（3）程序性原则。培训计划调整不能太随意，每次调整前必须经过严格研讨，调整后要经过各级领导的逐级审批。

（4）适度性原则。培训计划调整时应选择对培训计划影响最小的方案，以避免给后期培训工作带来较大的干扰。

6.1.5 培训现场管理

培训现场管理包括培训场地的管理、对学员和培训师的管理等。

1. 培训场地的管理

（1）培训场地的选择标准

① 培训场地应交通便利、舒适、安静、不受干扰，能够为学员提供足够的自由活动空间。

② 培训场地的结构应便于学员看、听和参与讨论。

③ 培训场地的灯光照明应适当，墙壁和地面的颜色应协调，天花板和桌椅的高度应恰当。

④ 培训场地的插座等设备的数量应合适。

⑤ 培训场地的餐饮等配套服务应良好。

（2）培训场地的布置

① 布置培训场地时应检查空调系统、邻近房间及走廊，确保培训场地的采光、灯光与培训的气氛一致。

② 根据学员之间及培训师与学员之间的交流需要布置座位。

③ 在培训现场，应对卫生间做出明确标记，并确保紧急出口畅通。

（3）外部培训场地的选择与控制

① 联系外部机构。联系外部机构前，需要对外部机构的信誉、经营实力、人员规模等信息进行了解。

② 分析、比较备选培训场地。培训场地的优劣主要表现在场地设施、场地地点、场地配套服务等方面。

③ 选定最终培训场地，并报人力资源部门相关领导同意。人力资源部门相关领导同意后，人力资源部门的相关人员同培训场地所有者签订场地租用合同。场地租用合同的内容包括租用时间、租用费用、配套服务、付款方式及免责规定等。

2. 对学员及培训师的管理

对学员及培训师进行管理的相关内容具体如下，供读者参考。

培训现场的管理规定

第 1 条 员工参加培训前，必须在"员工培训签到表"上亲笔签名以示出勤，严禁其他人员代签。一经发现，代签员工和被代签员工均按旷工处理。

第 2 条 培训期间受训人员不得随意请假。若确需请假，需提交请假单，由相关主管核准并交至培训部备查，否则以旷工处理。

第 3 条 迟到、早退依下列规定处理：迟到、早退达＿＿＿＿次者，以旷工半天论；迟到、早退达＿＿＿＿

次以上、_____次以下者，以旷工一天论。若缺勤时数超过课程总时数的_____，则需重新补修全部课程。

第 4 条 培训部以签到及课上点名为依据，将受训人员的上课记录登记在员工培训记录上，并归入员工培训档案保存。

第 5 条 受训人员在培训期间需遵从培训师的管理，不得以任何理由对抗。

第 6 条 受训人员在培训期间的服装应简单大方，不得穿着奇装异服。

第 7 条 受训人员在培训期间应遵守培训纪律，上课期间遵守下列规定。

1．认真听讲，做好笔记，将手机关闭或调成震动；

2．不得抽烟，不得睡觉，不得交头接耳、嬉笑打闹、大声喧哗；

3．请教问题时需有礼貌；不得乱丢垃圾、纸屑，保持培训场地的整洁。

第 8 条 参加外部培训的人员在外代表公司形象，应按员工行为规范要求自己，不得做出有损单位名誉的行为，否则单位将根据后果的恶劣程度对相关人员进行处罚。

第 9 条 培训师不得迟到或提前结束培训课程，每发现一次罚款_____元。

第 10 条 培训师应注意自己的仪容仪表，不得穿过于休闲的服装。

第 11 条 培训师应在培训的各个阶段采取不同的培训方式，营造培训现场的活跃气氛，增进与受训人员之间的交流，提高受训人员的注意力，激发受训人员的积极性。

第 12 条 要做好培训设施、器材的维护与保管工作。

6.1.6 培训效果评估

培训效果评估是评估企业和受训人员从培训当中获得的收益，它是衡量培训是否有效的重要环节。培训效果评估包括培训前的评估、培训中的评估和培训后的评估。

1．培训效果评估的作用和内容

培训效果评估的作用和内容如表 6-8 所示。

表 6-8　　　　　　　　　　培训效果评估的作用和内容

不同评估阶段	作　用	内　容
培训前的评估	保证培训需求的科学性 确保培训计划与培训需求的针对性 实现培训资源的合理配置 保证培训效果测定的科学性	培训需求整体评估 受训人员知识、技能和态度评估 受训人员工作成效及行为评估 培训计划评估
培训中的评估	保证培训活动按照计划进行 培训执行情况的反馈和计划的调整 有助于科学解释培训的实际效果	培训活动参与状况监测 培训内容监测 进度与中间效果监测 培训环境监测 培训机构和人员监测
培训后的评估	树立"结果为本"的意识 扭转目标错位 提高培训质量	培训目标达成情况评估 培训效果综合评估 培训师的工作绩效评估

2．培训效果评估的类型

培训效果评估的类型包括反应评估、学习评估、行为评估和结果评估。4 种培训效果评估的详细说明如表 6-9 所示。

表 6-9   4 种培训效果评估的详细说明

评估类型	主要内容	询问的相关问题	衡量方法	优 缺 点
反应评估	观察学员的反应	（1）受训人员是否喜欢该培训课程 （2）培训课程对受训人员是否有用 （3）对培训师及培训设施等有何意见 （4）课堂反应是否积极	问卷调查、填写评估调查表、评估访谈	优点：简单易行 缺点：主观性较强，容易以偏概全
学习评估	检查学员的学习成果	（1）受训人员在培训中学到了什么 （2）培训前后，受训人员的知识、技能有多大程度的提高	填写评估调查表、笔试、绩效考核、案例研究	优点：给受训人员和培训师一定压力，使之更好地学习和完成培训 缺点：衡量和评估标准依赖于测试方法的可信度和测试难度
行为评估	衡量培训前后的工作表现	（1）受训人员在学习上是否有改善行为 （2）受训人员在工作中是否用到了培训内容	由上级、同事、下属进行绩效评价，观察绩效记录	优点：可直接反映培训的效果，使企业高层领导看到培训效果后更支持培训 缺点：实施有难度，要花费很多时间和精力，难以剔除不相干因素的干扰
结果评估	衡量企业经营业绩的变化	（1）行为的改变对企业的影响是否积极 （2）企业是否经营得更好 （3）考察质量、事故、生产率、工作动力、市场扩展情况、客户关系维护情况等	通过事故率、生产率、员工离职率、次品率等指标衡量	优点：翔实、令人信服的数据不但可以消除企业高层领导对培训投资的疑虑，而且可以指导培训计划，把培训费用用到最能为企业创造经济效益的课程中 缺点：耗时长，经验少，目前评估技术不完善，简单的数字对比意义不大，必须分辨哪些结果与培训有关且有多大关联

3．培训效果评估的实施步骤

（1）了解评估作用。在培训效果评估实施之前，培训管理人员应该明确培训效果评估的作用。培训效果评估的作用主要包括：培训效果评估的实施，有助于对培训项目的前景做出判断，对培训系统的某些部分进行修订或对培训项目进行整体修改，使培训项目的运营更加符合企业的需求。

（2）成立评估小组。企业应在执行培训效果评估之前成立培训效果评估小组，小组成员主要包括外部培训专家、企业内部培训管理人员。企业在成立培训效果评估小组时，必须明确小组成员的管理职责和评估标准。

（3）确定评估对象。评估对象即培训效果评估的对象，主要包括以下几个方面的内容。

① 培训课程。应着重对培训课程定位、培训课程设计、培训课程应用效果等方面进行评估。

② 培训师。应着重对培训师的教学方法、教学质量、综合能力等方面进行评估。

③ 培训方式。应着重对培训课程组织、培训教材、培训课程设计、培训应用效果等方面进行评估。

④ 外请培训。应着重对培训课程设计、培训成本核算、培训应用效果等方面进行评估。

⑤ 问题性培训。应着重对培训后企业内出现的工作问题或有关投诉的问题进行评估。

（4）建立评估数据库。在进行培训效果评估之前，评估小组应将培训前后的数据收集齐备。这些数据主要分为两类，即硬性数据和软性数据。硬性数据是对改进情况的衡量，以比例的形式出现，是易于收集的事实数据，如产出、质量、成本和时间等数据。软性数据是不能以货币等形式直接衡量的数据，主要包括工作习惯、氛围、新技能、满意度和主动性等。

（5）选定评估形式。培训效果评估形式的选择主要以评估的实际需要及评估形式所具有的特点为依据。

（6）确定评估方法。企业较为常用的培训效果评估方法主要有观察评估法、问卷调查法、集体讨论法及成本收益分析法等。

（7）设计评估方案及工具。评估方案及工具与培训项目、培训对象的匹配程度直接决定了培训效果评估的质量。常用的培训效果评估工具有反应评估调查问卷、投资回报率数据分析计划表、学员培训结果评估表、培训成本分析表、培训收益分析表等。

（8）培训效果评估结果的沟通。

① 与培训课程设计人员沟通。培训课程设计人员需要用这些信息来改进培训项目，只有及时采纳反馈意见，精益求精，才能提高培训项目的质量。

② 与企业管理层沟通。企业管理层决定了培训项目资金投入的多少，培训效果评估为管理层对此类培训项目进行投入决策提供了依据。

③ 与受训人员沟通。使受训人员明确自己的培训效果，将自己的业绩表现与其他人的业绩表现进行比较，有助于受训人员在工作中进一步学习。

【微课堂】

> A公司是一家汽车销售公司，最近A公司组织了一次新员工培训，目的是在短期内增强新员工的认同感和归属感。现在A公司想对该培训进行效果评估，请问，A公司应该怎样进行评估？评估的实施步骤有哪些？

6.2 培训项目管理

培训项目管理是指有效地规划、组织和控制培训项目，以达到预期培训目标的一系列活动。培训项目管理需要遵循项目管理的基本步骤，包括项目计划、执行、监控和总结。

培训项目管理的核心内容是培训项目的规划管理、实施管理、成本管理和评估管理。

培训项目管理人员应具备良好的组织和沟通能力，并熟悉培训方法和工具。同时，培训项目管理人员进行培训项目管理也需要注重与其他部门或相关方进行协调和合作，以确保培训项目的顺利进行。

6.2.1 培训项目规划

培训项目规划包括以下内容。

1. 培训需求分析

对目标受众进行需求调研和分析，了解他们的培训需求及所需的知识和技能。

2. 培训目标设定

根据培训需求和组织目标，明确培训项目的具体目标，包括预期的学习成果和绩效提升。

3. 培训内容设计

基于培训目标，确定培训内容和范围，包括知识点、技能要求、实践案例等，确保培训能够满足学员的需求。

4. 培训方法选择

根据培训目标、学员特点和资源情况，选择合适的培训方法，如面授讲解、案例分析、角色扮演、团队合作等。

5. 培训时间安排

制订培训的时间计划，安排培训的时长、日期和时间段，确保培训能够顺利进行并不影响工作进程。

6. 培训师资选拔

根据培训内容和需求，选派合适的培训师或专家，确保培训师具备相关专业知识和丰富的教学经验。

7. 培训场地准备

选择合适的培训场地，确保培训场地设施满足培训需求，如教室、投影设备、音响等。

8. 培训资源准备

为培训提供所需的教材、课件、实训设备等学习资源，以支持培训的顺利进行。

9. 培训评估的方法和工具

选择培训评估的方法和工具，如学员反馈调查、学习成果考核等，用于评估培训的效果和质量。

10. 培训计划管理

对培训项目进行全面管理，包括进度跟踪、预算控制、风险管理等，以确保培训项目按计划进行并取得预期效果。

6.2.2　培训项目实施

1. 项目实施准备

（1）确保所需的培训场地、设备和教材等资源得到充分准备，并按时提供给培训师和学员使用。

（2）为培训师提供明确的教学指导，确保他们了解培训目标、内容和方法，能够有效地进行培训。

2. 培训进度控制与问题处理

（1）组织学员的报名和签到工作，提供必要的培训信息和指引，跟踪学员的学习进度，并及时解答他们的问题。

（2）根据培训计划，监督和控制培训进度，确保培训按时开始、顺利进行，并能够在规定的时间内完成。

（3）确保培训的质量和有效性，监督和评估培训师的授课质量，收集学员的反馈意见并加以改进。

（4）及时发现和解决培训过程中的问题和冲突，促进培训师和学员之间的良好合作和沟通。

（5）在培训项目的实施过程中，及时识别和应对各种可能的风险和挑战，以确保培训能够顺利进行并达到预期效果。

（6）保持与培训师、学员和其他利益相关者之间的良好沟通，及时获取他们的反馈意见，并根据需要进行调整和改进。

3. 项目评估与改善

（1）根据培训目标，制定相应的学员考核机制，对学员的学习成果进行评估，并按规定颁发培训证书。

（2）跟踪和评估培训后的学员绩效改善情况，了解培训项目的实际效果，并进行总结和反馈。

6.2.3　培训项目的成本管理

培训项目的成本管理包括预算管理、成本使用控制、成本分析与评估3项内容。

1．预算管理

在制订培训计划、确定培训方案的过程中，企业要明确培训项目的预算和支出，包括场地租赁、教材采购、培训师费用、学员交通和食宿等相关成本。

2．成本使用控制

（1）组织和协调各种资源，如场地、设备、教材和人力等，企业要通过整合和共享资源，降低培训成本，提高资源利用效率。

（2）企业要在培训项目实施的过程中严格控制各项成本，优化资源配置，尽量减少不必要的浪费和支出，确保培训项目在预算范围内完成。

（3）企业要对培训项目的各项收支进行统计和结算，及时核对和审批相关账单和发票，确保培训成本的准确计算和合理支出。

3．成本分析与评估

（1）企业要对培训项目中的各项成本进行详细的分析和评估，找出成本结构中的瓶颈和问题，进行优化和改进，提高成本效益。

（2）企业要对培训项目的成本和效益进行评估，分析培训项目的经济效益和社会效益，为制定战略决策提供参考依据。

通过以上成本管理的内容，企业可以对培训项目的成本进行全面管理和控制，提高成本效益，确保培训项目的顺利实施。

6.2.4　培训项目评估

培训项目评估包括以下4个方面的内容。

1．培训效果目标达成评估

（1）培训目标达成度评估。培训目标达成度评估即对于设定的培训目标进行评估，确定培训项目是否能够达到预期的学习成果和绩效目标。

（2）学习成果评估。评估学员在培训期间所取得的学习成果，包括知识掌握程度、技能提升情况及对工作的应用能力等方面。

（3）绩效变化评估。通过与培训前的绩效进行比较，评估培训项目对学员绩效的改善程度，包括工作表现、业绩指标等方面的变化。

（4）转化与应用评估。转化与应用评估是评估学员将培训内容应用于实际工作中的能力和效果，包括对工作中所遇到问题的解决、创新能力的提升等方面。

2．满意度评估

通过学员满意度调查或问卷调查等方式，了解学员对培训项目的满意度、评价和反馈，包括教学内容、教学方法、培训师的表现等方面。

3．成本效益评估

对培训项目的投入和产出进行评估，分析培训项目的经济效益和社会效益，包括成本效益、回报率等方面。

4．项目管理评估

评估培训项目的管理过程和执行情况，包括项目计划与执行、资源管理、风险控制等方面。

【微课堂】

> E 公司决定开展一次全员培训，以提升员工的专业技能和团队合作能力。为了确保培训项目的顺利进行和有效管理，E 公司成立了一个专门的培训项目管理团队，由经验丰富的培训专家和项目管理人员组成。根据本小节的学习，请问，项目管理团队应如何负责整个培训项目的规划、实施和评估工作？

6.3 培训外包管理

6.3.1 培训外包方选择

选择培训外包方有以下注意事项。

1．明确培训需求

在选择培训外包方之前，企业首先要明确自己的培训需求和目标。确定需要培训的领域、目标受众、培训方式等因素，以便更好地与潜在的外包方进行对比和评估。

2．寻找潜在外包方

企业要通过市场调研、网络搜索、咨询推荐等方式找到潜在的培训外包方，可以考虑国内外的培训机构、专业服务机构或个人培训师等，根据自身需求和预算进行筛选。

3．评估外包方实力和经验

企业要对每个潜在的外包方进行评估，了解他们的专业背景、行业经验、师资力量、培训案例等，可以通过查看他们的官方网站、参考客户评价、与其进行面谈等方式来获取相关信息。

4．核对合规性和信誉度

企业要确保潜在的外包方具备合法经营资质，并且没有严重的投诉记录或负面新闻。企业可以查询相关政府部门的注册信息、检查信用评级或借助第三方机构进行背景调查，以确保选择的外包方可靠可信。

5．考察培训方法和教学质量

企业要了解外包方的培训方法和教学理念是否与自己的需求和价值观相契合。企业可以要求外包方提供培训大纲、课程设计、教材样本等资料，甚至参加他们的试听课程或观摩培训活动，以评估其教学质量和效果。

6．考虑服务支持和售后保障

企业要了解外包方是否能够提供全面的培训服务支持，包括前期的培训需求分析、定制化方案设计、培训师配备、后期的评估和跟踪等。企业还要确认外包方是否提供售后保障，包括培训效果的持续评估和改进。

7. 比较报价和谈判合同条款

企业应根据预算和投入，对比不同外包方的报价和服务内容，选择最符合自己需求和预期的外包方。在签订合同时，企业要明确培训的时间、地点、费用、责任分工、保密协议等条款，确保双方权益和责任的明确。

6.3.2 培训外包实施

培训外包实施与培训项目管理有共同之处，但更要注意以下几点。

1. 建立良好的沟通和合作机制

企业与外包方建立起良好的沟通和合作机制是成功实施培训外包的关键，确保双方对培训目标、计划、进度等方面的理解一致，并及时沟通和解决可能出现的问题。

2. 监督和评估培训质量

在培训过程中进行监督和评估是非常重要的。企业要定期跟踪培训的进展情况，收集参训人员的反馈意见，并对培训效果进行评估，以确保培训的质量和效果达到预期目标。

3. 持续跟踪和改进

培训外包不仅是一个项目的实施，还是一个持续的过程。企业要持续跟踪培训效果，及时调整和改进培训方案和方法，以适应组织发展和需求变化的需要。

6.3.3 培训外包风险控制

培训外包虽然可以带来一些优势和便利，但也存在一定的风险和挑战。以下是一些常见的培训外包风险。

1. 培训质量风险

选择不合适的外包方或者外包方提供低质量的培训服务可能导致培训效果不佳，无法达到预期的培训目标。外包方的师资力量、教学方法和教材选择等因素都会影响培训质量。

2. 信息安全风险

企业在与外包方分享敏感信息和知识产权时，存在信息泄露的风险。保护机密信息和知识产权的安全是一个重要的考虑因素，企业需要与外包方签订相关的保密协议，并确保信息安全措施得到妥善执行。

3. 沟通和合作风险

培训外包涉及与外包方的沟通和合作，如果沟通不畅或者合作关系不好，可能导致信息传递不清、进度延误、决策不一致等问题，影响培训计划的顺利进行。

4. 成本控制风险

培训外包可能需要支付一定的费用，包括培训费用、外包方服务费用等。如果费用超出预期或者无法控制，可能对企业的财务状况产生不利影响。

5. 依赖性风险

过度依赖外包方可能导致企业内部的能力衰退。企业如果没有建立内部培训和发展机制，一旦与外包方解除合作，可能会面临培训能力缺失的问题。

6. 企业文化和价值观风险

外包方的教学方法、培训内容和价值观可能与企业文化和价值观存在差异，这可能会影响培训的效果和融入度。

为了降低培训外包风险，企业在选择外包方时应进行充分的尽职调查，评估外包方的信誉和能力；建立良好的合作关系并加强沟通；签署权责明确的合同和保密协议；并保持对培训过程的监督和评估，及时调整和改进培训方案。

6.3.4　培训外包评估管理

培训外包评估管理是指对培训外包过程中的各个环节进行评估和管理，以确保培训外包项目能够达到预期的效果和目标。

1．选择评估

企业要评估选择的外包方是否具备合适的专业背景、经验和能力来提供需要的培训服务。企业可以考察外包方的师资力量、培训方法和教材选择等方面的情况。

2．实施评估

（1）培训计划评估。评估培训计划的合理性和可行性。培训计划应考虑受训人员的时间安排和学习能力，合理分配培训资源，并确保培训进度和质量可控。

（2）目标评估。评估培训外包项目的目标是否明确、可行和具体。确保培训目标与企业战略和需求相匹配，并能够衡量和评估培训的成效。

（3）培训内容评估。评估培训内容的合理性、实用性和有效性。培训内容应符合组织的需求和目标，并且与实际工作任务紧密相关，能够提升受训人员的能力和素质。

（4）培训师资评估。评估培训师背景、能力和教学方法。培训师应具备相关领域的专业知识和经验，能够有效地传递培训内容，提供良好的学习体验。

3．效果评估

（1）受训人员评估。评估受训人员对培训的反馈和满意度。收集受训人员的意见和建议，了解培训效果和不足之处，以便及时调整和改进培训方案。

（2）培训效果评估。评估培训的实际效果和成果。通过考核受训人员的知识和技能水平、工作表现的改进情况，以及实际业绩的提升程度等指标，来评估培训的效果。

4．财务评估

评估培训外包项目的成本与效益。对培训外包的费用进行分析和核算，评估培训的经济效益和投资回报率，确保成本的合理控制和利益的最大化。

通过评估培训外包过程中的各个环节，企业可以及时发现问题和风险，并采取相应的措施进行调整和改进，以确保培训外包项目的顺利实施。

【微课堂】

F 企业由于规模不大，没有专门的培训团队，也缺乏足够的时间和资源来开展全面的培训工作，同时又面临着员工培训中的诸多问题。为了解决这个问题，F 企业决定将培训外包给一家专业的培训机构。请问，F 企业应该如何选择培训外包方？

6.4 能力开发

6.4.1 通用能力开发方法

通用能力即综合性职业能力，包括沟通能力、人际交往能力、学习能力等。通用能力开发的方法主要有讨论法、参观法、面谈法及网上培训等。

1. 讨论法

讨论法是将开发对象聚集在一起，分组讨论并解决问题的一种方法。通常情况下，讨论小组负责人是培训管理人员，主要作用是确保讨论的正常进行，避免讨论偏离主题。采用讨论法可以充分调动开发对象思考的积极性和主动性，使其能力得到锻炼和提高，培养其与人合作的态度及对学习的尊重和重视。

2. 参观法

参观法是企业根据员工的工作需要，组织员工到实地直接观察客观事物，从而获得知识的方法。参观法一般适用于了解一线员工的生产方式和工作方式的管理者。通过参观，管理者可获得丰富的感性认识，加强管理和实际的联系，增强与基层员工的沟通，有利于锻炼沟通能力。

3. 面谈法

使用面谈法时，开发人员与被开发对象面对面地交流。企业使用此方法的目的是使开发人员了解被开发对象在通用能力上的欠缺之处，并据此提出指导意见。

4. 网上培训

所谓网上培训，是指被开发对象通过网络学习有关通用能力开发的在线课程，观看相关视频，以此激发其开发通用能力的动力。

6.4.2 特殊能力开发方法

特殊能力包括创新能力和领导能力等。特殊能力的开发方法包括头脑风暴法、KJ 法、课题研究法及团队建设法等。

1. 头脑风暴法

头脑风暴法是指让所有参与能力开发的人员在没有任何压力的情况下，在轻松愉快的气氛中，不带任何偏见与固有观念，无拘无束地自由交换自己的想法和观点，以此激发创意和新观点，提出更多、更优秀的解决方案。

2. KJ 法

KJ 法又称川喜田二郎创造力开发法。这种方法通过许多人一起收集信息和意见，找出有关问题的症结所在，选出最优的解决方案。

3. 课题研究法

应用课题研究法时，企业交给受训人员与实际工作相似的课题，要求其在一定时间内进行研究并得出结论，训练其收集信息、发现问题、分析问题与解决问题的能力。

4. 团队建设法

企业进行员工创新能力训练时主要采用团队建设法。团队建设法是让员工通过共享各种观点和经历，培养群体统一性，并审视自身的优缺点及其他学员的优缺点。团队建设法包括冒险性学习、团队培训和行动学习等方法。

6.4.3　管理技能开发方法

管理技能开发是指企业为了自身长久的发展而不断地培养管理人员，发掘他们的管理潜力并提高他们的管理水平，鼓励他们进行自我开发，从而跟上企业发展的脚步，通过自身的发展来促进企业的发展。

管理技能开发方法主要用于开发领导能力，增强管理人员对他人的敏感性，激发下属的工作士气，提高下属的人力资本付出并改善工作绩效，减少部门之间的冲突。目前，国际上比较流行的管理技能开发方法主要有以下 6 种。

1．领导者匹配培训

领导者匹配培训主要帮助管理人员确定自己的领导风格并适应特定环境。其采用一本手册来实施，手册中附有能够让管理人员评价自己习惯的管理风格，以及对自己所处环境控制能力的问卷。

2．维罗姆-耶顿领导能力培训

此领导能力培训是为提高管理人员决策能力而实施的一种管理技能开发项目。该项目主要是确定让下属参与决策的程度。

3．人际关系分析培训

人际关系分析培训是在分析管理人员与下属之间的人际"交易"或沟通模式的基础上，帮助管理人员在工作中以理性的、合乎逻辑的方式，通过理解和互动来进行沟通和与别人相处的一种方法。该培训能使管理人员更好地分析各种人际环境，分析自己所处的特定自我状态（3 种自我状态分别是家长式、成年式和儿童式，处于成年式状态的管理人员一般是优秀的管理人员）。

4．敏感性培训

敏感性培训是一种通过在改善关系小组"实验室"中公开表达情感，来提高参与者对自己行为及他人行为洞察力的方法。

5．团队协作培训

进行团队协作培训时，培训管理人员利用咨询顾问、面谈及团队建设会议等形式来改进管理人员的工作绩效，让他们学会利用一系列技术去改进部门的工作。

6．时间管理培训

时间管理培训是通过讲演、案例分析、管理游戏、观看视频等形式，对时间管理的重要性进行讲解，帮助管理人员进行有效的时间管理，进而提高其工作绩效。

【微课堂】

　　　　G 集团公司管理岗位人员众多，虽然他们在专业知识上表现出色，但在管理团队和处理复杂问题方面存在着各种各样的问题。为了提高管理岗位人员的管理技能，G 集团公司培训部拟建立管理人员技能开发培训体系，请运用管理技能开发的方法帮其构建管理人员培训课程体系。

问题思考

1. 员工培训的意义是什么？
2. 如何开展培训需求调查工作？
3. 培训方法有哪些？如何选择适当的培训方法？
4. 请简述培训项目管理的内容。
5. 培训外包方应如何选择？如何实施评估管理和风险控制？
6. 管理技能开发的含义是什么？管理技能开发的方法有哪些？

知识链接

杜邦公司的员工培训与潜能开发

杜邦公司不仅具有严密的管理体系，而且拥有一套系统的培训体系。

1. 员工培训

每年，杜邦公司会根据员工的素质、各部门的业务发展需求等拟定一份培训大纲，上面清楚地列明该年度培训课程的题目、培训内容、培训教员、授课时间及地点等，并在年底前将培训大纲分发给各业务主管。杜邦公司还会根据员工的工作范围，结合员工的需求，参照培训大纲为每个员工制订一份培训计划，员工会按此计划参加培训。

2. 潜能开发

杜邦公司很重视对员工的潜能开发，会根据员工不同的教育背景、工作经验、职位需求提供不同的培训。除了公司培训大纲里的内容，如果员工认为社会上的某些课程会对自己的工作有帮助，也可以向主管提出，公司会合理地安排人员进行培训。

技能列表

员工培训与开发所需技能表如表 6-10 所示。

表 6-10		员工培训与开发所需技能表
序　号	技能名称	具体描述
1	沟通技能	能够清晰、准确地传达培训信息，倾听员工需求和反馈，并与各方进行有效的沟通和协调
2	分析技能	（1）能够对企业的业务需求、岗位职责和员工能力进行分析，确定培训的重点和目标 （2）在培训后能够对培训效果进行评估和分析，以不断改进培训方案
3	教学技能	能够了解不同的培训方法和教学技巧，为培训师提供支持和指导
4	问题解决技能	能够解决在培训过程中遇到的各种问题和挑战，如培训需求变化、技术故障等，能够迅速应对并寻找合适的解决方案
5	组织与管理技能	（1）能够有效地安排培训计划和资源，确保培训活动的顺利进行，包括制订培训计划、安排培训场地和设备、协调培训师等 （2）能够激励和引导培训团队成员的学习和发展，能够建立积极向上的培训团队氛围，帮助团队成员发挥潜力
6	项目管理技能	有良好的项目管理能力，包括制订计划、分配任务、时间管理、协调资源等，能将培训项目分解为可管理的任务，使整个项目按照计划顺利实施
7	课程开发技能	（1）能够编写具有逻辑性、清晰明了、易于理解和操作的教材和教案 （2）能够为课程制作提供平衡的教学元素、符合学生学习规律的情境话、引人入胜的故事线等创新性内容
8	设备、软件操作技能	能够熟练使用课程开发涉及的多媒体技术、软件、设备，如 PPT 制作、视频剪辑、音频录制等

技能实训

设计一份培训需求调查表

　　假如你是 B 公司人力资源部门的工作人员，B 公司准备对技术人员的培训需求进行调查。请你设计一份培训需求调查表。

第7章 | 绩效管理

【本章知识导图】

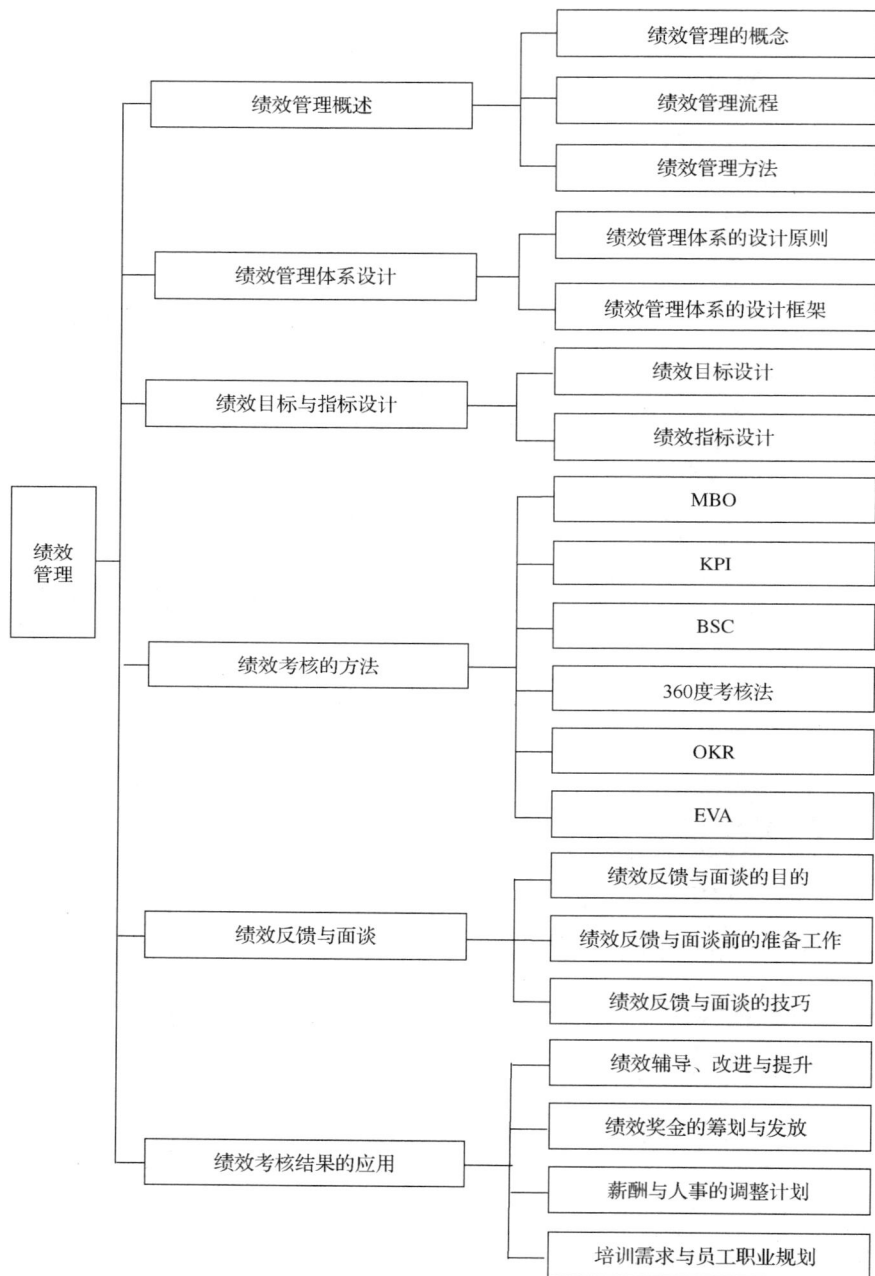

```
                                            ┌─ 绩效管理的概念
                          ┌─ 绩效管理概述 ───┼─ 绩效管理流程
                          │                  └─ 绩效管理方法
                          │
                          │                  ┌─ 绩效管理体系的设计原则
                          ├─ 绩效管理体系设计 ┤
                          │                  └─ 绩效管理体系的设计框架
                          │
                          │                  ┌─ 绩效目标设计
                          ├─ 绩效目标与指标设计┤
                          │                  └─ 绩效指标设计
                          │
                          │                  ┌─ MBO
                          │                  ├─ KPI
          绩效            │                  ├─ BSC
          管理 ──────────┼─ 绩效考核的方法 ──┼─ 360度考核法
                          │                  ├─ OKR
                          │                  └─ EVA
                          │
                          │                  ┌─ 绩效反馈与面谈的目的
                          ├─ 绩效反馈与面谈 ──┼─ 绩效反馈与面谈前的准备工作
                          │                  └─ 绩效反馈与面谈的技巧
                          │
                          │                  ┌─ 绩效辅导、改进与提升
                          │                  ├─ 绩效奖金的筹划与发放
                          └─ 绩效考核结果的应用┼─ 薪酬与人事的调整计划
                                             └─ 培训需求与员工职业规划
```

【学习目标】

职业知识	• 了解绩效管理的概念
	• 知晓绩效管理的流程与方法
	• 明确绩效反馈面谈的目的、准备工作与技巧
职业能力	• 能够运用绩效管理的方法和工具进行绩效管理
	• 能够运用定性考核指标与定量考核指标的设计方法，编制定性考核指标与定量考核指标
	• 明确考核的内容，并能依据考核的内容和企业的实际情况，选择合适的考核方法
	• 了解绩效反馈面谈的准备工作，掌握绩效反馈面谈的技巧，开展绩效反馈面谈工作
职业素质	• 具备绩效管理的专业知识，具有较强的沟通协调能力、执行能力、分析能力和归纳思考能力

7.1 绩效管理概述

7.1.1 绩效管理的概念

绩效也称为业绩、效绩、成效等，反映的是人们从事某种活动所产生的成绩和效果。一般来说，企业绩效是指企业管理活动的效果和效率。

绩效管理是指为实现企业发展的战略目标，采用科学的方法，通过对员工个人或企业的综合素质、态度行为和工作业绩进行全面监测分析与考核评定，不断激励员工，改善企业组织行为，提高综合素质，充分调动员工的积极性、主动性和创造性，挖掘其潜力的活动。

绩效管理的目标是不断改善企业氛围，优化工作环境，持续激励员工，提高组织效率。有效的绩效管理有助于企业真正地了解自身，改善绩效，保证员工的工作目标与企业目标一致，提高员工满意度，优化和协调人力资源管理等。

总之，绩效管理是一种将企业与部门、员工目标紧密联系在一起的、科学的管理项目之一，是一个从目标、程序导向到意愿、行为、效果导向，从事前策划到过程监测，从事后考评到绩效改进的动态过程。

7.1.2 绩效管理流程

绩效管理作为一个完整的系统，具体实施流程包括绩效计划、绩效实施、绩效反馈与面谈、绩效考核结果应用 4 个阶段。

1．绩效计划

绩效计划的制订是主管与员工就员工考核期间应该履行的工作职责、权限、各项任务的重要程度、绩效的衡量标准、可能遇到的困难、上级可能提供的帮助及解决问题的途径和方法等一系列问题，共同探讨并达成共识的过程。绩效计划的制订是整个绩效管理体系中非常重要的环节，具有前瞻性，可帮助员工认清方向，明确目标。

2．绩效实施

绩效实施是指考核者对照工作目标或绩效标准，采用一定的考核方法，评定员工的工作任务完成情况、员工的工作职责履行程度和员工的发展情况，并将上述评定结果反馈给员工的过程。

绩效沟通与指导阶段是绩效实施中最重要的环节。主管与下属共同实施绩效计划的过程，是双方保持联系，全程进行交流、沟通并产生互动的过程，也是不断完善、充实绩效计划以及根据客观环境条件的变化对绩效计划进行必要的调整、修订的过程。绩效沟通与指导使绩效管理建立在科学合理、现实可行的基础上。

3. 绩效反馈与面谈

绩效反馈与面谈是在绩效实施之后将结果反馈给被考核者的过程。绩效反馈与面谈是绩效管理的灵魂和核心，是整个绩效管理过程中耗时最长、最关键的环节。通过绩效反馈与面谈，员工会了解主管对自己的期望，认识到自己有待改进的地方。

绩效面谈的技巧

4. 绩效考核结果应用

（1）员工薪资调整。为了增强薪酬的激励作用，在员工的薪酬中，有一部分薪酬是与员工绩效直接挂钩的。根据工作性质的不同，绩效薪酬设置的比例也不同。

（2）工作岗位的调整。通过对员工进行全方位的考核，企业可以了解员工所取得的业绩、具备的工作能力、发展潜力等，并可将其作为员工工作岗位调整（职务晋升、降级、轮换等）的重要参考依据之一。

（3）人员培训与开发。通过绩效评估，企业可以了解员工工作中的优点和不足之处。针对优点，企业应当激励员工保持并提高；针对不足之处，企业应分析其产生的原因，并有重点地对员工进行培训，从而达到提高员工工作绩效的目的。

7.1.3　绩效管理方法

一般来讲，由于员工绩效具有多因性、多维性和动态性3个方面的基本特征，故在设计和选择绩效管理方法时，企业可以根据被考核者的特点，分别采用品质导向型、行为导向型和效果导向型3种绩效管理的方法。

1. 品质导向型

品质导向型绩效管理方法采用特征性效标，以考核员工的潜质为主，着眼于"这个人怎么样"，重点考量该员工是一个具有何种潜质（如心理品质、能力素质）的人。

品质导向型绩效管理方法涉及员工信念、价值观、动机、忠诚度、诚信度及一系列其他能力素质，如领导力、人际沟通能力、组织协调能力、理解力、判断力、创新能力、企划力、研究能力和计划能力等。

由于品质导向型绩效管理方法需要使用诸如忠诚、可靠、主动、自信等定性的形容词，所以很难具体掌握，并且考核的操作性及信度和效度较差。

2. 行为导向型

行为导向型绩效管理方法采用行为性效标，考评员工的工作行为，着眼于"干什么"和"如何干"，重点考核员工的工作方式和工作行为。行为导向型绩效管理方法重在工作过程而非工作结果，考核的标准较易确定，操作性较强。行为导向型绩效管理方法适用于对管理性、事务性的工作进行考核，特别适用于人际接触和交往频繁的工作岗位。

3. 效果导向型

效果导向型绩效管理方法采用结果性效标，以考评员工或企业的工作效果为主，着眼于"干出了什么"，重点考量"员工提供了何种服务""完成了哪些工作任务或生产了哪些产品"。由于效果导向型绩效管理方法注重的是员工或团队的产出和贡献，即工作业绩，而不关心员工或团队的行为和工作过程，所以考评的标准容易确定，操作性很强。

效果导向型绩效管理方法具有滞后性、短期性和表现性等特点。这种方法更适用于生产性、操作性及工作成果可以计量的工作岗位，不太适用于对事务性工作岗位进行考评。

一般来说，应用效果导向型绩效管理方法时，首先企业会为员工设定一个衡量工作成果的标准，然后将员工的工作成果和标准进行比对，进而确定员工绩效。工作标准是计量检验工作成果的关键，一般包括工作内容和工作质量两个方面的指标。

【微课堂】

> H 公司要开展绩效管理工作。在开始之前，H 公司给每位员工分配了一定数量的工作目标，并规定一些工作表现指标，以此来衡量员工的工作成果和贡献。在绩效考核实施之前，H 公司的领导会和员工进行一次面谈，讨论员工对自己工作目标的理解和计划，以及在实现这些工作目标时遇到的问题和困难。在面谈过程中，该公司的领导也会提供一些建议和指导，帮助员工更好地达成自己的工作目标。之后该公司会对员工的工作表现进行评估，并根据评估结果给予相应的奖励或处罚。请问，这个绩效管理流程是否全面？

7.2 绩效管理体系设计

7.2.1 绩效管理体系的设计原则

绩效管理体系是一组有机集成的流程和系统，专注于建立、收集、处理和监视绩效数据。它不仅可以增强企业的决策能力，而且可以通过一系列全面、均衡的衡量指标帮助企业实现战略目标和完成业务计划。

绩效管理体系设计的原则如下。

（1）与战略目标相一致原则。绩效管理体系应该与组织的战略目标紧密相连，以确保员工的表现能够为组织的整体发展做出贡献。

（2）公正和公平原则。绩效管理体系应该公正、公平，避免出现歧视性行为和不公平的评估结果。

（3）可操作和可量化原则。绩效管理体系应该具有可操作性和可量化性，确保可以衡量和评估员工的表现。

（4）透明和可理解原则。绩效管理体系应该透明并且容易理解，让所有员工都能够清晰了解绩效评估的标准、过程和结果。

（5）持续改进原则。绩效管理是一个持续的过程，绩效管理体系应该不断地优化和改进，以适应企业和员工的变化。

通过以上原则，设计出符合企业实际情况的绩效管理体系，可以促进员工的发展和成长，增强员工的工作动力，提高员工的工作满意度，进一步推动企业的持续发展。

7.2.2　绩效管理体系的设计框架

绩效管理体系框架可以根据组织的需求和特定情况进行定制，但通常包含以下几个核心组成部分。

1. 目标设定

确定组织、团队和个人的目标，并确保这些目标与组织的战略目标相一致。目标应该具体、可量化、可衡量，并与员工的职责和角色相匹配。

2. 绩效评估

对员工的绩效进行评估和衡量。可以使用定性和定量的评估方法，包括自我评估、上级评估、同事评估、客户评估等。评估结果应该基于可观察到的行为和达成的结果。

3. 反馈与发展

提供及时、具体和建设性的反馈，帮助员工了解他们的优点和需要改进的领域。同时，制订个人发展计划，明确发展目标和行动步骤，以提高绩效水平。

4. 奖励与激励

奖励和激励表现优秀的员工，以增强他们的动力和积极性。奖励可以包括薪酬增长、晋升机会、奖金、荣誉等。

5. 培训与发展

为员工提供必要的培训和发展机会，以提高他们的技能、知识和能力。这可以通过内部培训、外部课程、导师制度等方式实现。

6. 绩效改进

根据评估结果和反馈信息，制订改进计划，确定行动步骤，帮助员工克服困难并提高绩效水平。这包括提供支持和资源、解决工作障碍，以及设立具体的目标和时间表等。

7. 监测与调整

持续监测绩效管理的有效性，并根据实际情况进行调整和改进。定期回顾绩效管理体系的运作情况，确保其与企业的需求和变化相适应。

绩效管理体系框架应该是一个灵活的、可持续改进的过程，需要与员工和管理层密切合作，以确保其有效性和适应性。

【微课堂】

I公司意识到他们需要建立一个更有效的绩效管理体系，以促进员工的成长和公司的持续发展。请问，I公司应如何构建绩效管理体系？

7.3 | 绩效目标与指标设计

7.3.1 绩效目标设计

绩效目标是指提供给考核者和被考核者的评价标准，以便客观地讨论、监督、衡量绩效，是考核员工的参照系，是有效进行绩效管理的基础。

目标的设定是绩效考核的前提和基础，不制定目标，考核就无从谈起。企业制定了目标，并将其层层分解给每一位员工，根据员工目标完成情况进行考核。这样，对每位员工的考核就可以做到有的放矢，从而使目标考核的结果最终都落到实处。企业一般将绩效目标划分为 3 个层次，即组织绩效目标、部门绩效目标和岗位绩效目标。

1. 组织绩效目标

组织绩效目标的确定是绩效目标设定的第一步，它是部门绩效目标和岗位绩效目标设定的基础。组织绩效目标的设定主要是组织的战略目标制定。

2. 部门绩效目标

部门绩效目标以组织的战略目标为根据，由总经理提出，然后由专职部门及各部门主管参与制定。

3. 岗位绩效目标

岗位绩效目标是针对每个岗位的工作范围设定的工作目标，企业通过岗位绩效目标设定可使每个工作岗位人员的职责与目标明晰化，并能有效地将其落实到具体的负责人。

7.3.2 绩效指标设计

1. 定量考核指标的设计

定量考核指标的设计方法主要有 7 种：数字量化方法、质量量化方法、成本量化方法、时间量化方法、结果量化方法、行动量化方法及标准量化方法。

（1）数字量化方法。数字量化方法是指用数据指标来量化员工的业绩和技能。下面列出两种量化方式，数字量化方法的两种量化方式如表 7-1 所示。

表 7-1　　　　　　　　　　　　数字量化方法的两种量化方式

分　类	方　法	具体内容
量化方式一	数量额	如销售额、利润额、产量、产值
	百分比	如计划完成率、达成率、差错率
	频率	如次数、周转速度
量化方式二	工作量	如销售额、产量、计划完成率、次数
	工作质量	如合格率、优良率、完好率、通过率、差错率、满意度
	工作效率	如劳动生产率、及时率
	业务管理	如达成率、完成率
	员工管理	如投诉率、出勤率、持证上岗率

（2）质量量化方法。在绩效考核中，很多企业除了规定任务量，还考核工作质量。反映工作质量的指标有准确率、合格率、通过率和满意度等，绩效考核指标中的质量指标如表7-2所示。

表7-2　　　　　　　　　　　　　　绩效考核指标中的质量指标

考 核 项	量化指标示例
产品质量	产品合格率、产品优良率
生产报表统计	统计准确率
设备维护	设备完好率、维修合格率
技术支持	技术支持满意度
客户投诉处理	客户投诉次数、投诉处理满意度

（3）成本量化方法。从成本的角度细化、量化考核工作，落实成本管理责任，不仅有助于加强企业的成本管理，而且能增强全体成员的成本管理责任意识。

这类指标包括成本节约率、费用控制率、投资回报率和折旧率等。企业在使用成本量化考核指标时，还可以对其进行进一步的细分，绩效考核指标中的成本指标如表7-3所示。

表7-3　　　　　　　　　　　　　　绩效考核指标中的成本指标

考 核 项	成本指标示例
采购成本	采购成本节约率
生产成本	单位生产成本、生产成本下降率
质量成本	预防成本、鉴定成本、内部损失成本、外部损失成本
物流成本	配送成本、运输成本、仓储成本等

（4）时间量化方法。研发型与知识型员工的部分工作是可以用时间进行量化的，如新产品开发周期、服务响应时间、天数等，使用时间量化考核指标有助于企业对其阶段工作进行有效控制。

（5）结果量化方法。结果量化方法是指通过一些关键性数据指标对员工工作的"质"和"量"进行全面、客观、公正的综合评价，从而得出考核结果，以此衡量员工工作绩效的方法。通过结果量化方法得到的考核结果可以作为确定员工工资奖金收入、选优评先、职务升降等的直接依据。

结果量化方法有助于激发员工的工作热情，可有效促进员工从"要我干"向"我要干"的方向转变。例如，销售额、利润总额等指标可作为结果量化方法使用的指标。

（6）行动量化方法。人力资源、行政、后勤这类职能部门，除一部分工作可以用量化的指标（如招聘计划完成率、招聘合格率、培训考核达标率、后勤支持满意率）考核之外，还有一些事务性工作很难具体化和量化，如基础管理、业务支持等，对这些不能量化的考核内容可以将其流程化或行为化。

有些工作的考核标准还需要使用"数字""时间""行为"等的组合方式。例如，信息反馈有效性的绩效目标可设定为：应在_____分钟内准确地提供信息（反映的问题在自己职责范围内）；若不在自己职责范围内，则应向客户解释，并及时交由相关人员办理。

（7）标准量化方法。标准量化方法是指按照国际标准、国家标准、行业标准进行量化考核的方法。

国际标准是指国际标准化组织（International Organization for Standardization，ISO）、国际电工委员会（International Electrotechnical Commission，IEC）、国际电信联盟（International Telecommunication Union，ITU）及其他国际组织制定的标准。我国的国家标准是由国家标准化主管机构批准发布的，是在全国范围内统一实施的技术要求，由国务院标准化行政主管部门编制计划，协调项目分工，组织制定和修订，统一审批、编号、发布。行业标准是由我国各主管部、委（局）批准发布的在一定范围内统一使用的标准，如化工、冶金等行业都制定了行业标准。

2. 定性考核指标的设计方法

定量考核指标方法主要以统计数据为基础，将统计数据作为主要评估信息。企业在绩效无法通过定量考核指标方法进行评价时，可以采用定性考核指标方法。

一般来说，定性考核指标方法主要有 4 种，即目标管理法、绩效管理法、直接指标法和成绩记录法。

（1）目标管理法。应用目标管理法时，应由员工和主管共同协商制定个人目标，个人目标依据企业战略目标及部门目标而定，并与它们尽可能保持一致。该法将可观察、可测评的工作结果作为员工工作绩效的标准，将制定的目标作为对员工考核的依据，可使员工个人目标与部门目标保持一致。目标管理是领导者与下属之间双向互动的过程。

（2）绩效管理法。绩效管理法采用直接的工作绩效衡量指标，通常适用于非管理岗位的员工。它采用的指标要更具体、合理、明确，应该有时间、空间、数量、质量的限制，而且会规定完成目标的先后顺序，以保证个人目标与企业目标一致。

（3）直接指标法。应用直接指标法时，在员工的衡量方式上，采用可监测、可核算的指标构成若干考核要素，作为对下属的工作表现进行评估的主要依据。对于非管理人员，可以衡量其生产率、工作数量、工作质量等；对于管理人员，可以衡量其管理的下属的情况，如员工的缺勤率、流动率等。

（4）成绩记录法。成绩记录法适用于从事科研工作的人员，因为他们的工作内容是不同的，无法用固定的指标进行考核。具体步骤为：首先，被考核者把自己与工作职责相关的成绩填写在一张成绩记录表上；其次，由其上级主管来验证成绩的真实性；最后，由外部专家评估这些资料，确定工作绩效。

【微课堂】

某科技公司决定全面修订绩效指标，在设定绩效指标时，该公司组织了一次跨部门的专题研讨会。会议邀请了各级管理者、团队代表和人力资源专家参与。在研讨会上，参与者们深入探讨了如何将公司业务目标和价值观转化为可衡量的指标，以便更好地评估员工的绩效。经过多次修订和讨论，参与者们最终确定了一套全面而有效的绩效指标。这些绩效指标既可定量评估，又可以通过定性描述来更全面地了解员工的表现。请问，绩效指标究竟应该如何设计？

7.4 绩效考核的方法

7.4.1 MBO

目标管理（Management by Object，MBO）的概念最先是由彼得·德鲁克于1954年在其著作《管理的实践》中提出的，之后他又提出了"目标管理和自我控制"的理念。德鲁克认为，并不是有了工作才有目标，而是相反，有了目标才能确定每个人的工作，所以"企业的使命和任务，必须转化为目标"。之后，他又提出，如果一个领域没有目标，这个领域的工作必然会被忽视。

因此，管理者应该通过目标对下级进行管理。企业最高层管理者确定了目标后，必须对其进行有效分解，转变为各个部门和每个人的分目标，最高层管理者根据分目标的完成情况对下级进行考核、评价和奖惩。

目标管理是一种程序或过程，是把企业的工作目的和任务自上而下地转化为全体员工的明确目标，并据此进行考核。它使企业中的上级和下级一起协商，根据企业的使命确定一定时期内企业的总目标，由此确定上级和下级的责任和分目标，并把这些目标作为企业绩效评估、评价每个部门和每个人绩效产出对企业贡献的标准。

7.4.2 KPI

关键绩效指标（Key Performance Indicator，KPI）是从目标管理理念中衍生出来的，是动态绩效管理中需要用到的概念。它既保留了目标管理从上到下的指标分解过程，又结合了有形财务指标和无形指标（如工作态度、公共责任等）的思路，关键绩效指标一般涉及对工作绩效产生重大影响或占用大量工作时间的内容。

关键绩效指标的优点是相对简单，便于操作。例如，销售人员的关键绩效指标可以选择为销售额、利润率或市场份额。

关键绩效指标的缺点是选择标准相对随意，标准的权重也是随机确定的。

7.4.3 BSC

罗伯特·S.卡普兰和大卫·P.诺顿用了一年的时间，在对绩效测评方面处于领先地位的12家公司进行研究后，于1992年发明了平衡计分卡（Balanced Score Card，BSC）。

平衡计分卡把对企业业绩的评价划分为财务、内部流程、客户及学习与发展4个方面。它不仅是一个指标评价系统，而且是一个战略管理系统，是企业战略执行与监控的有效工具。

平衡计分卡的特点是始终把企业战略和愿景放在其变化和管理过程中的核心地位，构建"以战略为核心的开放型闭环组织结构"，使财务、客户、内部流程及学习与发展4个维度互动互联，浑然一体。平衡计分卡的4个维度如图7-1所示。

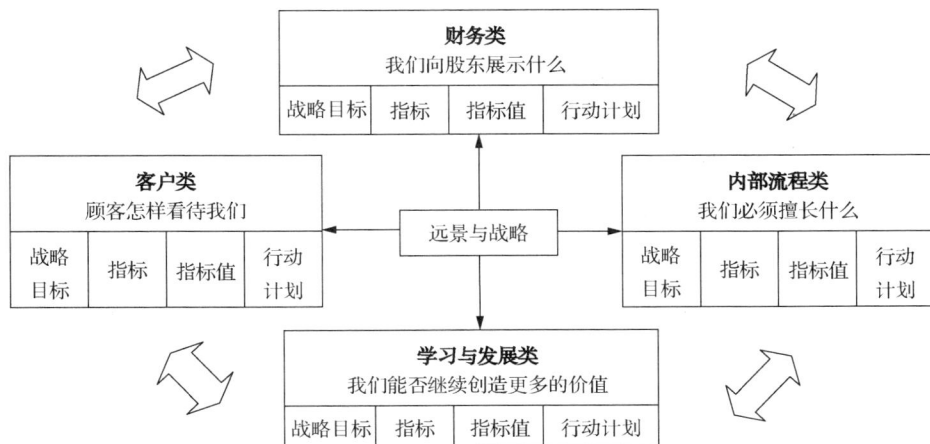

图 7-1　平衡计分卡的 4 个维度

平衡计分卡由以下几个要素构成。

（1）维度。维度体现了企业战略的基本关注点。卡普兰和诺顿将平衡计分卡分为财务、客户、内部流程及学习与发展 4 个维度。

（2）战略目标。平衡计分卡中的战略目标一般是指从企业战略重点中分解、细化出来的关键性战略目标。每一个战略目标都包括一个或者多个绩效指标。

（3）指标与指标值。指标是在企业关键性战略目标的基础上推导出来的；指标值是对指标的具体化和数量化，是评价指标实现与否的重要尺度与依据。

（4）行动计划。行动计划是支持平衡计分卡中各个指标得以实现和完成的具体项目计划，由若干特定的计划与活动组成。

平衡计分卡的优势在于，从财务、客户、内部流程及学习与发展 4 个维度，将总体战略由公司、部门到员工逐层分解。它不仅强调了纵向的一致性，而且突出了横向的（也就是跨部门的）协调。

7.4.4　360 度考核法

360 度考核法又称"全方位考核法"，最初被用于英国军方所设立的评价中心，在评价部队战斗能力和选拔士兵等活动中发挥了重要的作用，于 20 世纪 50 年代被应用到工商企业，到 20 世纪 80 年代趋于完善。

360 度考核法通过不同的考核主体（上级主管、下属、同事、供应商等）对被考核者进行多角度、全方位、准确性的考核，进而全方位地评估和反馈被考核者的工作行为与工作表现。通过该方法，员工不仅可以从自己、上级、下级、同事甚至顾客处获得多种角度的反馈，也可从这些不同的反馈中清楚地知道自己的不足、长处与发展需求，使以后的职业发展更为顺畅。

7.4.5　OKR

目标与关键成果法（Objectives and Key Results，OKR）是一套定义和跟踪重点目标及其完成情况的管理工具和方法。Objectives 是目标，Key Results 是关键成果。OKR 要求企业、部门、团队和员工不但要设置目标，而且要明确完成目标的具体行动。

OKR 有利于企业抓住核心重点，有利于信息的传递流通，易激发员工的工作激情。这种方法的缺点也很明显，每个人只对自己的部分负责，缺少整体意识；人的主观能动性受限；最终结果非常依赖管理者的指示；等等。

7.4.6 EVA

经济增值（Economic Value Added，EVA）法是指把企业内部制定的很多离散指标统一成一个最终指标。例如，无论是提高销售额还是提高市场份额，最终目的都是为企业创造价值。经济增值法不衡量过程，直接切入到为股东创造的价值，是一种概念朴素的方法，避免了考核中间过程指标可能造成的管理上的误导。

经济增值法对最终创造价值的考核并不是孤立的，而是贯穿于企业自上至下的价值链，能够有效地将高层压力分解到基层。但这种方法的强项是针对财务指标，因此又引入了独立绩效因素，通过独立绩效因素把行政、人事等不创造价值的支持部门的奖金总额与所服务的内部客户创造的价值额度按比重挂钩，再决定部门内各个员工的奖金分配。

【微课堂】

> 　　某高科技企业想要对专业技术人员进行绩效考核。企业深入了解了专业技术人员的工作特点和职责，并与员工代表进行了多次交流和讨论。在交流中，企业了解到专业技术人员的工作主要包括技术研发、项目管理、知识分享等方面。因此，企业将绩效考核分为 3 个维度：技术能力、项目成果和团队贡献。为了确保绩效考核的公正和客观性，该企业制定了明确的评估标准和评分体系。请问，企业对专业技术人员进行绩效考核时，可选择哪些考核方法？

7.5 | 绩效反馈与面谈

7.5.1 绩效反馈与面谈的目的

1. 反馈

主管领导对被考核员工本周期的工作业绩与预定目标进行比较，评估被考核员工的工作业绩与工作表现等，对被考核员工工作中取得的成绩予以肯定，不足之处委婉指出。

2. 沟通

沟通是一个双向的过程。主管领导与被考核员工交换意见，认真听取被考核员工对考核结果及当期工作情况的看法，并及时解答和记录。

3. 改进

对于被考核员工的工作业绩、工作表现、行为表现及能力素质表现与标准有差距的情况，主管领导应及时给予指导和建议，并与被考核员工探讨改进方法，确定下一步的工作目标和计划，以使被考核员工在下一阶段的工作中取得进步。

7.5.2 绩效反馈与面谈前的准备工作

绩效反馈与面谈成功与否的关键在于双方事前的精心准备。绩效反馈与面谈需要由主管领导和被考核员工共同完成，所以不仅需要主管领导做好准备，而且需要被考核员工做好相应的准备。绩效反馈与面谈前的准备工作如表 7-4 所示。

表 7-4 绩效反馈与面谈前的准备工作

面谈双方	主管领导	被考核员工
需要做的准备	（1）收集并准备面谈材料：目标管理卡、岗位说明书、绩效考评表、员工的绩效档案 （2）拟订面谈计划：包括面谈内容、地点、时间和人员等 （3）下发面谈通知书，将面谈时间、地点提前告知员工	（1）填写自我评估表：包括前一阶段的绩效回顾、个人工作表现描述、自我评价等 （2）准备好个人发展计划 （3）准备好个人要提出的问题 （4）将自己的工作安排好

7.5.3 绩效反馈与面谈的技巧

1. 恰当的场所及座次

与员工面谈时，主管领导应选择远离办公室的场所，如安静、氛围轻松的小会客厅，双方成一定夹角而坐，给员工一种平等、轻松的感觉。

2. 合适的开场白

主管领导可以先谈谈工作以外的事，如共同感兴趣的某一场球赛、上下班挤车的情形、孩子的学习等，拉近距离，消除紧张感，再进入主题。

3. 认真倾听员工解释

主管领导要避免喋喋不休、指责及命令，这样会失去信息交流的机会，要耐心听取员工讲述，不时地概括或重复对方的谈话内容，鼓励员工继续讲下去，这样往往能更全面地了解员工绩效的实际情况，帮助其分析原因。

4. 多设置一些开放性问题

为了更多地了解员工对绩效的看法，主管领导应多提一些开放性问题，激起员工的兴趣，消除员工的戒备心理，调动员工的主动性。主管领导在称赞时要用"你们"，批评时要用"我们"，这样更容易让人接受。

5. 给员工台阶下

面谈时，员工有时已清楚自己做得不好，在主管领导给出了具体的事例后，员工会很自然地感到没有面子，这时主管领导应委婉地圆一下场。

【微课堂】

公司年度绩效考核结束后，绩效考核的结果将成为员工晋升和加薪的重要依据。为了更好地评估员工的表现并给出及时的反馈，人力资源部门决定采用面谈的方式进行绩效反馈。请问，在绩效反馈与面谈之前，人力资源部门需要做哪些准备工作？

7.6 绩效考核结果的应用

7.6.1 绩效辅导、改进与提升

绩效辅导是管理者为帮助员工完成绩效计划，通过沟通交流等方式，给员工以指导、纠偏、鼓励等帮助行为。绩效改进与提升是指通过确认绩效评估结果，分析员工工作中存在不足和差距的原因，据此制定一系列改进绩效的方法和策略。

绩效辅导、改进与提升是一个综合性的过程，旨在帮助员工有效地改善现状和提高他们的绩效水平。绩效辅导、改进与提升的关键点如下。

1. 识别问题和挑战

管理者与员工一起识别存在的问题和挑战，明确造成低绩效的原因。这可能涉及技能不足、工作障碍、沟通问题等。管理者通过深入了解问题的本质，可以更好地制订改进计划。

2. 制订改进计划

管理者与员工合作制订具体的改进计划，明确行动步骤和时间表，确保计划的目标具体、可衡量，并与员工的职责和发展需求相匹配；同时，支持员工制定达成目标的措施和策略。

3. 提供培训和资源

根据改进计划的需要，提供必要的培训和资源，帮助员工提升技能和知识。管理者可以通过内部培训、外部课程、导师或教练的支持等方式提供帮助。

4. 提供反馈和指导

管理者持续向员工提供及时、具体和建设性的反馈，帮助他们了解改进的进展和效果，指导员工如何应对挑战，并提供实用的建议和解决方案。

5. 跟进和评估

管理者定期跟进员工的改进进展，评估他们在实施改进计划方面的成效，并根据评估结果调整和优化改进计划，确保员工能提升技能和知识。

6. 奖励与认可

在员工有所改进和提升时，管理者要及时给予适当的奖励和认可，以激发他们的积极性。奖励可以是加薪、晋升、奖金、表彰等形式。

通过绩效辅导、改进与提升，员工可以不断发展和成长，提高个人绩效水平。同时，企业也能够获得更高的团队和整体绩效，实现共赢的目标。

7.6.2　绩效奖金的筹划与发放

绩效奖金是一种基于员工绩效表现的奖励，可以激励员工更好地完成工作任务、提高绩效水平和实现企业目标。以下是绩效奖金的筹划与发放的几个关键点。

1. 确定奖金计划的目标

首先需要明确奖金计划的目标，如提高销售额、降低成本、改进服务质量等。奖金计划的目标应该与企业的战略目标一致，并通过可衡量、具体的指标进行量化。

2. 设定评估标准和方法

企业需要对绩效奖金建立评估标准和方法，以衡量员工在实现目标方面的表现。这些评估标准和方法应该公正、客观、可靠，并且能够将员工的职责和背景差异考虑在内。

3. 分配奖金比例和范围

企业根据员工的表现和绩效评估结果，确定每个员工的奖金比例和范围。奖金可以基于个人绩效、团队绩效或整个组织的绩效来分配，也可以根据不同职级或职能按不同比例分配。

4. 制订奖金计划

企业制订并发布奖金计划，给员工提供详细的绩效评估流程、奖金计算方法和发放时间表等信息。奖金计划中还需要包括员工的奖金权益、福利和税务处理等方面的内容。

5. 发放奖金并做好跟进

在绩效奖金计划执行完毕后，企业应该及时向符合条件的员工发放奖金。同时，企业还需要对奖金计划的执行效果进行跟进和评估，识别问题并及时进行调整和改进。

7.6.3　薪酬与人事的调整计划

绩效考核结果应用于薪酬调整及职务晋升或降级。关于绩效考核结果与员工薪酬调整、岗位调整的关系的具体说明如下。

1. 绩效考核结果与薪酬调整

根据绩效考核结果进行薪酬调整的形式主要有两种，即薪酬水平的调整和薪酬结构的调整，如表 7-5 所示。

表 7-5　　　　　　　　　　根据绩效考核结果进行薪酬调整的两种形式

薪酬调整的两种形式	具体形式	具体说明
薪酬水平的调整	全体员工薪酬水平的调整	企业在整体业绩水平发生变动时，会对所有部门、所有人员的工资进行调整。这种变动可能是等比例的、等额的，也可能是非等比例的、非等额的
	部门员工薪酬水平的调整	根据企业发展战略、企业业绩情况和团队绩效水平，企业可以调整某一个部门员工或某些部门员工的薪酬水平
	个人薪酬水平的调整	根据企业发展战略、业绩水平和员工绩效评估结果，企业对绩效考核优秀者给予工资等级晋升，对绩效考核不合格者降低工资等级；对为企业做出突出贡献者，给予工资等级晋升奖励
薪酬结构的调整	固定工资与绩效工资的比例调整	在企业刚刚引进绩效考核体系时，往往绩效工资所占的比例较小，随着绩效考核体系的完善和考核工作的专业化，绩效工资所占的比例会逐步增加

2．绩效考核结果与员工晋升

绩效考核结果显示，某位员工的能力绩效非常突出，在现有岗位上能力没有完全发挥出来，完全可以胜任更高一级的岗位工作，此时，企业可以对其进行晋升调整。

3．绩效考核结果与内部岗位平调

通过对绩效考核结果的分析，绩效考核团队发现有些员工由于个人爱好或其他原因不适应现有岗位，能力没有充分发挥，此时可以选择对其进行内部岗位平调。

员工内部岗位平调一般需同时满足两个条件，即岗位出现空缺，平调人员的能力与现任岗位不匹配而与拟调岗位较匹配。

4．绩效考核结果与内部降职

企业通过对绩效考核结果的分析，对一些等级较低，逐渐不能胜任现有职位或平级岗位，但可以胜任较低序列职位的员工，可以参照个人选择，有组织、有计划地对其进行降职降级调整，真正做到人适其事、事得其人。

7.6.4 培训需求与员工职业规划

1．绩效考核结果应用于培训

绩效考核结果为评价个人优缺点和提高工作绩效提供了参考。考核团队及人力资源部门可通过分析累计的绩效考核结果记录，发现被考核群体或个体与企业要求的差距，从而及时组织相关的培训教育活动。

2．绩效考核结果应用于员工职业规划

考核者将绩效考核结果反馈给被考核者，同时指出被考核者工作的优点和缺点，为被考核者改进工作提供依据和目标。被考核者不断提高工作能力，开发自身潜能，不断改进和优化工作，有助于其职业目标的实现和职业生涯的发展。

总之，绩效考核结果应用于被考核者个人的发展，可以实现员工发展与部门发展的有机结合，达到企业人力资源需求与员工职业生涯需求之间的平衡。

【微课堂】

> 某公司年度绩效考核结束后，将绩效考核结果与薪资调整、晋升等人力资源决策相结合，以便更好地应用绩效考核结果。员工小华在过去一年中表现出色，完成了一系列重要的项目，并取得了较好的成果。他的绩效考核结果显示他在各项指标上都达到或超过了预期水平。基于这些绩效考核结果，该公司决定给小华增加一定比例的薪资，并将他提拔为团队的负责人。同时，该公司也组织了一次内部分享会，邀请小华分享他成功的经验和工作方法，以便其他员工可以借鉴和学习。请问，该公司应如何应用绩效考核结果？

问题思考

1. 如何理解绩效管理？
2. 品质导向型、行为导向型和结果导向型 3 种绩效管理方法的内涵是什么？
3. 简述绩效考核指标的设计方法。
4. 对销售人员进行绩效考核时，应优先选择哪些考核方法？为什么？
5. 绩效反馈与面谈的目的是什么？

知识链接

阿里巴巴的绩效考核

阿里巴巴有这样一个团队——阿里铁军，他们坚持一种绩效考核制度——"271"制度。"271"制度中的"2"是指团队成员中表现最好的 20%，"7"是指占据团队大多数的 70%，"1"是指团队成员中排在最末尾的 10%。"271"既是纵向的、团队内部的"271"，又是横向的、同一级别的"271"。

技能列表

绩效管理所需技能表如表 7-6 所示。

表 7-6 绩效管理所需技能表

序　号	技能名称	具体描述
1	目标设定与计划技能	能够设定清晰、可量化的目标和计划，并将其与组织目标相对应，以确保绩效体系符合业务和组织需求
2	数据和分析技能	具有收集、分析和解释数据的能力，以便识别潜在的绩效问题和机会，为决策提供支持

续表

序 号	技能名称	具体描述
3	分析和解决问题的技能	（1）能够分析绩效数据和信息，识别潜在问题，并提出解决方案，以推动绩效改进和优化 （2）能够处理和解决可能出现的冲突和问题，帮助促进积极的工作氛围和合作关系
4	反馈和沟通表达技能	（1）能够向员工清晰、准确地传递绩效反馈，并与他们共同探讨改进方案 （2）能够与员工进行有效的沟通和交流 （3）能够倾听员工意见和理解其观点
5	设备、软件操作技能	能够熟练使用各种办公设备、软件

技能实训

设计一份高层经理年度绩效考核量表

假如你是某企业负责绩效考核的工作人员，请根据本章的有关内容，设计一份采购经理年度绩效考核量表。

【本章知识导图】

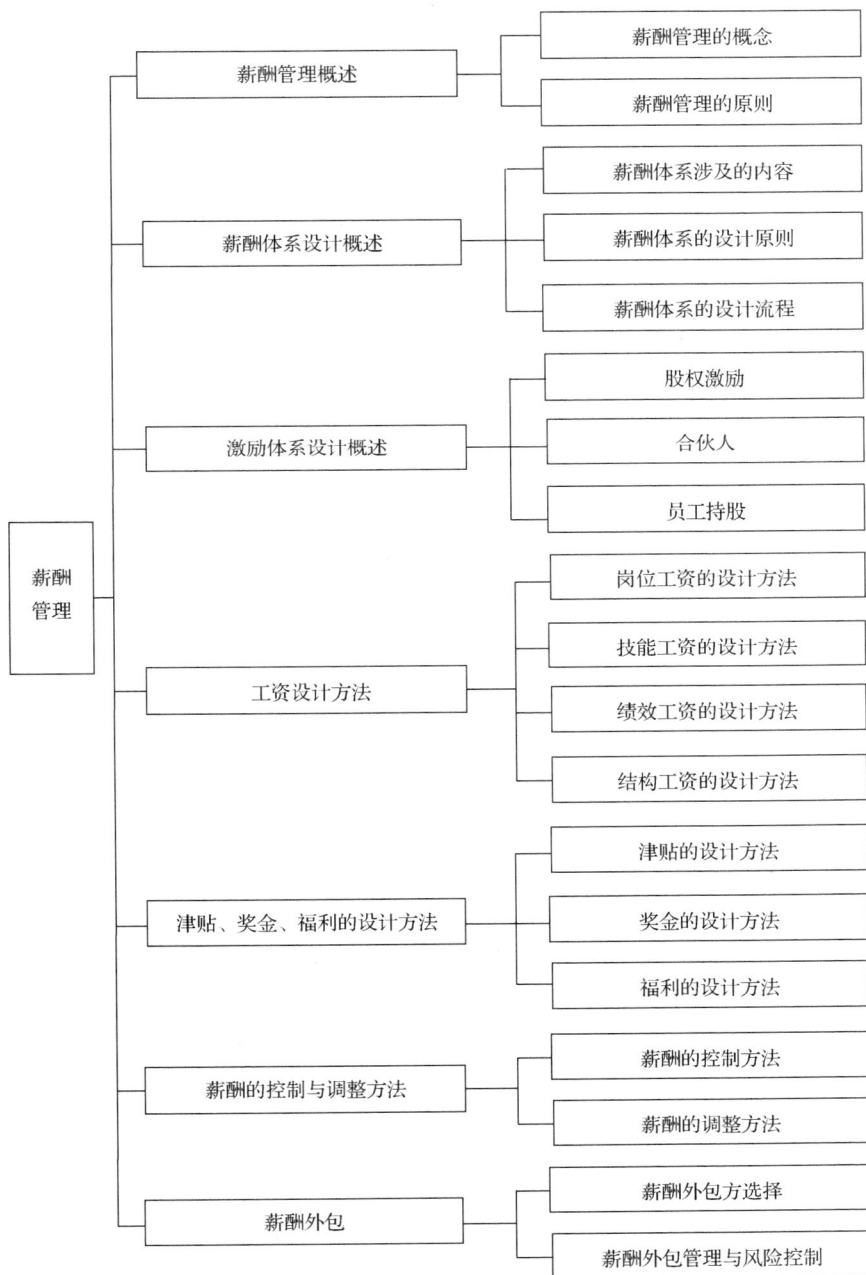

【学习目标】

职业知识	• 知晓薪酬体系涉及的内容、设计原则及设计流程 • 明确工资设计方法，津贴、奖金、福利设计方法，薪酬控制与调整的方法
职业能力	• 掌握各种薪酬体系设计的方法，能够根据企业的需要设计合理的薪酬体系
职业素质	• 具备良好的设计能力、创新能力与分析能力

8.1 薪酬管理概述

8.1.1 薪酬管理的概念

薪酬管理是指企业在组织发展战略的指导下，对员工薪酬支付原则、薪酬策略、薪酬体系、薪酬水平、薪酬结构、薪酬构成等进行确定、分配和系统调整的动态管理过程。

8.1.2 薪酬管理的原则

科学合理的薪酬管理一般应遵循以下 6 个原则。

（1）公平性原则。薪酬的公平性体现在 3 个方面，即外部公平性、内部公平性和自身公平性。外部公平性是指薪酬与劳动力市场上同行业、同岗位的薪酬水平具有可比性。内部公平性是指企业内部员工之间的薪酬水平，应能体现员工个人能力大小及为企业带来的价值大小等。内部公平性影响了企业内部员工之间的合作关系。员工自身的公平性主要是考虑员工的工资收入等应与个人给企业带来的价值大小呈正相关关系，让员工有满足感。

（2）竞争性原则。该原则主要针对外部薪酬市场水平。企业要支付符合劳动力市场水平的薪酬，确保企业的薪酬水平与类似行业、类似企业、类似岗位的薪酬水平相当；同时企业还要关注竞争对手采取的薪酬策略和薪酬水平情况。企业只有建立科学合理的薪酬管理体系才能吸引并留住优秀的人才。

（3）激励性原则。各岗位员工的薪酬应与员工的绩效直接相关，且具有一定的差距。不同等级员工的薪酬水平也应该适当拉开差距，以促进员工努力工作的积极性，体现薪酬的激励作用。

（4）平衡性原则。人力资源成本也是企业薪酬管理的重要工作内容之一，企业实施的薪酬管理不仅要体现薪酬水平的对外竞争性，还应该考虑企业的承受能力，合理控制人力资源成本。

（5）成本控制性原则。企业还应当充分考虑自身的财务实力和实际支付能力。科学合理的薪酬管理要求企业对人工成本进行必要的控制。

（6）合法性原则。企业薪酬管理的制度规定必须符合国家相关的政策和法律法规，如国家对最低工资标准的规定，以及工作时间要求、延长工作时间的劳动报酬支付标准、社会保险、住房公积金缴纳标准，经济补偿金和年底工资指导线要求等。

【微课堂】

> 有一个初创公司，初创团队成员都非常勤奋努力。在共同努力下，他们在两年之内让公司年营业额达到 3000 万元、员工人数达到 60 多人。然而，随着该公司的发展，一些不公平现象开始浮现，引发员工不满。有些初创团队成员觉得自己付出了更多的努力，但收入却没有相应提高，而另一些人则觉得他们应该得到更多的回报。为了解决这个问题，该公司总经理决定对现有的薪酬管理体系进行调整。请问，薪酬管理的原则是什么？

8.2 薪酬体系设计概述

8.2.1 薪酬体系涉及的内容

薪酬是指员工为企业提供劳务而得到的货币和实物等报酬的总和。薪酬主要由外在薪酬和内在薪酬两部分构成。外在薪酬一般是指物质回报，即员工通过为企业做出贡献而获得的直接或间接的货币收入；内在薪酬一般是指非物质回报，如员工通过努力工作获得晋升、受到表扬或重视等。

薪酬体系主要涉及以下 5 个部分的内容。

1. 基本工资

基本工资是劳动报酬的主体。它是根据员工的工作性质、工作类别、工作责任大小等因素确定的企业支付给员工的稳定性报酬，是按劳分配原则的重要体现。

2. 奖金

奖金是一种补充性的薪酬形式。它是企业针对员工的超额劳动或者增收节支而设置的一种报酬形式，旨在鼓励员工提高工作效率或工作绩效，即着眼于鼓励正常劳动之外的超额劳动。

3. 津贴

津贴是指企业为了补偿员工特殊或额外的劳动消耗和因其他特殊原因而支付给员工的基本工资以外的一种报酬。

4. 国家法定福利

国家法定福利是国家相关法律法规规定的必须由企业为员工提供的福利项目。

（1）社会保险。社会保险是国家福利的重要组成部分，是为了保障员工的合法权益，由政府统一管理并强制执行的社会性福利措施，具体包括养老保险、失业保险、工伤保险、医疗保险和生育保险 5 项基本内容。社会保险的计算由两个主要因素组成，即社会保险的缴费基数和社会保险的缴费比例。

① 养老保险。养老保险是社会保险最重要的组成部分之一。它是为解决劳动者达到法定退休年龄时，因丧失劳动能力而退出劳动岗位后基本生活的维持问题，根据国家相关法律规定建立的社会保险制度。

② 医疗保险。医疗保险包括基本医疗保险和大病医疗保险两个部分。医疗保险是指员工生病或受到意外伤害时，由国家和社会提供的医疗服务或经济补偿的一种社会保障。

③ 失业保险。失业保险是国家强制执行的，对因失业而暂时中断生活来源的员工提供物资帮助并促进其再就业的一种社会保障形式。

④ 工伤保险。工伤保险是指员工在生产经营过程中因遭受意外伤害或职业病而丧失劳动能力时，企业给予救助、治疗或生活保障的一种社会保障形式。该险种的缴费比例受企业所属行业的危险程度影响。工伤保险仅由企业负责缴纳，员工本人不需要缴纳。

⑤ 生育保险。生育保险是指员工因个人生育原因而暂时中断劳动时，由国家和社会及时给予生活保障和物资帮助的一项社会保障形式，目的在于通过提供生育津贴，帮助女员工在生育后恢复劳动能力，促进其尽快返回工作岗位。员工生育保险的缴纳不受性别影响。

社会保险由各企业人力资源部门统一负责办理，由企业代扣代缴，员工配合企业准备办理社会保险所需要提供的各种资料。凡与企业建立正式劳动合同关系的员工均需要缴纳社会保险，员工或企业均不能因为个人原因而不缴、漏缴或少缴社会保险。

（2）住房公积金。住房公积金作为国家福利的重要组成部分之一，是指企事业单位及其在职员工缴存的长期住房储蓄金。这里的企事业单位包括国家机关、国有企业、城镇集体企业、外商投资企业、城镇私营企业及其他城镇企业、事业单位、民办非企业单位、社会团体。

住房公积金制度是国家法律规定的重要的住房社会保障制度，具有强制性、互助性、保障性的特点。企业和员工个人必须依法履行缴存住房公积金的义务。

住房公积金缴付规定：每月从员工基本工资中按一定比率扣除个人缴存部分，然后由单位按同等金额补贴。

（3）带薪假。带薪假是指员工在企业工作满一定时期（通常满一年）后，可享受的带薪休假。带薪婚假、丧假、产假、探亲假等是指根据国家相关法律规定，企业应该给予员工的带薪假期，相关假期天数由企业参照国家及地方规定的标准制定，原则上不能低于国家规定的标准。

（4）法定节假日。根据2025年1月1日起施行的《全国年节及纪念日放假办法》第二条的规定：①元旦，放假1天（1月1日）；②春节，放假4天（农历除夕、正月初一、初二、初三）；③清明节，放假1天（农历清明当日）；④劳动节，放假2天（5月1日、2日）；⑤端午节，放假1天（农历端午当日）；⑥中秋节，放假1天（农历中秋当日）；⑦国庆节，放假3天（10月1日、2日、3日）。各企业在日常运营中应参照执行，原则上不能低于国家规定天数。

5．其他福利

其他福利是指除国家法定福利以外的福利，如企业为员工提供的带薪旅游、培训及免费的早餐和午餐等。

8.2.2 薪酬体系的设计原则

薪酬体系设计是指建立企业内部薪酬分配的规则和标准，以实现公平、公正、透明和激励员工的目的。以下是薪酬体系的设计原则。

1. 明确企业目标

薪酬体系应该与企业的战略和业务目标一致。企业通过制定符合目标和要求的薪酬策略，激励员工更好地完成工作任务。

2. 按照贡献分配薪酬

薪酬应该基于员工在企业中所做出的贡献产生。企业通过确定工作职责和业绩指标，可以评估员工的贡献值，并为其提供更多的激励。

3. 基于市场因素制定薪酬

企业进行薪酬管理需要考虑市场的供求关系和竞争力，以确保企业能够吸引和留住优秀人才。企业通过了解市场行情，适时地调整薪酬水平和构成，可以增强企业的竞争力。

4. 简化薪酬结构

薪酬结构应该简单明了，方便理解和执行。企业通过对等级和薪酬区间的设定，可以使员工对薪酬分配有基本的了解，并减少管理和操作成本。

5. 确保透明公开

薪酬管理需要确保透明和公开，让员工更好地理解其薪酬构成和分配方式。同时，企业也需要制定合适的沟通机制，与员工定期沟通并回应他们的疑虑和建议。

6. 审慎使用奖励和惩罚

企业设计薪酬体系需要谨慎使用奖励和惩罚机制。通过建立科学、客观的绩效评估体系，实现奖励和惩罚的合理化、透明化，避免引起员工不满。

通过遵循以上原则，可以建立一个更加公正、透明、激励和行之有效的薪酬体系，提高企业整体效能和员工工作满意度。

8.2.3　薪酬体系的设计流程

一套科学、合理的薪酬体系应该对内具有激励作用，对外具有竞争力。设计一套科学、合理的薪酬体系，一般要经过确定薪酬策略、进行岗位分析、实施岗位评价、开展薪酬调查、进行薪酬定位、确定薪酬结构、明确薪酬水平和实施薪酬体系 8 个步骤。

1. 确定薪酬策略

企业的发展战略决定了其薪酬策略。企业发展战略不同，其薪酬政策、薪酬水平、薪酬结构、薪酬制度也会有所不同。

2. 进行岗位分析

通过岗位分析，企业可以明确各岗位的工作性质、所承担责任的大小、劳动强度的大小、工作环境的好坏及岗位任职资格等。岗位分析为岗位评价及薪酬水平的制定提供了客观的依据。

3. 实施岗位评价

岗位评价是保证薪酬体系内部公平的重要手段之一。它不仅有助于比较企业内部各个岗位之间的相对价值，还为薪酬市场调查建立了统一的岗位评估标准，避免了企业间岗位名称相同而实际工作内容和工作职责不同或者工作内容和工作职责相同而岗位名称不同等情况给薪酬调查带来的不便之处，确保了不同企业的岗位之间、企业内部各岗位之间的薪酬水平具有可比性。

岗位评价是对岗位工作的难易程度、责任大小等进行评价，目的是发现和确认实现企业战略目标的关键岗位，明确哪些岗位需要更高的管理、业务和技能水平，以及现有人员是否符合岗位的任职要求等，从而为改善管理和合理确定薪酬提供依据。

4. 开展薪酬调查

（1）薪酬市场调查。

① 调查的目的。开展薪酬市场调查主要是为了解决企业薪酬外部均衡的问题。外部均衡是指企业员工的薪酬水平应与企业所在地、所在行业的薪酬水平基本保持一致，两者之间不能偏差太大。薪酬市场调查结果还可以为企业整体薪酬水平调整、薪酬晋升政策的调整及薪酬级差的调整等提供重要的参考依据。

② 调查的对象。薪酬市场调查的对象主要是同行业中的其他企业或其他行业中与本企业构成竞争关系的企业。企业在选取薪酬市场调查对象时要结合本企业的实际，选取比较有代表性的调查对象。

③ 调查的内容。薪酬市场调查的内容主要有本企业所属行业的整体工资水平、竞争对手的薪酬状况、企业所在地区的工资水平及生活水平等。

④ 选取的调查岗位。企业选取调查岗位时，至少应当满足以下3个条件：第一，该岗位必须有详细的工作描述和说明，包括岗位名称、该岗位的主要工作内容及对企业的贡献、任职资格等；第二，大部分企业都设有该岗位；第三，该岗位必须有相对稳定性。

⑤ 调查的方式。薪酬市场调查的方式通常有查看政府部门发布的薪酬调查资料、委托专业的调查公司、通过本企业流动人员了解及进行问卷调查等。其中，问卷调查法是使用较普遍的方法，它主要通过设计问卷并发给某些特定人员填写来收集相关信息。

⑥ 调查结果分析。薪酬市场调查的结果要真实、准确。一般而言，以下3个数据是值得企业研究和注意的：25P、50P、75P。这3个数据的含义是：若调查了100家企业，将这100家企业的薪酬水平由低到高进行排列，它们分别代表着第25名（低位值）、第50名（中位值）、第75名（高位值）的薪酬水平。

薪酬水平处于领先地位的企业，应关注第75名的薪酬水平，薪酬水平低的企业则应关注第25名的薪酬水平，薪酬水平一般的企业则应关注第50名的薪酬水平。

（2）薪酬满意度调查。薪酬满意度调查的对象一般是企业内部员工，调查的内容主要包括员工对目前自身的薪酬福利待遇、薪酬级差、薪酬福利的调整和薪酬发放方式等的满意度。

5. 进行薪酬定位

薪酬定位是薪酬体系设计的关键环节。它明确了企业的薪酬水平在市场中的相对位置，直接决定了企业薪酬水平竞争力的强弱。它是衡量企业薪酬体系有效性的重要指标之一。企业常用的薪酬定位模式主要有4种：基于职位的薪酬定位、基于技术的薪酬定位、基于能力的薪酬定位、基于绩效的薪酬定位。

6. 确定薪酬结构

薪酬结构是指员工薪酬的构成项目及其所占的比例。

薪酬的不同组成部分起着不同的激励作用。其中，基本薪酬和福利主要承担着适应劳动力市场外部竞争力的功能；浮动薪酬主要根据员工的工作业绩确定，这部分薪酬有很大的弹性（不稳定性），对员工的激励作用明显。典型的薪酬结构包括高弹性薪酬结构、高稳定性薪酬结构和调和性薪酬结构3种类型。

7. 明确薪酬水平

薪酬水平是指从某个角度按某种标准考察某一领域内员工薪酬的高低程度。它决定了企业薪酬的外部竞争力，对员工队伍的稳定性有着重要的影响。

在确定某一具体岗位的薪酬水平时，企业可以利用工作分析和岗位评价等事先确定不同职级的薪酬水平、薪酬幅度、薪酬级差，在此基础上确定各个具体岗位的薪酬水平。

8．实施薪酬体系

薪酬体系设计完成后，在正式实施之前，企业需要事先和员工进行沟通，必要时辅以培训，并考虑该薪酬体系是否符合企业的经济实力、价值取向等。同时，企业应定期调查员工薪酬需求及满意度，了解员工的想法与建议。在发展过程中，企业还要考虑外部环境的变化，以便及时地对薪酬体系进行相应的调整。

【微课堂】

> J公司里面有两个员工，小张工作时间不长但表现非常突出，创造了很多的业绩，而小李在公司工作已经多年，工作稳定但是业绩并不是特别出色。然而，由于小李的职位较高，她的薪资比小张高出很多。小张开始感到不满，并认为自己的努力和业绩没有得到充分的认可和回报。请问，J公司薪酬体系背离了什么原则？

8.3 激励体系设计概述

8.3.1 股权激励

股权激励，又称产权激励，是指在对企业经营者、技术骨干、管理骨干等核心人才实行契约化管理和落实资产责任的基础上，提供股票或股票期权等权益的一种方式。股权激励具有的特点如下。

（1）强化员工归属感。通过股权激励，员工可以分享企业的发展成果，并获得企业未来收益权。这样可以增强员工对企业的归属感和认同感，提高员工的忠诚度和稳定性。

（2）激发员工创造力。股权激励可以有效地激发员工的创造力和积极性，使他们更加热爱自己的工作，投入更多的时间和精力，创造更好的业绩。

（3）提高企业竞争力。股权激励可以吸引和留住具有高技能、高素质、高潜力的人才，增强企业的竞争力和创新能力。这样可以使企业更具有弹性和适应性，更好地应对市场变化和挑战。

（4）降低成本。相比于其他激励手段，股权激励可以减少企业现金流的负担，因为企业不必支付现金奖金或提供额外的福利待遇。同时，股权激励对企业的税务优惠也有一定的作用。

（5）与企业增长相匹配。股权激励是与企业增长相匹配的一种方式，当企业的股票价格上涨时，员工可以获得更高的收益。这样可以使员工更加关注企业的长期成长和价值创造。

需要注意的是，股权激励也存在一些风险和挑战，如股票价格波动、员工流失和管理成本提高等，企业需要量身定制激励计划，平衡各方面的利益。此外，股权激励计划需要具备透明、公正、合法的特点，符合相关法律法规和政策要求。

8.3.2　合伙人

合伙人是指在联合经营或合作中，各自出资、共同承担风险、共同分担利润的组织或个人。合伙人的特点如下。

（1）共担风险。合伙人在企业发展过程中共同承担风险，这样可以减轻单个人承担风险的压力。同时，风险也是机遇，有时候面对风险，合伙人们可以互相鼓励，为企业做出更好的决策。

（2）共同出资。合伙人需要共同出资，这样可以使企业获得更多资金支持，从而拓展业务和实现增长。

（3）分配利润。合伙人按照事先约定的比例共享企业利润，这样可以激励每个合伙人为企业付出更多的努力，提升企业的整体业绩。

（4）灵活决策。与其他企业形式相比，合伙人制度更加灵活，合伙人可以通过协商取得共识，快速做出决策。

合伙人制度也有一些缺点，如合伙人对企业方向和决策可能存在分歧，因此需要充分协商和沟通；合伙人制度对个人的责任和义务有较高要求，需要合伙人承担更多的经营风险和法律责任。

8.3.3　员工持股

员工持股计划，又称员工持股制度，是一种新型股权形式，是员工所有权的一种实现形式，是企业所有者与员工分享企业所有权和未来收益权的一种制度。员工持股计划是股权激励中比较常见的形式，近年来我国有越来越多的企业开始实行这种制度。员工通过购买企业部分股票（或股权）而拥有企业的部分所有权，并获得相应的管理权。实施员工持股计划的目的，是使员工成为企业的股东。

员工持股计划是企业内部员工出资认购本企业部分股权，并委托企业进行集中管理的产权组织形式。企业实施员工持股计划，不仅使员工获得资本增值所带来的利益，还增强了员工的主人翁意识，为企业留住优秀人才。

【微课堂】

有一家初创科技公司，其创始人是一位年轻有为的工程师，他致力于研发革命性的智能设备。随着该公司的发展壮大，创始人意识到他需要吸引更多优秀的人才加入团队，并且激励现有团队成员更加努力地为该公司的发展贡献力量。于是，他决定设计一套激励体系。请问，他可以采用怎样的激励体系方案？

工资设计方法

8.4.1 岗位工资的设计方法

1. 岗位工资概述

岗位工资是企业薪酬体系的重要组成部分，是按不同的工作岗位确定工资的一种形式。岗位工资是根据岗位工作的难易程度、责任大小、风险大小、技术含量和劳动强度决定的，较少考虑员工的年龄、资历、技能等个人因素。

岗位工资制的特点是对岗不对人，主要有岗位等级工资制和岗位薪点工资制两种。

（1）岗位等级工资制。岗位等级工资制是按照员工所任职岗位的等级来规定其工资等级和工资标准的一种工资制度。岗位等级工资制包括"一岗一薪"制和"一岗数薪"制两种形式。

①"一岗一薪"制。"一岗一薪"制是指每个岗位只有一个工资标准，在同一岗位上工作的员工都执行统一的工资标准。这种制度只体现了不同岗位之间的工资差别，不能体现相同岗位内部的劳动差别和工资差别。

②"一岗数薪"制。"一岗数薪"制是指为同一岗位设置几个工资等级，以反映同一岗位不同等级的差别。这种制度在岗位内部设等级，以反映同一岗位不同员工之间的劳动差别。岗内级别是根据该岗位工作的技术水平高低、责任大小、劳动强度、劳动条件等因素来确定的。"一岗数薪"制不仅体现了不同岗位之间的劳动差别，而且体现了同一岗位内部不同员工的劳动差异，并使之在劳动报酬上得到反映。

（2）岗位薪点工资制。岗位薪点工资制是在分析劳动"四要素"（劳动技能、劳动责任、劳动强度和劳动条件）的基础上，用岗位薪点和点值来确定员工实际劳动报酬的一种工资制度。员工的薪点可通过一系列量化的考核指标来确定；点值与公司（或者分厂、部门）的效益挂钩，这使得工资分配与企业经济效益密切联系起来。岗位薪点工资的计算公式如下。

$$岗位薪点工资=岗位薪点×点值$$

2. 岗位工资的设计步骤

（1）确定岗位工资总额。根据员工工资结构中岗位工资所占有比例和预算的工资总额，确定岗位工资总额。

（2）明确岗位工资分配原则。根据企业战略等确定岗位工资的分配原则，如以岗定薪、按劳分配等。

（3）进行岗位分析和评价。根据岗位的劳动强度、责任、风险、环境等因素对每一个岗位进行分析和评价，并进行重要性排序。

（4）确定工资等级数量并划分等级。根据岗位评价的结果，确定企业工资等级的数量并将所有岗位划分成不同的等级。

（5）确定工资等级的标准额度。根据企业工资策略和岗位评价结果，确定各工资等级的标准额度，通常可以采用中位值、平均值或某一特定额度作为标准额度。

（6）确定工资等级差距。确定不同工资等级之间的工资差距，主要是指工资额度的差别。

（7）确定工资幅度。确定各个工资等级内的工资幅度，即每个工资等级内的多个工资标准间的最高标准与最低标准的差额。

（8）确定工资等级之间的重叠幅度。确定相邻等级之间的工资等级和工资额度的重叠部分额度的大小，以平衡不同岗位等级之间的薪酬差异，提高薪酬体系的激励效果。

（9）确定计算方法。确定工资等级和额度的具体计算方法。

8.4.2　技能工资的设计方法

1．技能工资概述

技能工资制是一种以员工的技术和能力为基础的工资制度。它根据员工的个人技术能力为员工发放工资。该工资制度主要适用于技术人员等人群，通过对任职者的技术和能力进行评价和鉴定，来确定其薪酬水平及等级、级差，确定级差的标准。

技能工资主要分为以下两种。

（1）技术工资。技术工资是以应用知识和操作技能水平为基础的工资，主要应用于"蓝领"员工。它的基本思想是根据员工拥有的技能资格证书或培训结业证明来为员工支付工资，而不管这种技术是否会在实际工作中应用。

（2）能力工资。能力工资主要适用于企业的专业技术人员和管理人员，属于"白领"工资。这种工资的判定标准比较抽象，而且与具体的岗位联系不大，如员工的一般认知能力、特殊能力或创新能力等，甚至员工的人品、个性都可以作为判断其能力高低的标准。

2．技能工资的设计步骤

（1）成立技能工资设计小组。为确保技能工资设计方案与总体的薪酬管理、长期经营战略保持一致，企业需成立技能工资设计小组。技能工资设计小组主要由专家、人力资源部门、高层管理人员组成。

（2）进行技能分析。技能分析是将每一项工作任务陈述都分别写在卡片上，根据同种规则将具有某些共通性的工作任务陈述归为一类；每一位专家分别对完成的各项归类进行比较和讨论，说明将具体工作任务划归或不划归某一类别的理由，最后根据每一工作任务类别对其进行命名。

（3）确定技能等级。通过专家打分对技能模块进行评估，排列归整出技能的类别和等级。

（4）技能培训与认证。技能培训主要包括内部培训与外部培训。内部培训包括在职培训、课堂培训、师徒制度、工作轮换等；外部培训包括大学、专业机构提供的培训等形式。技能认证计划的主要因素是认证者、认证所包含的技能水平，以及员工通过何种方法表现自己具备某种技能水平等。

（5）制定技能工资设计方案。人力资源部门根据上述4点负责制定技能工资设计方案，该方案主要包括方案的目的、实施主体、实施时间、具体实施步骤等内容。

8.4.3　绩效工资的设计方法

1．绩效工资概述

绩效工资是指依据员工个人绩效而增加发放的激励性工资。绩效工资能够把员工的努力集中于企业认为重要的目标上，有利于企业灵活调整员工的工作行为，以达成企业的重要目标。但是，在设计绩效工资时所使用的产出标准可能无法保证足够的准确性和公正性，绩效工资可能导致员工之间的竞争，从而不利于企业的总体利益。

绩效工资制是一种根据员工工作绩效发放工资的工资制度，建立在企业对员工进行有效绩效评估的基础上。这种制度关注的重点是工作的"产出"，如销售量、产量、质量等，是一种通过员工的实际劳动成果确定员工薪酬的工资制度。

绩效工资制的优点是员工工资与其可量化的业绩挂钩，能够打破"大锅饭"体制，更具公平性；工资与员工努力程度成正比，有利于吸引和留住成就导向型的员工；可以突出一种关注绩效的企业文化，促使员工将个人精力投入到实现企业目标的活动中去。

绩效工资制有以下 4 种形式。

（1）计时工资制。计时工资制是按照单位时间工资标准和实际工作时间支付员工劳动报酬的一种工资制度。它是最基本的工资制度，根据时间单位，可以分为小时工资制、日工资制、周工资制、月工资制、年薪制等具体形式。

计时工资制的优缺点如表 8-1 所示。

表 8-1　　　　　计时工资制的优缺点

优　点	缺　点
① 能够从物质利益的角度鼓励和促进员工提高自己的业务水平，能够鼓励和促使员工提高出勤率 ② 由于时间是劳动的天然尺度，各种劳动都可以直接用时间来计量，并且计算简便，所以计时工资制简单易行，适应性强，适用范围广	① 计时工资制侧重于以劳动的外延量计算工资，劳动的内涵量（即劳动强度）则不能被准确地反映 ② 计时工资制难以准确反映员工实际提供的劳动数量与质量，工资与劳动量之间往往存在着不相当的矛盾 ③ 对同等级的员工来说，付出的劳动量有多有少，劳动质量也有高低之别，而计时工资制不能反映这种差别，所以实行计时工资制不利于激励员工的积极性，而且计算单位产品的直接人工成本也不如计件工资制容易

（2）计件工资制。计件工资制是按照员工生产的合格品的数量（或工作量）和预先规定的计件单价来计算员工劳动报酬的一种工资制度。计件工资制由工作物等级、劳动定额和计件单件 3 个要素组成。计件工资制的优缺点如表 8-2 所示。

表 8-2　　　　　计件工资制的优缺点

优　点	缺　点
① 劳动成果可准确地反映员工实际付出的劳动量，按体现劳动量的劳动成果计酬，不但劳动激励性强，而且使人们感到公平 ② 同计时工资制相比，它不仅能够反映不同等级员工之间的劳动差别，而且能够反映同等级员工之间的劳动差别，即同等级的员工，由于所生产的合格产品的数量、质量不同，所得到的工资收入也不同 ③ 由于产量与工资直接相关，所以计件工资制能够促使员工经常改进工作方法，提高劳动生产率	① 实行计件工资制，容易出现片面追求产品数量，而忽视产品质量、消耗定额，忽视安全和不注意爱护机器设备的倾向 ② 因管理或技术改进而使生产效率提高时，提高定额会遇到困难。如果不提高定额，则会增加产品成本；如果提高定额，则会引起不满 ③ 追求收入会使员工工作过度紧张，有碍健康；在企业以利润最大化为目标时，容易导致对计件工资制的滥用 ④ 计件工资制不能反映物价的变化（在物价上涨时期，如没有其他措施对物价进行补偿，尽管劳动生产率没有提高，也必须调整计件单价）

（3）佣金制。佣金制按销售额的一定比例来确定销售人员的报酬，是根据业绩确定报酬的一种典型工资制度。佣金制的优缺点如表 8-3 所示。

表 8-3   佣金制的优缺点

优　点	缺　点
① 实行佣金制时，报酬明确地同绩效挂钩。销售人员为得到更多的工资报酬，会努力增加销售额，促进企业市场份额的增加 ② 计算简单，易于为销售人员理解，所以管理和监督成本比较低	① 易导致销售人员只注重增加销售额，而忽视培养长期顾客，不愿推销难以出售的商品 ② 将企业风险转嫁到销售人员的身上，有可能造成销售人员的收入忽高忽低

（4）利润分享制。利润分享制是指员工除得到应得的工资以外，还可以按照事先设定的比例来分享企业创造的利润。实行利润分享制时，每个员工的奖金与其个人的绩效、所在部门、企业的整体绩效是紧密相关的。利润分享制的优缺点如表 8-4 所示。

表 8-4   利润分享制的优缺点

优　点	缺　点
① 企业通过让员工分享企业利润，使员工提高工作积极性，改善工作方法，进而更愿意提高生产力 ② 使薪酬具有一定的灵活性，有助于控制劳动成本	一些员工很难看到自身的努力与企业绩效之间的直接联系，他们对最终利润的实现也没有控制力，因此有些人不会因为这一制度的实施而努力工作

2. 绩效工资的设计步骤

（1）确定实施绩效工资的对象。在设计绩效工资时，企业应考虑以下两点。

① 实施绩效工资的对象层级和范围，即考虑绩效工资的设计是针对个人的、部门的还是整个企业的。绩效工资实施对象的层级不同，使用的设计方案也会不同。

② 实施绩效工资对象的针对性，即实施绩效工资的人员是高层领导、科研人员还是销售人员，对象不同，其绩效工资方案也不同。

（2）明确绩效工资在薪酬中所占的比例。绩效工资在薪酬中所占的比例通常与员工工作性质相关，所以企业应首先进行工作分析，然后对岗位进行评价，最后根据岗位分析和评价设计绩效工资比例。

（3）分析并明确绩效工资采用的体制。根据绩效工资实施的对象和财务数据等，确定绩效工资采用的体制。绩效工资常见的体制有佣金制、利润分享制、目标绩效制、特殊项目绩效奖励等。

（4）明确绩效工资决定机制。绩效工资决定机制通常包括以个人为主体的绩效工资决定机制、以团队为主体的绩效工资决定机制、以个人与团队联动的绩效工资决定机制。企业应根据工作性质、企业环境等选择合适的绩效工资机制。

以个人为主体的绩效工资决定机制是指企业针对员工个人的工作绩效提供绩效奖励，这需要企业根据岗位情况建立与员工绩效相匹配的绩效考核体系；以团队为主体的绩效工资决定机制是指企业针对团队或部门的工作绩效提供绩效奖励。

（5）确定绩效工资基数。企业可以将岗位工资的一定百分比规定为绩效工资，也可以根据岗位工资与市场价位的差距确定绩效工资系数，后者的公式如下。

$$绩效工资基数 = 绩效工资系数 \times 岗位工资$$

其中：
$$绩效工资系数 = 目标市场价位 \div 岗位工资 - 1$$

（6）绩效工资设计的规范化和实施。在明确前 5 个步骤的工作的同时，企业人力资源工作者应建立完善的绩效管理体系，并制定绩效工资设计方案，使其规范化。经过绩效考核后，企业人力资源工作者应根据考评结果核算绩效工资并发放绩效工资。

（7）绩效工资方案的调整。根据企业环境的变化和绩效工资实施过程中出现的相关问题，就绩效工资的发放时间、绩效工资采用的体系、绩效工资在薪酬中的比例等内容调整绩效工资方案。

3. 设计绩效工资时的注意事项

在设计绩效工资时，企业人力资源工作者应注意以下 5 个要点。

（1）绩效工资是薪酬的一个重要组成部分，但不能取代其他的薪酬结构。

（2）个人激励计划、企业激励计划必须与企业的战略目标、企业文化和价值观保持一致，并且与其他的经营活动相协调。

（3）企业要建立一套行之有效的绩效管理体系，绩效指标的设计要坚持 SMART 原则，绩效考核过程应公平、公正、公开。

（4）必须使绩效与激励之间建立紧密的联系，制订合理的薪酬激励计划。

（5）绩效工资要保持一定的动态性，要根据不同的对象、不同的时间进行合理的动态调整。

8.4.4 结构工资的设计方法

1. 结构工资概述

结构工资制又称组合工资制，是依据工资的各种职能将工资分解为几个组成部分，分别确定工资额，最后将其相加作为员工工资报酬的一种工资制度。结构工资制适用于各类型的企业。

结构工资由以下 6 个部分组成。

（1）基本（基础）工资，即企业为了保障员工的基本生活而支付的工资。

（2）职务（岗位）工资，即根据岗位职责、岗位劳动强度、劳动环境等因素确定的报酬。它是结构工资的主要组成部分。

（3）技能工资，即根据员工本身的技能等级或职务高低确定的报酬。

（4）年功工资（工龄工资），即根据员工参加工作的年限，按照一定标准支付给员工的工资。它可用来体现企业员工逐年积累的劳动贡献。

（5）奖励工资（效益工资），即企业根据自身的经济效益和员工实际完成工作的数量与质量支付给员工的工资。

（6）津贴，指企业为了补偿员工特殊或额外的劳动消耗和因其他特殊原因而支付给员工的基本工资以外的报酬。

2. 结构工资设计的步骤

（1）确定工资结构。首先，建立、健全并分析人力资源信息库。人力资源信息库包括员工姓名、人数、工资、工作年限、学历职称、技术等级、职务等信息；其次，对这些信息进行综合分析，删除不合理因素，找出工资关系上的突出问题；最后，结合本企业的生产特点及各岗位的工作特点确定工资结构的基本形式。

（2）设计结构工资的基本模式。在确定工资结构的基础上，进一步确定各组成部分所占的比例。

（3）确定各工资组成的内部结构。对于各工资组成的内部结构，应按相应的技术、业务标准、职责条例、劳动定额等进行界定、设置。

（4）确定各工资组成的最低工资额和最高工资额。各工资组成的最低工资加上奖金和一部分津贴的总和不能低于本地区执行的最低工资标准。

（5）测算、检验并调整结构工资设计方案。根据初步确定的结构工资各组成部分工资标准，进行测算、检验并调整。测算内容包括以下3个部分。

① 结构工资总额是否与预算相符。

② 将员工个人工资水平在时间上进行纵向比较，即明确岗位计划调薪的结果是否基本合适。

③ 根据员工各方面情况，预测员工个人工资增长情况及结构工资总额增长的趋势。

如果存在工资总额超过或剩余过多，或者多数人工资水平下降，以及今后结构工资增长速度过快或过慢等问题，企业都需要适当调整结构工资设计方案。

（6）实施、套改。在原有工资的基础上进行结构工资设计的改革，一般是按照员工原标准工资的一定百分比就近套入岗位工资，或套入技能工资。

【微课堂】

> 有一家制造业公司，因采取的是根据职位来确定薪酬水平，导致员工的薪酬不能很好地反映他们的实际工作贡献和成就，引起了员工的不满，导致大量人才流失和招聘难度增加。请问，该公司应如何调整不同岗位人员的工资体系？

8.5 津贴、奖金、福利的设计方法

8.5.1 津贴的设计方法

1. 津贴的类型

津贴的种类繁多，按不同的分类标准，可以分为不同的类型，津贴的类型如表 8-5 所示。

表 8-5　　　　　　　　　　　　　　　　　津贴的类型

划分标准	津贴分类	说　明
管理层次	国家或地区统一规定的津贴	如夜班津贴、特种作业津贴、高温津贴等
	企业自行规定的津贴	如住房补助津贴、交通补助津贴等
性质和目的	补偿性津贴	为了补偿员工在某些特殊的自然条件下工作或额外劳动消耗而设置的津贴，如高空津贴、野外工作津贴、林区津贴、矿山井下津贴、高温津贴、特殊岗位津贴、夜班津贴等
	保健性津贴	为保障员工身体健康，针对从事有害作业的员工设立的津贴，如卫生防疫津贴、医疗卫生津贴、科技保健津贴及其他行业员工的特殊保健津贴等
	技术性津贴	如特级培训师补贴、科研津贴、工人技师津贴等
	年功性津贴	如工龄津贴、教龄津贴等
	其他津贴	如伙食津贴、书报津贴等

2. 津贴的设计步骤

津贴是员工工资的重要组成部分,能否科学、合理地设计各种津贴关系到企业的薪酬结构是否合理。一套完整的津贴制度应确定津贴适用范围、设置津贴项目、确定津贴标准、确定支付形式及津贴制度管理等内容。津贴设计步骤如下。

(1)确定津贴适用范围。企业在确定哪些工种、岗位可纳入津贴范围之前,要对其相近岗位或工种的有关因素进行分析,再决定设置哪些津贴项目。否则,就会出现该享受的享受不了、不该享受的却享受了的情况,以致产生新的矛盾。

(2)设置津贴项目。在进行津贴设计时,企业首先要根据自身的具体情况和国家相关的法律法规,对要求设置津贴的岗位或工种进行调查研究,经全面权衡后再决定是否设置该项津贴。另外,企业在具体的津贴项目设计工作中还应注意避免任意设置和重复设置津贴项目。

(3)确定津贴标准。津贴标准是指某项津贴在单位时间内应支付的金额。它的确定方法有两种:一种是按照员工基本工资的一定比率计算,这种方法适用于保障员工生活水平的保障性津贴;另一种是按照绝对数额确定,这种方法适用于保障性津贴以外的其他津贴。

(4)确定支付形式。津贴有实物和货币两种具体的支付形式,企业应根据自身的特点来确定采用哪种支付形式。在一般情况下,与额外劳动补偿有关的津贴采用货币支付的形式,构成辅助工资的一个组成部分;与身体健康补偿有关的津贴有的会采取实物支付的形式。

(5)津贴制度管理。津贴制度是整个工资制度的重要组成部分。加强对津贴制度的管理,对做好企业内部分配、调动员工积极性、提高企业经济效益都有重要意义。企业在津贴制度管理过程中,应注意做好津贴制度的动态管理工作。当劳动条件和工作环境发生变化时,企业的津贴制度也应及时做出调整。

8.5.2　奖金的设计方法

奖金是员工工资的重要补充,是激励员工的重要手段,是企业对员工的超额劳动部分或劳动绩效突出部分所支付的劳动报酬。奖金与其他薪酬形式相比,具有灵活性、单一性、及时性等特点。企业常见的奖金类型如图 8-1 所示。

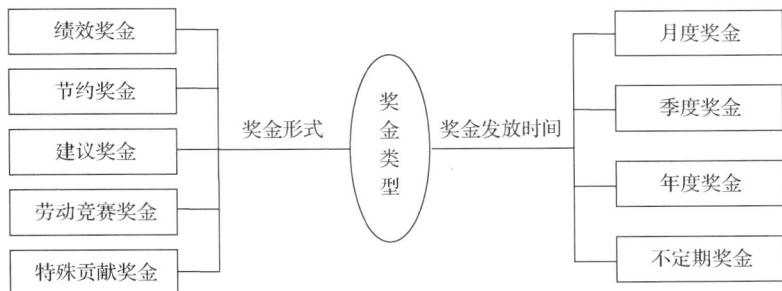

图 8-1　企业常见的奖金类型

1. 奖金的设计步骤

奖金的设计是企业薪酬管理的一项重要工作。奖金是支付给员工的超额劳动报酬和增收节支的劳动报酬。奖金的设计主要包括以下 5 个步骤。

（1）确定奖金经费来源。企业奖金经费的来源一般有5个渠道：第一，企业按照一定的比例和标准从指定的经费项目中提取；第二，从节约的资金中提取；第三，从企业基金中提取；第四，根据国家规定的比例，从企业实现的利润中提取；第五，由国家或上级主管机关直接下发，即由授权机关拨给的经费。

（2）选择奖励的主要项目。根据本企业经营管理的需要确定奖励的项目，包括刺激员工超额贡献的奖励项目及约束员工节约成本、减少消耗的奖励项目等。

（3）制定奖金发放的标准。企业应根据各个奖励项目和奖励指标确定奖金发放的对象、标准和条件。

（4）制定奖金分配办法。奖金分配办法主要有计分法和系数法两种。计分法是指对有定额的员工按照超额完成情况评分，对无定额的员工按照完成任务的程度进行综合评分。系数法是在岗位评价的基础上，根据岗位贡献大小确定岗位奖金系数，最后根据个人完成任务的情况按系数进行分配。

（5）确定奖金发放周期。奖金发放周期应根据奖励项目的性质和工作需要来确定。与企业整体经济效益和社会效益有关的奖励，可采取年度奖金的形式发放；对持续的、有规律的工作的奖励，可采用月度奖金、季度奖金等形式发放。

2．奖金总额的计算方法

（1）按照企业超额利润的百分比计算新增奖金总额，其计算公式如下。

$$奖金总额＝（本期实际利润-上期实际利润）×超额利润奖金系数$$

（2）按企业实际经营成果和实际支付的人工成本计算奖金总额。

在这种方式下，将节约的人工成本以奖金的方式支付给员工，其计算公式如下。

$$奖金总额＝生产（销售）总量×标准人工成本费用-实际支付工资总额$$

（3）按企业年度产量（销售量）的超额程度提取奖金。

奖金根据企业年度产量（销售量）的超额程度等比例提取，或按累计比例提取，计算公式如下。

$$奖金总额＝（年度实现产值/销售额-年度目标产值/销售额）×计奖比例$$

（4）按成本节约量的一定比例提取奖金总额。

这种方法是奖励员工在企业生产和经营中对成本节约做出的贡献，计算公式如下。

$$奖金总额＝成本节约额×计奖比例$$

（5）以附加值（净产值）为基准计算奖金总额。

这是美国会计师拉卡提倡的计奖方法，也称为拉卡计划。拉卡通过对1899—1957年美国制造业的统计数字进行分析后发现在这59年中，工资总量几乎始终保持为附加值的39.395%，相关系数为0.997。如果已发工资总额低于按这一比例提取的工资总额，则少发的部分应以奖金形式发给员工。计算公式如下。

$$奖金总额＝附加值×标准劳动生产率-实际支付工资总额$$

3．年终奖金的计算方法

年终奖金是企业在年终或第二年年初根据一定的考核方式和考核结果发给员工的奖励。

常用的年终奖金的计算公式如下。

$$年终奖金总额＝（实际利润-计划利润）×计提比例$$

8.5.3　福利的设计方法

福利是企业为员工提供的各种与工作、生活相关的补偿和服务形式，是员工薪酬体系不可缺少的部分。

1．福利体系的内容

福利体系的内容一般包括以下 4 个部分。

（1）国家法定福利。国家法定福利包括社会保险（养老保险、医疗保险、失业保险、生育保险、工伤保险）、法定假期（法定节假日、公休假日、带薪假等）。

（2）企业补充福利。企业补充福利包括企业年金计划、健康保险计划、员工服务计划、补充医疗保险、人寿保险、意外及伤残保险。

（3）企业专项福利。企业专项福利包括股权、期权计划、无息贷款、子女教育费用。

（4）其他福利。其他福利包括住房、交通、教育培训、带薪休假及其他福利计划、娱乐设施。

2．福利的设计步骤

员工福利的设计步骤及其具体内容如下。

（1）开展员工福利调查。该步骤的内容包括了解企业福利计划设计的必要性及福利计划涉及人员的规模，采用问卷调查法或者员工访谈法，确定大部分员工的福利期望，并确定员工福利的主要项目。

（2）确定员工福利的目标。员工福利的目标应当与企业的薪酬策略保持一致。员工福利设计的目的一般是对员工产生激励作用，促进企业战略发展目标的实现。

（3）选择员工福利方案。员工福利方案选择的前提是进行成本预算，以员工工作业绩和工作能力为基础，确保员工需求得到满足。员工福利方案如下。

① 固定项目福利方案。企业设计一系列固定不变的福利项目。

② 自助项目福利方案。员工根据自己的喜好，自由挑选福利项目。

③ 固定加自助项目福利方案。福利项目中，一部分是企业所有员工都可以享受的福利项目，另一部分是企业部分员工可以享受的福利项目，享受这部分福利项目的员工可根据自己的喜好自由挑选。

（4）制订员工福利计划。员工福利计划应当建立在员工福利需求和薪酬策略的基础之上。员工福利计划的内容不仅包括各项福利内容、发放时间、发放原则及其负责人，还应当包括福利成本。

（5）计算员工福利成本。员工福利成本应该计入企业人工成本。此外，企业应合理选择员工福利发放的形式，以节约税务产生的费用。员工福利成本的承担方式主要有 3 种：一是完全由企业承担，二是由企业和员工分担，三是完全由员工承担。

（6）实施员工福利方案。员工福利方案的实施要做到以下 3 点。

① 传递企业福利理念。及时、准确地让员工了解企业的福利政策和福利成本开支情况。

② 编写福利手册。应用通俗的语言编写福利手册，解释企业提供给员工的各项福利计划，让所有员工理解。

③ 信息化管理平台的建设。组建内部局域网，发布福利信息，开辟专门的福利板块，及时与员工沟通，了解员工对福利方案实施的感受，减少因沟通不畅而导致的福利纠纷。

（7）评估福利方案实施的效果。该项内容具体包括劳资关系协调情况的评估、员工福利满意度的评估、福利设计目标实现程度的评估及福利享受者工作效率的评估。

【微课堂】

> 在一家信息技术公司，很多员工因为加班而感到疲惫和不满，虽然员工工作表现不同，但同岗同酬，并且基本没有什么福利项目。请根据本小节的学习，尝试给这家公司设计完整的津贴、奖金、福利方案。

8.6 薪酬的控制与调整方法

8.6.1 薪酬的控制方法

当企业发现其薪酬成本过高，超过自身最大支付能力时，企业无疑要进行薪酬控制。薪酬的控制方法有以下几种。

（1）通过控制雇佣量进行薪酬控制。控制雇佣量不仅要控制员工数量，还要控制工时数量。雇佣量控制图如图 8-2 所示。

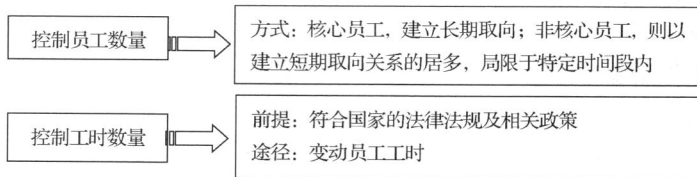

图 8-2　雇佣量控制图

（2）通过控制薪酬水平和薪酬结构进行薪酬控制。薪酬水平是刚性的，直接降薪会引起员工的极大反感，挫伤员工的积极性，甚至会引起人才流失。因此，直接降薪在企业中是不常用的，企业常用的是薪酬冻结、延缓提薪及控制间接薪酬支出等方式。对于薪酬结构控制，企业控制的是可变薪酬部分，以达到企业对薪酬控制的目的。

薪酬水平和薪酬结构控制如表 8-6 所示。

表 8-6　　薪酬水平和薪酬结构控制

控制类型	控制方法	说　明
薪酬水平控制	薪酬冻结	薪酬冻结是指员工薪酬在一段时间内保持不变。暂时的薪酬冻结可以稳定员工情绪，增加企业实力，节省下来的资金可用于企业再生产或者开辟新的销售渠道，薪酬冻结可用于短期的薪酬控制
薪酬水平控制	延缓提薪	延缓提薪是指应该提薪的员工暂时推迟一段时间，等企业经济效益好转之时再提薪。实施此种方法的前提是已与员工进行了良好的沟通
	控制间接薪酬支出	适当压缩企业在薪酬福利方面的开支，可以避免强行降薪带来的不利影响

续表

控制类型	控制方法	说　明
薪酬结构控制	设置基本薪酬和可变薪酬	前提是在企业薪酬构成中，既有基本薪酬又有可变薪酬。可变薪酬相较于基本薪酬所占比例越大，企业薪酬总额的变化余地就越大，管理者进行薪酬控制的余地就越大

（3）通过薪酬技术进行潜在的薪酬控制。企业可以利用工作评价、薪酬调查、薪酬结构、最高最低薪酬水平控制、成本分析和薪酬比例比较等薪酬技术手段，来促进或改善薪酬控制。

8.6.2　薪酬的调整方法

企业薪酬的调整，是指为增强薪酬管理的有效性而进行的薪酬体系的调整或改变。它主要是对薪酬水平、薪酬结构及薪酬要素组合进行调整。

薪酬调整的方法

1.　薪酬水平调整

薪酬水平调整是指薪酬结构、等级要素、构成要素等不变，只调整薪酬结构上每一等级或每一要素的数额。

薪酬水平调整的类型主要包括奖励性调整、生活指数调整、效益性调整及工龄性调整。

（1）奖励性调整。奖励性调整主要针对员工的优良业绩进行奖励，是为了使他们继续保持这种良好的工作状态，并激励其他员工向他们学习而采取的薪酬调整方式。

（2）生活指数调整。生活指数调整主要是为了补偿员工因通货膨胀而导致的实际收入的无形减少，避免员工生活水平降低。

（3）效益性调整。效益性调整是指在企业效益好时，对全部员工的薪酬进行普遍提高；在企业效益不好时，可以根据企业的实际情况再次进行调整。

（4）工龄性调整。工龄性调整是把员工的资历和经验当作一种能力和效率予以奖励的工资调整方法。

2.　薪酬结构调整

薪酬结构调整包括纵向结构调整和横向结构调整两个方面，其中，纵向结构是指薪酬的等级结构，横向结构是指各薪酬要素的组合。

（1）薪酬结构调整的内容。企业定期对企业内部员工的薪酬结构进行调整，主要从工资标准和薪酬等级两个方面进行。对某一个薪酬等级的人员进行调整，如在薪酬总额不变的情况下，对高、中、低不同层次的人员进行缩减或增加；对整体薪酬水平的调整，如对薪酬等级线、薪酬级差进行调整。

（2）薪酬结构调整的方法。

① 增加薪酬等级。增加薪酬等级的主要目的是细化岗位之间的差别，从而更加明确岗位付薪原则。它比较适用于规范化的制造业和加工业，如机械化程度较高的大型企业。

② 减少薪酬等级。减少薪酬等级就是将等级结构"宽波段化"。所谓"宽波段化"，就是将薪酬等级线延长，减少薪酬类别，由原来的十几个减少至三五个，使每种薪酬类别包含更多的薪酬等级和薪酬标准，各薪酬类别之间的薪酬支付标准有一定的交叉和重叠。

③ 调整不同薪酬等级的人员规模和比例。这是指企业可以在薪酬等级结构不变的前提下，定期对各个薪酬等级的人员数量进行调整，即调整不同薪酬等级的人员规模和比例，从而进行薪资调整。

④ 调整薪酬标准和薪酬率。这种调整主要适用于实行绩效薪酬制和弹性薪酬制的企业，以便企业在员工收入分配上具有更大的灵活性。调整薪酬标准和薪酬率，可让企业的薪酬管理"动"起来，不仅有助于增强企业薪酬的外部竞争力，有效地吸引和保留人才，还有助于实现企业薪酬的内部公平，有效地激励员工。

3. 薪酬要素组合调整

不同的薪酬要素分别起着不同的作用，其中，基本薪酬和福利薪酬主要承担着适应劳动力市场外部竞争的功能，而浮动薪酬则主要通过薪酬内部的一致性达到降低成本与刺激业绩增长的目的。

薪酬要素组合调整的重点在于是否增加新的薪酬要素。

（1）薪酬要素组合调整方式。在薪酬水平不变的情况下，重新配置固定薪酬与浮动薪酬之间的比例，通过薪酬水平变动增加某一部分薪酬的比例。

（2）薪酬要素组合调整方法。薪酬要素组合调整方法具体有以下3种。

① 加大员工薪酬中奖金等激励薪酬的比例，拉大绩优员工与其他员工之间的薪酬差距。

② 采取风险薪酬方式，就是使员工的基础薪酬处于变动中，使员工的稳定收入比例降低，不稳定收入比例增加。

③ 将以工作量为基础的付薪机制转变为以技能和绩效为基础的付薪机制，报酬向高技能、高绩效员工方向倾斜。

【微课堂】

由于市场竞争激烈，某零售企业需要降低成本，同时也要留住优秀的员工，面临着薪酬控制和调整的挑战。为了解决这个问题，该企业采取了一系列的措施来控制和调整薪酬。首先，该企业进行了全面的薪酬体系评估。通过对现有的薪酬结构进行分析，确定了一些不合理和过高的薪酬水平。该企业根据职位的重要性、市场行情和员工的绩效表现，对这些薪酬进行了调整，使其更加合理和公平。其次，该企业优化了福利和奖金制度，精简了一些不必要或成本较高的福利，并将资源转移到更有意义和实质性的奖金计划上。这样该企业既节约了成本，又提高了员工对奖金的认可度，增强了奖金对员工的激励效果。最后，该企业还提供了培训和发展机会，帮助员工提升技能和能力，从而有机会晋升到更高职位，并享受相应的薪酬提升。这样不仅满足了员工的成长需求，也激发了员工的工作动力。请问，该企业应如何进行薪酬控制与调整？

8.7

薪酬外包

8.7.1　薪酬外包方选择

薪酬外包是指企业将薪酬管理工作外包给专业的第三方公司,以减轻企业内部负担,提高工作效率和质量。通常情况下,薪酬外包公司会提供薪酬计算、福利管理、税务管理、薪酬调查、数据分析、报表生成等服务。企业在选择薪酬外包方时,应该注意以下 5 点。

(1)业务能力。企业首先应该考虑外包公司的专业能力和业务水平,可以从企业规模、服务内容和案例等方面进行考察,确保外包公司能够满足企业的需求。

(2)经验和信誉度。了解外包公司的历史、背景和先前的客户反馈情况,以验证其经验和信誉度。这些信息可以从行业机构或者网上的资料中得到。

(3)安全性和数据保护。薪酬数据是非常敏感的信息,所以企业要选择具有完善的安全措施和数据保护措施的外包公司,避免数据泄露问题。

(4)服务质量和工作效率。外包公司的服务质量和工作效率直接关系到企业工作是否能够顺利开展,企业应该仔细评估外包公司的反应时间、沟通方式、服务态度、解决问题的能力等方面。

(5)成本效益。企业选择外包公司时需要考虑费用,并进行合理的预算规划。企业需要对比多家外包公司的报价、服务范围、收费标准和服务流程等,以选择最合适的合作伙伴。

8.7.2　薪酬外包管理与风险控制

薪酬外包管理涉及企业的敏感信息和核心业务,因此企业在进行薪酬外包时需要做好风险控制。以下是一些常见的薪酬外包管理与风险控制的方法。

(1)选择可信赖的外包服务提供商。确保选择的是经验丰富、信誉良好的外包公司,需进行充分的尽职调查,查看其过往客户的反馈和评价。

(2)签署保密协议。与外包公司签订保密协议,明确约定对薪酬数据的保密责任和义务,加强对数据的保护。

(3)数据安全措施。确保外包公司有有效的数据安全措施,包括数据加密、防火墙、访问权限控制等,以保障薪酬数据的安全。

(4)分权和审计机制。建立适当的授权和审计机制,明确外包公司和企业内部的职责和权限,及时发现和纠正潜在的问题。

(5)监督和管理。定期对外包公司进行监督和管理,了解其工作进展和效果,及时沟通和解决问题。

(6)备份和恢复机制。建立完备的数据备份和恢复机制,以防止数据丢失或损坏带来的风险。

(7)法律合规性。确保外包公司具备合法合规的资质和经营许可证,遵守相关法律法规,防止引发法律纠纷和合规风险。

（8）风险应对计划。制订针对薪酬外包管理可能出现的各种风险的应对计划，及时应对和处理突发情况，降低各种风险对企业造成的影响。

【微课堂】

有一家中小型生产企业，一线生产人员和销售人员比较多，但人力资源部门的人员有限，同时也缺乏专业的薪酬管理经验。该企业决定将薪酬管理工作外包给专业的人力资源服务机构。请问，该企业应如何选择外包方，如何对薪酬外包管理与风险进行控制？

问题思考

1. 如何设计薪酬体系？
2. 结构工资制包括哪几个部分？具体如何设计？
3. 奖金总额的计算方法有哪几种？
4. 薪酬外包管理与风险控制的方法有哪些？

知识链接

微软公司的"薪酬模式"

微软公司员工的主要收入来源并非薪酬，股票升值是他们主要的收益补偿。在微软公司，公司为董事、高管和员工制订了股票期权计划。该计划提供激励性股票期权和限制性股票期权。微软公司故意将薪水压得比竞争对手低，成为"低工资高股份"的典范。

技能列表

薪酬管理所需技能表如表8-7所示。

表 8-7 薪酬管理所需技能表

序 号	技能名称	具体描述
1	数据分析技能	能够收集、整理和分析与薪酬相关的数据,包括员工薪资信息、市场薪酬数据等,以支持薪酬决策
2	市场调研与趋势分析技能	能够进行市场薪酬调研和趋势分析,了解行业薪酬水平和趋势,为薪酬决策提供参考依据
3	计算技能	能够进行薪资计算,确保薪酬体系公平、合理
4	谈判和沟通技能	能够与员工、管理层等相关方进行谈判和沟通,协商解决薪酬问题和争议
5	保密和机密处理技能	拥有对薪酬数据和信息保密的意识并能进行加密处理,确保薪酬信息的安全性和隐私性
6	弹性和适应技能	能够灵活应对薪酬管理中的变化和挑战,及时做出调整和优化
7	设备、软件操作技能	能够熟练使用各种办公设备、软件

技能实训

设计一份薪酬满意度调查表

A公司是专业住宅开发企业,由于该公司人才流失比较严重,需要做一份薪酬满意度调查表,以了解该公司员工的薪酬心理状况,以便该公司进行薪酬体系调整。请您查找相关资料,设计一份薪酬满意度调查表。

第9章 职业生涯管理

【本章知识导图】

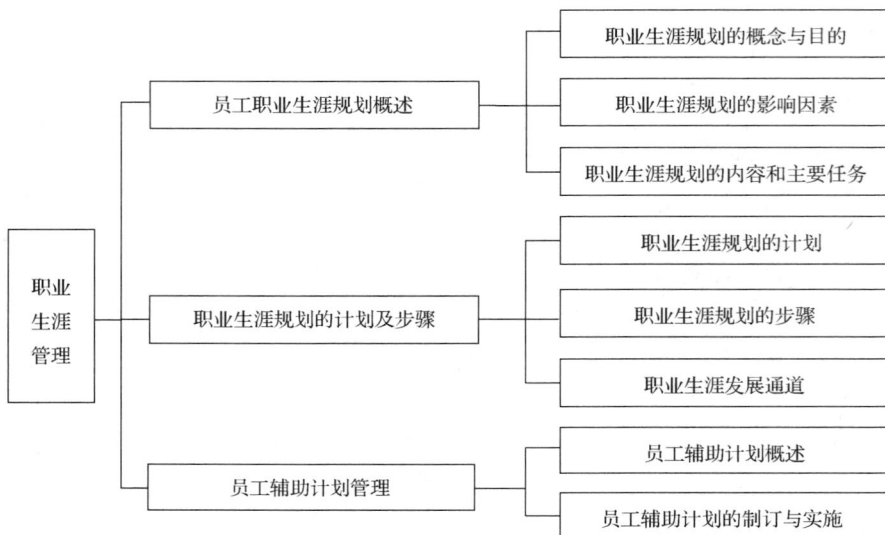

```
                          ┌─────────────────────┐      ┌──────────────────────────┐
                          │  员工职业生涯规划概述  │──────│  职业生涯规划的概念与目的   │
                          └─────────────────────┘      ├──────────────────────────┤
                                   │                    │  职业生涯规划的影响因素     │
                                   │                    ├──────────────────────────┤
                                   │                    │  职业生涯规划的内容和主要任务 │
                                   │                    └──────────────────────────┘
  ┌──────┐                                              ┌──────────────────────────┐
  │ 职业  │                ┌─────────────────────┐      │  职业生涯规划的计划         │
  │ 生涯  │────────────────│  职业生涯规划的计划及步骤 │──────├──────────────────────────┤
  │ 管理  │                └─────────────────────┘      │  职业生涯规划的步骤         │
  └──────┘                          │                    ├──────────────────────────┤
                                    │                    │  职业生涯发展通道           │
                                    │                    └──────────────────────────┘
                          ┌─────────────────────┐      ┌──────────────────────────┐
                          │   员工辅助计划管理     │──────│  员工辅助计划概述           │
                          └─────────────────────┘      ├──────────────────────────┤
                                                        │  员工辅助计划的制订与实施   │
                                                        └──────────────────────────┘
```

【学习目标】

职业知识	• 了解职业生涯规划的概念 • 明确职业生涯规划的影响因素
职业能力	• 掌握职业生涯规划的计划及步骤，能够根据员工的具体情况制订合理的职业生涯规划
职业素质	• 具备优秀的沟通能力、执行能力与分析能力

9.1 员工职业生涯规划概述

9.1.1 职业生涯规划的概念与目的

1. 职业生涯规划的概念

职业生涯规划也称为职业生涯设计，是指组织和员工根据自身需求制订个人发展计划的活动。职业生涯规划始于 20 世纪 60 年代，最早对职业生涯进行系统研究的是美国著名的职业生涯管理学家施恩教授。职业生涯规划是人力资源管理的一项活动，与工作分析、招聘与选拔、绩效考核、培训等有着密切的联系。

职业生涯规划分为两个方面。一方面是个人职业规划。对员工而言，每个人都有从工作中得到成长的愿望和要求。为了实现这种愿望和要求，他们不断追求理想的职业，设计自己的职业目标和职业计划。另一方面是组织职业规划。从企业的角度来看，企业应重视和鼓励员工制订个人职业规划，并结合企业的要求和发展，给予员工多方面的咨询和指导，通过必要的培训、工作设计、晋升等手段，帮助员工实现个人职业目标。需要注意的是，个人的职业发展与其人生历程密不可分，人生发展研究是职业生涯规划研究的基础。

2．职业生涯规划的目的

企业开展员工职业生涯规划的主要目的如下。

（1）稳定员工队伍，提高员工满意度，留住现有优秀人才，吸引外来优秀人才，从而促进企业的发展。

（2）使每位员工的职业生涯目标与组织发展目标一致，避免因不一致而给企业带来损失。

（3）合理配置企业人力资源，满足企业对人才的需求，促进企业的可持续发展。

目前，随着员工流动率的加大，越来越多的企业开始意识到职业生涯规划的重要性和必要性。

9.1.2　职业生涯规划的影响因素

企业要成功开展基于组织和个人发展的职业生涯规划工作，就必须清楚职业生涯规划的影响因素。

1．组织因素

影响职业生涯规划的组织因素主要包括以下 6 个。

（1）组织结构与组织规模。组织结构与组织规模主要包括组织的分散化与虚拟化、组织的扁平化、组织的多元化、组织的信息化、组织的全球化程度等。

（2）企业目标与发展战略。企业目标与发展战略从根本上决定了未来职位的数量及人才使用与引进政策，决定了组织的各条职业生涯发展道路。

（3）企业文化。企业文化是企业从事经营活动时所秉持的价值观。

（4）岗位供给情况。通过岗位供给评估，企业可向员工展示组织结构图和员工职业生涯发展图。

（5）企业决策者。企业决策者包括其自身的知识结构、思想观念、能力构成及性格、兴趣爱好等。

（6）其他因素。企业经济实力、时间等因素也会影响企业员工职业生涯规划的实施。

2．个人因素

影响职业生涯规划的个人因素主要包括以下 4 个。

（1）自我认识。自我认识包括个人的兴趣爱好与特长、性格与价值观、目标与需求、个人学历与能力及工作经验等。

（2）外部环境。外部环境包括组织的需求、家庭的期望、社会的需求、科技的发展、经济的兴衰、政策与法律的影响等。

（3）目标方向选择。目标方向选择包括设定该目标的原因、达到该目标的途径、需要具备的能力、可能得到的助力与可能遇到的阻力等。

（4）目标实施情况。目标实施情况包括教育、训练的安排，获得发展的安排，排除各种阻力的计划与措施，争取各种助力的计划与措施等。

9.1.3 职业生涯规划的内容和主要任务

1．职业生涯规划的内容

企业员工职业生涯规划的内容包括以下 4 个部分。

（1）对决定员工职业生涯的主、客观因素进行分析、总结和测定。

（2）确定员工职业发展目标，并选择实现这一目标的有效路径。

（3）编制相应的工作和培训的行动计划，对每一步骤的时间、顺序和方向做出合理的安排。

（4）利用绩效考核、培训、轮岗、晋升等人力资源管理活动，为实现企业员工的职业生涯规划目标创造条件。

2．职业生涯规划的主要任务

职业生涯规划的主要任务是满足企业和员工双方发展的需要，最终实现员工不断成长、企业不断发展的目标。职业生涯规划的主要任务如图 9-1 所示。

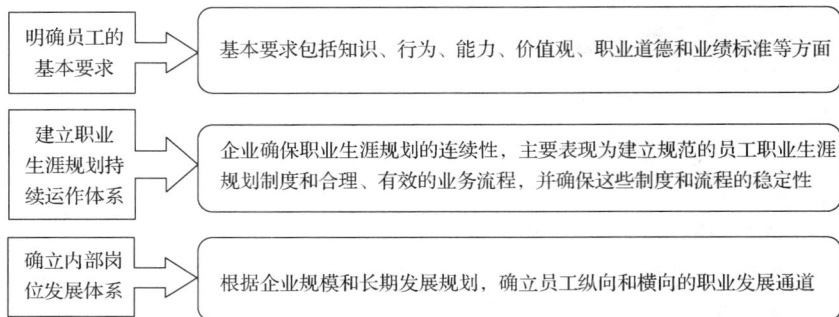

明确员工的基本要求	基本要求包括知识、行为、能力、价值观、职业道德和业绩标准等方面
建立职业生涯规划持续运作体系	企业确保职业生涯规划的连续性，主要表现为建立规范的员工职业生涯规划制度和合理、有效的业务流程，并确保这些制度和流程的稳定性
确立内部岗位发展体系	根据企业规模和长期发展规划，确立员工纵向和横向的职业发展通道

图 9-1　职业生涯规划的主要任务

【微课堂】

请问，在职业生涯规划的影响因素中，哪些因素是你比较看重的？为什么？

9.2 职业生涯规划的计划及步骤

9.2.1 职业生涯规划的计划

职业生涯规划的计划主要包括 3 个方面的内容，具体如下。

1．职业

职业是职业生涯规划的计划内容之一。大多数人只选择一种职业，但有的人可选择两种或两种以上的职业，如"大学培训师+培训师"。在职业表述上，我们既可以将职业表述得非常具体，如"财务管理""人力资源管理""医生""培训师"等，也可以稍微粗略地表述职业，如"管理""技术""营销"等。

2. 职业生涯目标

期望在选定的职业领域内取得的成绩或达到的高度即为职业生涯目标。其中,最高的职业生涯目标可以称为人生目标,员工在迈向人生目标的过程中会设定阶段性目标。

一般来说,典型的职业生涯规划的计划应有人生目标的内容。阶段性目标必须区分出长期目标和短期目标,有时也可以区分出中期目标。人生目标可以是岗位目标、技术等级目标、收入目标、社会影响目标、重大成果目标、社会地位目标等。

为了保证人生目标和长期职业生涯目标的实现,员工必须制定职业生涯战略,以充分利用各种可供利用的资源,指导职业生涯通道的制定。为保证短期目标的实现,指导短期职业生涯通道的设计,员工应制定职业生涯策略。

3. 职业生涯通道

与职业生涯目标相适应,职业生涯通道可以分为人生通道、长期通道、中期通道和短期通道。职业生涯通道设计的重点是短期通道,要具有可操作性。由于未知因素较多,长期通道和人生通道则可以设计得相对粗略一些。

9.2.2 职业生涯规划的步骤

职业生涯规划的 8 个步骤如下。

1. 明确现阶段的人力资源发展规划

人力资源发展规划是企业根据自身的发展战略目标制订的。企业通过预测未来的人力资源供给和需求状况,制定基本的人力资源获取、使用、维持和开发的策略。

职业生涯规划的 8 个步骤

2. 构建企业职业发展通道

在明确了现阶段的人力资源发展规划后,企业应根据人力资源发展规划的需求,考虑现有人力资源的状况,设计适合本企业的职业发展通道。构建职业发展通道是企业进行职业生涯规划不可或缺的工作。

3. 制定员工职业生涯管理制度和规范

制定有效、健全、可行的员工职业生涯管理制度和规范,是确保企业职业生涯管理目标顺利达成的必备条件。合理的制度和规范可以引导员工的行为,确保优秀人才脱颖而出,从而为企业发展目标的实现做出积极的贡献。

4. 进行员工基本素质测评

企业进行员工基本素质测评的目的在于掌握员工具备的能力、个性倾向和职业倾向等信息,以便为职业生涯目标的设立提供参考依据。企业对员工基本素质测评的信息包括员工基本信息和工作状况记录信息。员工基本信息包括员工的年龄、学历、工作经历、兴趣爱好等。工作状况记录信息包括绩效评估结果、晋升记录及参加各种培训的记录等。

5. 填写员工职业生涯规划表

企业根据职业发展通道,参考员工基本素质测评的结果,与员工一起填写职业生涯规划表。

员工职业生涯规划表主要包括以下 3 个方面的信息。

(1)适宜职业。职业选择是事业发展的起点,选择正确与否直接关系到事业的成败。

(2)职业生涯路线。职业生涯路线是指一个人选定职业后通过什么途径来实现自己的职业目标，如是向专业技术方向发展还是向管理方向发展等。职业生涯路线可以是多层次、分阶段的，这样既可以使员工保持开放、灵活的心境，又可以保持员工队伍的相对稳定性，提高工作效率。

（3）职业生涯策略。职业生涯策略是指为实现职业生涯目标而采取的各种行动和措施，如参加培训项目及轮岗训练等。

6. 实施员工职业生涯规划

实施员工职业生涯规划就是通过培训、轮岗、绩效考核等人力资源活动，帮助员工逐步实现员工职业生涯规划表中所列的规划目标的过程。

7. 进行职业生涯规划反馈和评估

企业在实施员工职业生涯规划的过程中，应及时听取相关员工的反馈意见，并据此进行有效的评估。

8. 修正和完善职业生涯规划制度和规范

企业人力资源部门针对在职业生涯规划评估过程中发现的问题，需要提出改进的建议和举措，经企业高层决策者同意后，及时修正和完善职业生涯规划制度和规范，纠正最终职业目标与分阶段职业目标的偏差，同时可以极大地增强员工实现职业目标的信心。

9.2.3 职业生涯发展通道

职业生涯发展通道是企业为员工设计的自我认知、成长和晋升的管理方案。

职业生涯发展通道的模式主要分为3类，即横向职业生涯发展通道模式（单通道模式）、纵向职业生涯发展通道模式、双重职业生涯发展通道模式。按职业性质，其又可分为管理性职业生涯发展通道模式、技术性职业生涯发展通道模式、技能性职业生涯发展通道模式。根据各行业工作性质的不同，宜采用不同的职业生涯发展通道。

1. 横向职业生涯发展通道模式

这种模式采取工作轮换的方式，通过横向调动来使工作具有多样性，使员工焕发新的活力，迎接新的挑战。虽然没有加薪或晋升，但可以增加员工对企业的价值。当企业内没有足够多的高层职位为每个员工提供升迁机会，而长期从事同一项工作使人备感枯燥无味，影响工作效率时，可采用此模式。

2. 纵向职业生涯发展通道模式

纵向职业生涯发展通道是单一的纵向通道。采用纵向职业生涯发展通道模式时，假定每一项当前的工作都是下一项较高层次工作的必要准备，员工必须一级一级地从一项工作向另一项工作变动。这种职业生涯发展通道可视为员工在传统职能型企业中的晋升路线。在该模式下，员工最终的职业生涯发展方向只有向管理岗位发展。

3. 双重职业生涯发展通道模式

建立职业生涯发展的双重通道是指组织同时建立管理类、专业类双重路径的职业生涯发展通道。

建立职业生涯发展的双重通道有以下3个原因。

① 基于员工能力和个性的客观差异，不同员工有不同的职业定位和价值取向。

② 基于管理类、专业类岗位工作特性的根本差异。

③ 基于企业的持续发展，需要保留并激励一批优秀的员工。

【微课堂】

> 　　A 集团是一家以房地产开发、能源矿产开发、轮船制造、货运物流为支柱产业的综合性企业集团。现 A 集团需要对员工做职业生涯规划，请你利用本节所学的知识，列出职业生涯规划实施的流程，并说明其内容要点和注意事项。

9.3 员工辅助计划管理

9.3.1 员工辅助计划概述

　　员工辅助计划（Employee Assistance Program，EAP）是一种为员工提供心理、情感和生活方面支持的综合性服务计划。EAP 旨在提供个人咨询、心理治疗、职业指导、家庭问题解决、法律咨询、健康管理等方面的支持，帮助员工缓解各种压力和挑战，提升他们的生活质量和工作效率。

　　通常，企业会与专业的 EAP 服务提供商合作，为员工提供有关心理健康、情感压力、个人生活、职业发展、健康管理等方面的咨询和支持。员工可以通过电话、在线或面对面咨询等方式获取帮助，EAP 服务提供商还会为员工提供相关资源和建议，如寻求心理医生、药物治疗、社区资源等。

　　EAP 服务通常 24 小时全天候可用，不需要员工支付额外费用，且保留员工隐私权。同时，一些企业还将 EAP 与其他福利和人力资源政策相结合，如员工健康计划、失误制度、工资担保等，以营造积极的工作环境和强调员工的福利与激励。

　　总之，EAP 是一种为员工提供全方位心理、情感和生活方面支持的计划，旨在提高员工的生活质量和工作效率，平衡工作与生活。

9.3.2 员工辅助计划的制订与实施

　　制订和实施员工辅助计划，需要遵循以下步骤。

　　1. 确定目标和受众

　　企业要明确员工辅助计划的目标和受众，如针对特定岗位群体或全员开放。此外，企业要对员工面临的问题和挑战进行调查和分析，以确定提供哪些服务和资源。

　　2. 筛选合适的 EAP 服务提供商

　　选择适合企业需求的 EAP 服务提供商，并了解其服务范围、费用和服务质量等信息。同时，企业要与 EAP 服务提供商协商服务条款和量身定制服务计划。

　　3. 开展员工宣传和培训

　　企业通过内部通知、员工手册、企业社交媒体和培训等方式，向员工介绍 EAP 服务并宣传其益处。这有利于提高员工使用 EAP 服务的意识和积极性，同时强调 EAP 服务的保密性。

4. 实施 EAP 服务

为员工提供 24 小时全天候可用的电话、在线或面对面咨询服务。此外，企业还可以为员工提供其他资源和服务，如心理治疗、法律咨询、健康管理等。

5. 定期评估和改进

定期对 EAP 服务进行评估和监控，如评估使用率、员工反馈和提供商服务质量等。通过这些评估结果，企业不断改进 EAP 的内容和服务质量。

制订和实施 EAP 不仅是提供服务，还包括与提供商协商和管理、培训员工、建立管理流程等相关工作。因此，企业需投入足够的精力和资源，保障 EAP 的顺利实施。

【微课堂】

> K 公司为了关注员工心理健康，拟制订并实施员工辅助计划。结合本小节的学习，请问，员工辅助计划应如何制订与实施？

问题思考

1. 如何理解职业生涯规划？
2. 职业生涯规划的主要任务包括哪些？
3. 什么是职业生涯发展通道？它有哪些模式？
4. 职业生涯规划的计划包括哪 3 个方面的内容？
5. 简述员工辅助计划的制订与实施。

知识链接

微软公司技术人员的"职业生涯阶梯"

微软公司采用的是技术人员与管理人员的双阶梯职业生涯发展通道模式。

微软公司技术人员的职业生涯阶梯共分 15 级，员工由低级向高级晋升必须基于上级主管对该员工的考评。考评每年开展两次,第一次主要确定该员工能否晋级,第二次主要确定该员工该年度奖金与股票的多寡。考评的主要内容是该员工完成工作的数量和质量,如软件编程错误率等,由上级主管做出 1～5 分的评定。一般连续 3 次被评定为 4 分以上的员工可考虑晋级。

技能列表

职业生涯管理所需技能表如表 9-1 所示。

表 9-1　　　　　　　　　　职业生涯管理所需技能表

序　号	技能名称	具体描述
1	咨询技能	具备倾听、沟通、引导和支持等方面的能力,以帮助他人明确自己的职业发展目标和实现路径
2	数据处理与分析技能	熟练掌握数据分析方法,了解人才市场和行业动态的数据,通过数据分析为用户提供有针对性的职业规划建议
3	团队协作技能	能与其他团队成员合作,如市场人员、技术支持人员等,以便为用户提供更好的服务质量
4	教育与培训技能	能够设计和开展健康教育和培训活动,向员工传授健康知识、提供健康管理技能,提高员工的健康素养
5	设备、软件操作技能	能够熟练使用各种办公设备、软件

技能实训

设计员工职业生涯规划表

假如你是 B 公司人力资源部门的负责人,B 公司现在需要进行员工职业生涯规划。请你根据本章所学知识,设计一张员工职业生涯规划表。

第10章 | 员工关系管理

【本章知识导图】

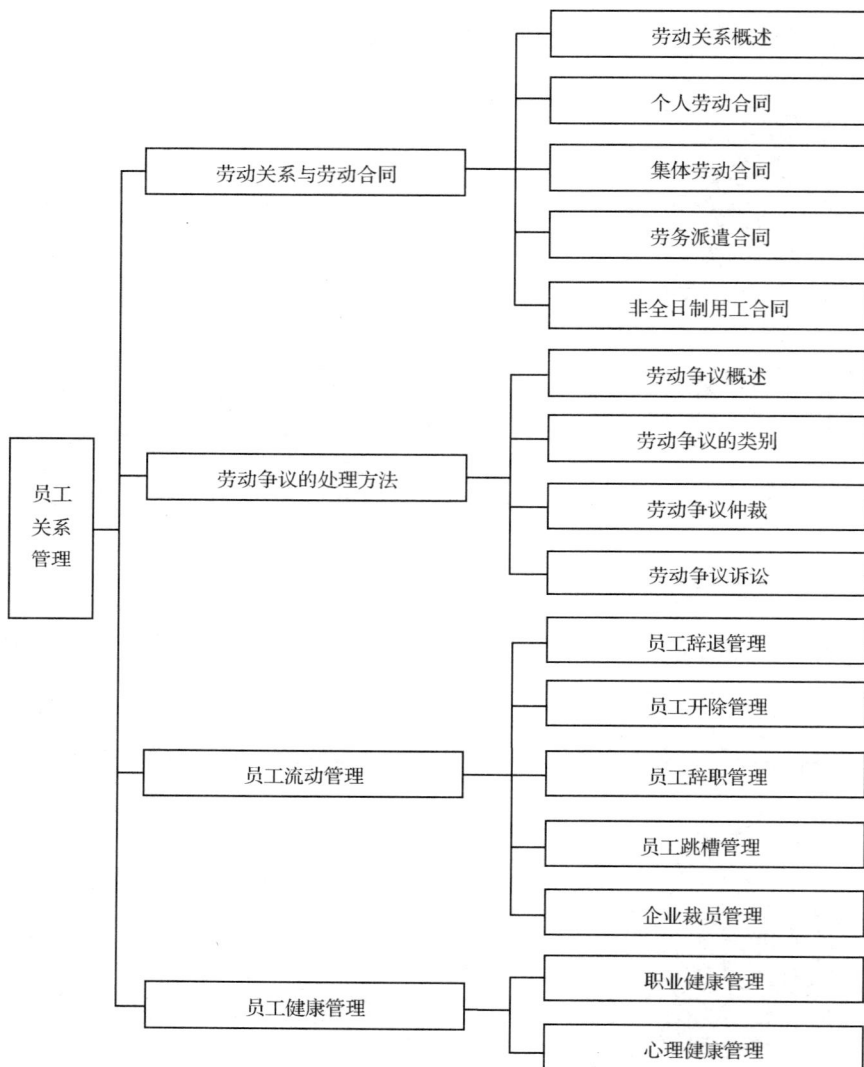

```
                                                            ┌─────────────────┐
                                                        ┌───│   劳动关系概述    │
                                                        │   └─────────────────┘
                                                        │   ┌─────────────────┐
                                                        ├───│   个人劳动合同    │
                                                        │   └─────────────────┘
                                  ┌──────────────────┐  │   ┌─────────────────┐
                              ┌───│  劳动关系与劳动合同 │──┼───│   集体劳动合同    │
                              │   └──────────────────┘  │   └─────────────────┘
                              │                         │   ┌─────────────────┐
                              │                         ├───│   劳务派遣合同    │
                              │                         │   └─────────────────┘
                              │                         │   ┌─────────────────┐
                              │                         └───│  非全日制用工合同  │
                              │                             └─────────────────┘
                              │                             ┌─────────────────┐
                              │                         ┌───│   劳动争议概述    │
                              │                         │   └─────────────────┘
                              │                         │   ┌─────────────────┐
                              │   ┌──────────────────┐  ├───│  劳动争议的类别   │
                              ├───│  劳动争议的处理方法 │──┤   └─────────────────┘
  ┌──────┐                    │   └──────────────────┘  │   ┌─────────────────┐
  │ 员工 │                    │                         ├───│   劳动争议仲裁    │
  │ 关系 │────────────────────┤                         │   └─────────────────┘
  │ 管理 │                    │                         │   ┌─────────────────┐
  └──────┘                    │                         └───│   劳动争议诉讼    │
                              │                             └─────────────────┘
                              │                             ┌─────────────────┐
                              │                         ┌───│   员工辞退管理    │
                              │                         │   └─────────────────┘
                              │                         │   ┌─────────────────┐
                              │                         ├───│   员工开除管理    │
                              │                         │   └─────────────────┘
                              │   ┌──────────────────┐  │   ┌─────────────────┐
                              ├───│    员工流动管理    │──┼───│   员工辞职管理    │
                              │   └──────────────────┘  │   └─────────────────┘
                              │                         │   ┌─────────────────┐
                              │                         ├───│   员工跳槽管理    │
                              │                         │   └─────────────────┘
                              │                         │   ┌─────────────────┐
                              │                         └───│   企业裁员管理    │
                              │                             └─────────────────┘
                              │                             ┌─────────────────┐
                              │   ┌──────────────────┐  ┌───│   职业健康管理    │
                              └───│    员工健康管理    │──┤   └─────────────────┘
                                  └──────────────────┘  │   ┌─────────────────┐
                                                        └───│   心理健康管理    │
                                                            └─────────────────┘
```

【学习目标】

职业知识	• 了解劳动关系的特征与调整方式 • 了解不同劳动合同的特点 • 知晓劳动争议的处理方式及员工流动管理的方法
职业能力	• 掌握劳动争议的处理方式，及时处理相关问题 • 掌握员工各种流动管理的方法，为企业减少损失
职业素质	• 具备较强的领悟能力、执行能力、学习能力、沟通能力

10.1 劳动关系与劳动合同

10.1.1 劳动关系概述

高斯佩尔和帕尔默在《英国的产业关系》一书中将劳动关系表述为：一种雇员通过提供体力和脑力劳动来换取雇主所提供的报酬的经济、社会和政治关系。

本书认为劳动关系是指企业与员工之间在劳动过程中发生的以经济利益关系为核心的各种关系的总和。劳动关系管理的主要工作事项包括劳动合同管理、劳动纠纷管理、员工满意度管理、沟通与冲突管理等。

1．劳动关系的特征

劳动关系和其他社会关系相比，具有以下特征。

（1）劳动关系的内容是劳动。在现代市场经济条件下，劳动关系是劳动的社会形式。劳动是这种关系的基础，也是它的实质和内容。

（2）劳动关系具有人身关系属性和财产关系属性相结合的特点。由于劳动力是人体的一种机能，故劳动力具有显著的生理性特征，其存在和消耗与员工人身不可分离。雇员向雇主提供劳动，实际上就是将其人身在一定限度内交给雇主，因而劳动关系就其本来意义而言是一种人身关系。

企业或雇主之所以雇用雇员，是因为能够得到劳动给付，通过劳动力与生产资料的结合，可以向市场提供商品或服务，收回成本和取得盈利。所以，劳动关系又是一种财产关系。财产关系中存在的各种矛盾都能反映到劳动关系中。

（3）劳动关系具有平等性和隶属性的特点。在现代社会，劳动关系的当事人（即雇主与雇员）之间是相互独立的平等主体之间的契约关系，两者具有平等的法律人格。建立劳动关系时，首先取决于当事人各自的意志。工资、劳动条件及其劳动能力结构的要求等，是当事人对等协商的结果，具有显著的形式平等的特征。

劳动关系一经建立，员工就成为企业的员工，企业就成为劳动者的支配者和管理者。员工必须听从雇主的领导、命令和指挥，并遵守企业内部的劳动规则。这使得劳动关系具有隶属性，即成为一种隶属主体间的以指挥、命令和服从为特征的管理关系。

上述劳动关系特征的客观存在，决定了劳动关系是诸多社会关系中最为基本的关系之一。人们在劳动关系中的地位与作用直接决定了其在社会关系中的地位和作用。

2．劳动关系的调整方式

劳动关系的调整方式依据调节手段的不同，主要分为 6 种：劳动法律、法规的调整，劳动合同规范的调整，集体合同规范的调整，民主管理制度（职工代表大会、职工大会）的调整，企业内部劳动规则（规章制度）的调整，劳动争议处理制度和国家劳动监督检查制度的调整。

10.1.2 个人劳动合同

个人劳动合同是员工与用人单位确立劳动关系、明确双方权利义务的协议。劳动合同是劳动关系当事人依据国家法律法规的规定，平等自愿、协商一致后缔结的，体现了当事人的意志，是劳动关系当事人合意的结果。订立劳动合同的目的是在劳动者和用人单位之间建立劳动法律关系，规定劳动合同当事人的权利和义务。

劳动者和用人单位签订劳动合同时法律地位平等，但在劳动合同履行过程中，劳动者必须参与到用人单位的劳动组织中，担任一定职务或从事某工种、岗位的工作，服从用人单位的领导和指挥，遵守用人单位的劳动纪律、内部劳动规则和各项规章制度，同时享有用人单位的工资、劳动保险和福利待遇。

1．劳动合同的订立

（1）订立劳动合同的原则。《中华人民共和国劳动法》（以下简称《劳动法》）第十七条规定："订立和变更劳动合同，应当遵循平等自愿、协商一致的原则，不得违反法律、行政法规的规定。"

（2）劳动合同的形式。劳动合同的主要形式是书面形式。书面劳动合同是当事人达成协议后，将协议的内容用文字形式固定下来，并经双方签字，作为凭证。我国《劳动法》规定，劳动合同应当以书面形式订立。

（3）劳动合同订立时的知情权。用人单位招聘劳动者时，应如实告知劳动者工作内容、工作条件、工作地点、职业危害、安全生产状况、劳动报酬及劳动者要求了解的其他情况；用人单位有权了解劳动者与劳动合同直接相关的基本情况，劳动者应当如实说明。

① 告知是签订劳动合同前劳动关系双方都应履行的先合同义务。用人单位应告知的是劳动合同的全部内容，劳动者应告知的是与劳动合同直接相关的劳动者的基本情况。

② 告知义务很重要，隐瞒真实情况将影响劳动合同的效力。

（4）劳动合同的内容与条款。根据《中华人民共和国劳动合同法》（以下简称《劳动合同法》）的规定，劳动合同的必备内容或条款有以下几个方面。

① 用人单位的名称、住所、法定代表人或者主要负责人。

② 劳动者的姓名、住址、居民身份证或者其他有效身份证件号码。

③ 劳动合同期限。劳动合同期限是双方当事人相互享有权利、履行义务的时间期限，即劳动合同的有效期限。其主要分为有固定期限、无固定期限和以完成一定工作任务为期限 3 种。

④ 工作内容和工作地点。

⑤ 工作时间和休息休假。

⑥ 劳动报酬。

⑦ 社会保险。

⑧ 劳动保护、劳动条件和职业危害防护。

⑨ 法律、法规规定的应当纳入劳动合同的其他事项。

除规定的必备内容或条款外，用人单位与劳动者可以约定试用期、培训、保守秘密、补充保险和福利待遇等其他事项。也就是说，劳动合同的双方当事人还可以在国家法律法规规定的范围内通过协商订立约定条款，如约定用人单位出资培训、劳动者保守用人单位商业秘密等条款或事项。

另外，《劳动合同法》第二十二条规定："用人单位为劳动者提供专项培训费用，对其进行专业技术培训的，可以与该劳动者订立协议，约定服务期。劳动者违反服务期约定的，应当按照约定向用人单位支付违约金。违约金的数额不得超过用人单位提供的培训费用。用人单位要求劳动者支付的违约金不得超过服务期尚未履行部分所应分摊的培训费用。用人单位与劳动者约定服务期的，不影响按照正常的工资调整机制提高劳动者在服务期期间的劳动报酬。"

2. 劳动合同的变更

一般情况下，劳动合同一经订立，双方当事人必须认真履行，任何一方不得擅自变更劳动合同。但是，在履行劳动合同的过程中，由于企业生产经营状况发生变化，或者职工劳动、生活情况发生变化等，劳动合同也可以变更。

（1）劳动合同变更条件。劳动合同变更条件参见《劳动合同法》第三十五条的规定。

（2）劳动合同变更程序。劳动合同变更程序如图 10-1 所示。

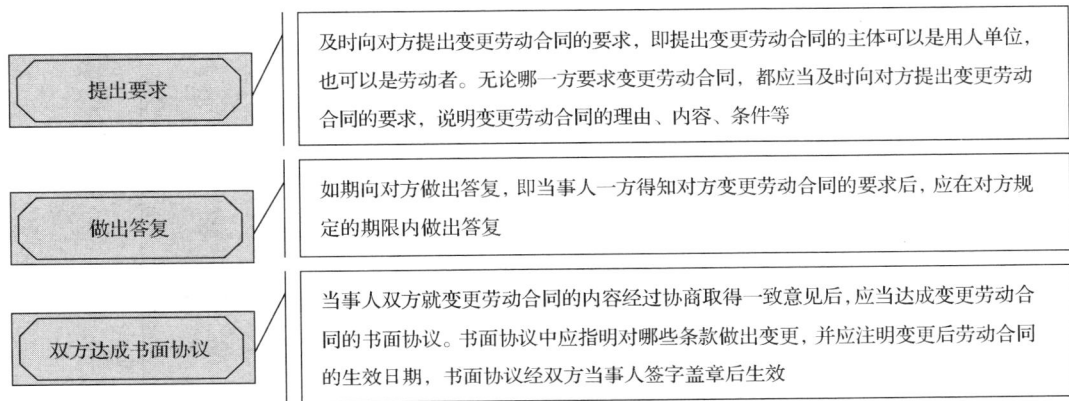

提出要求	及时向对方提出变更劳动合同的要求，即提出变更劳动合同的主体可以是用人单位，也可以是劳动者。无论哪一方要求变更劳动合同，都应当及时向对方提出变更劳动合同的要求，说明变更劳动合同的理由、内容、条件等
做出答复	如期向对方做出答复，即当事人一方得知对方变更劳动合同的要求后，应在对方规定的期限内做出答复
双方达成书面协议	当事人双方就变更劳动合同的内容经过协商取得一致意见后，应当达成变更劳动合同的书面协议。书面协议中应指明对哪些条款做出变更，并应注明变更后劳动合同的生效日期，书面协议经双方当事人签字盖章后生效

图 10-1　劳动合同变更程序

3. 劳动合同的解除和终止

（1）劳动合同的解除。

① 双方协商一致依法解除。《劳动法》第二十四条规定："经劳动合同当事人协商一致，劳动合同可以解除。"

② 用人单位单方面解除。

a. 劳动者过失性解除，参见《劳动法》第二十五条的规定。

b. 劳动者无过失性解除，参见《劳动合同法》第四十条的规定。

c. 用人单位经济性裁员，参见《劳动合同法》第四十一条的规定。

③ 劳动者单方面解除。

a. 提前通知解除，参见《劳动合同法》第三十七条的规定。

b. 有条件随时通知解除，参见《劳动合同法》第三十八条的规定。

（2）劳动合同的终止。劳动合同的终止，具体参见《劳动法》第二十三条和《劳动合同法》第四十四条的规定。

10.1.3　集体劳动合同

集体劳动合同是指用人单位与本单位员工根据法律、法规、规章的规定，就劳动报酬、工作时间、休息休假、劳动安全卫生、职业培训与保险福利等事项，通过集体协商签订的书面协议。

1．集体劳动合同的分类

集体劳动合同根据协商、签约代表所代表范围的不同，分为基层集体劳动合同、行业集体劳动合同和地区集体劳动合同等。

2．集体劳动合同的订立

（1）集体劳动合同的签订。集体劳动合同是集体协商的结果，集体劳动合同的签订应建立在集体协商的基础上。集体协商是企业工会或员工代表与相应的企业代表为签订集体劳动合同进行商谈的行为。

（2）集体协商代表的确定。

① 集体协商时，双方的代表人数应当对等，每方至少三人，并各自确定一名首席代表。

职工一方的协商代表由本单位工会选派。未组建工会的，由本单位员工民主推荐，并经本单位半数以上员工同意。

② 员工一方的首席代表由本单位工会主席担任。工会主席也可以书面委托其他协商代表代理首席代表一职。工会主席空缺的，首席代表由工会主要负责人担任。未组建工会的，员工一方的首席代表应从协商代表中民主推举产生。

③ 用人单位一方的协商代表由用人单位法定代表人指派，首席代表由用人单位法定代表人担任或由其书面委托的其他管理人员担任。

④ 集体协商双方的首席代表可以书面委托本单位以外的专业人员代理。委托人数不得超过本方代表人数的 1/3。

⑤ 首席代表不得由非本单位人员代理。

⑥ 用人单位协商代表与员工协商代表不得兼任。

（3）集体劳动合同的审查。集体劳动合同订立后，应该报送劳动行政部门审查；劳动行政部门自收到集体劳动合同文本之日起 15 日内未提出异议的，集体劳动合同即行生效。

3．集体劳动合同的法律效力

凡符合法律规定的集体劳动合同，一经签订就具有法律效力。集体劳动合同的法律效力包括以下几个方面的内容。

（1）集体劳动合同对人的法律效力。集体劳动合同对人的法律效力是指集体劳动合同对哪些人具有法律约束力。根据《劳动法》的规定，依法签订的集体劳动合同对企业和企业全体职工具有约束力。这种约束力表现在：集体劳动合同双方当事人必须全面履行集体劳动合同中规定的义务，任何一方都不得擅自变更或解除集体劳动合同。如果集体劳动合同的当事人违反集体劳动合同的规定，就要承担相应的法律责任。劳动者个人与用人单位订立的劳动合同中有关劳动条件和劳动报酬等标准不得低于集体劳动合同中的规定。

（2）集体劳动合同的时间效力。集体劳动合同的时间效力是指集体劳动合同从何时开始产生效力、何时终止效力。集体劳动合同的时间效力通常以其存续时间为准，一般从集体劳动合同订立之日起生效。如果当事人另有约定，应在集体劳动合同中明确规定。集体劳动合同的期限届满，其效力终止。

（3）集体劳动合同的空间效力。集体劳动合同的空间效力是指集体劳动合同对于哪些领域、哪些产业的劳动者，哪些用人单位具有约束力。

10.1.4 劳务派遣合同

劳务派遣又称人才派遣、人才租赁、劳动派遣、劳动力租赁，是指由劳务派遣机构与派遣劳工订立劳动合同，由要派企业（实际用工单位）向派遣劳工给付劳务报酬，劳动合同关系存在于劳务派遣机构与派遣劳工之间，但劳动力给付的事实则发生在派遣劳工与要派企业（实际用工单位）之间。

劳务派遣合同是指劳动者与劳务派遣公司签订的合同及用人单位与派遣公司签订的合同。劳动者被派遣至要派企业工作，涉及劳动者、派出公司、服务单位三方。

1. 劳务派遣合同的订立

劳务派遣合同必备条款除《劳动合同法》第十七条和《劳务派遣暂行规定》第三章中规定的必备条款之外，还应当载明被派遣劳动者的用工单位及派遣期限、工作岗位等情况。

劳务派遣单位要与用工单位协商确定被派遣劳动者的工作内容和工作地点、劳动保护和劳动条件、派遣期限、工作岗位等事项，并就用工单位履行这些事项的情况对劳动者负责，而不是仅仅为劳动者找一个单位并派遣出去就完成了全部任务。

2. 订立劳务派遣合同时的注意事项

（1）派遣内容。劳务派遣合同中应当载明被派遣劳动者的用工单位及派遣期限、工作岗位等情况。

（2）合同期限。劳务派遣单位应当与被派遣劳动者订立二年以上的固定期限劳动合同。

（3）费用问题。劳务派遣费用问题如图 10-2 所示。

1	劳动派遣单位应按月支付劳动报酬
2	被派遣劳动者无工作期间，劳动派遣单位应当按照所在地最低工资标准向其按月支付报酬
3	跨地区派遣劳动者的，被派遣劳动者享有的劳动报酬和劳动条件按照用工单位所在地的标准执行
4	劳务派遣单位和用工单位不得向被派遣劳动者收取费用

图 10-2　劳务派遣费用问题

（4）社会保险问题。劳务派遣单位应按照法律规定为被派遣劳动者缴纳社会保险。

10.1.5 非全日制用工合同

非全日制用工是指以小时计酬为主，劳动者在同一用人单位一般平均每日工作时间不超过 4 个小时，每周工作时间累计不超过 24 个小时的用工形式。

《劳动合同法》中涉及非全日制用工合同的条款有第六十九条、第七十条、第七十一条、第七十二条。

【微课堂】

请问，个人劳动合同的订立、变更、解除和终止的具体内容是什么？

10.2 劳动争议的处理方法

10.2.1 劳动争议概述

劳动争议是指劳动关系当事人之间就劳动的权利与义务发生分歧而引起的争议，又称劳动纠纷。其中，有的属于既定权利的争议，即适用于《劳动法》和劳动合同的既定内容而发生的争议；有的属于要求新的权利而出现的争议，是因制定或变更劳动条件而发生的争议。

劳动争议发生后，当事人应当协商解决；不愿协商或协商不成的，可以向本企业劳动争议调解委员会申请调解；调解不成的，可以向劳动争议仲裁委员会申请仲裁。当事人也可以不经调解直接向劳动争议仲裁委员会申请仲裁。对仲裁结果不服的，可以向人民法院起诉。

1. 劳动争议的处理方式

（1）协商。劳动争议发生后，当事人可就争议事项进行协商，消除矛盾，找出解决争议的方法。当然，协商解决并不是解决劳动争议的必经程序，不愿协商或者协商不成的，当事人有权申请调解或仲裁。

（2）企业调解。企业调解，具体参见《劳动法》第七十七条至第八十条中关于劳动争议调解的内容。

（3）仲裁与诉讼。劳动争议仲裁和劳动争议诉讼的详细内容，将在10.2.3节和10.2.4节中具体阐述。

2. 劳动争议的预防

防范劳动争议的发生对企业来说非常重要。劳动争议的预防措施应包括以下3个方面。

（1）制定完善的企业规章制度。用人单位应根据国家和地方法律法规制定完善的内部规章制度。这不仅可以为企业建立健康而良好的管理秩序，还因其中包含着员工的行为规范及员工的责任和权利，所以对规范企业的管理起着至关重要的作用。

（2）制定严密、规范的劳动合同。劳动合同可以对劳动内容和法律未尽事宜做出详细、具体的规定，使双方当事人明了权利和义务，促使双方当事人全面履行合同，防止因违约而导致争议发生；劳动合同是劳动者与企业之间劳动关系的体现，是处理劳动争议的重要依据。

（3）构建有效防范劳动争议的内部机制。用人单位应注重有效防范劳动争议的内部机制的构建，当企业与员工发生劳动纠纷时，应力争通过内部渠道化解劳动争议。

① 建立有效的劳动争议内部应对机制。这样做可以及时防范、化解劳动争议可能导致的劳资矛盾的激化，保障生产经营活动的正常、顺利开展。

② 建立员工参与或影响决策的管理机制。增强员工对企业工作环境的认识，减少其因不了解企业管理者的意图而引起的不满心理，加强彼此间的沟通和信任。

③ 做好员工关系管理。人力资源部门员工应清楚地了解员工的需求和愿望，从而提高员工的满意度，以支持组织其他管理目标的实现。

④ 建立企业劳动争议调解委员。企业要加强劳动争议调解委员会的建设，充分发挥其作用，建立健全企业规章制度，主动了解员工的情况，预防争议的发生。

10.2.2　劳动争议的类别

一般来讲，劳动争议可分为如下几种。

（1）与开除、除名、辞退、辞职、自动离职相关的劳动争议。

（2）与工资支付、社会保险相关的劳动争议。

（3）履行劳动合同过程中的劳动争议。

（4）事实劳动关系引起的劳动争议。

另外，劳动争议根据主体、内容、性质和区域的不同，还可以有图 10-3 所示的分类。

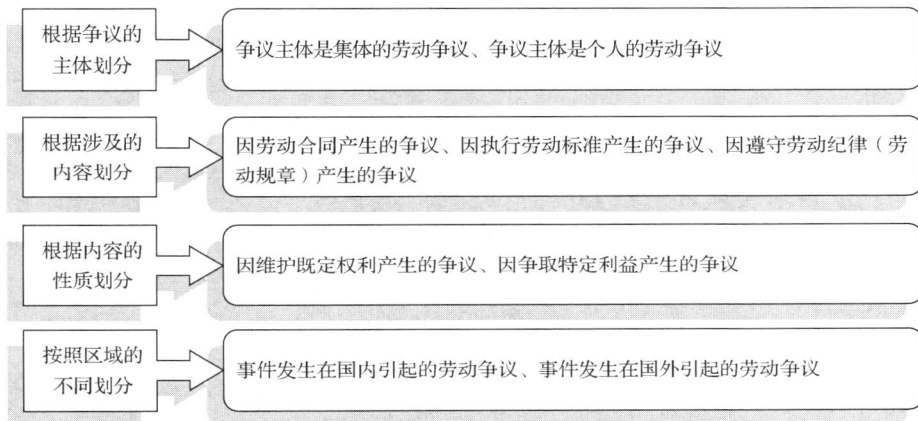

根据争议的主体划分	争议主体是集体的劳动争议、争议主体是个人的劳动争议
根据涉及的内容划分	因劳动合同产生的争议、因执行劳动标准产生的争议、因遵守劳动纪律（劳动规章）产生的争议
根据内容的性质划分	因维护既定权利产生的争议、因争取特定利益产生的争议
按照区域的不同划分	事件发生在国内引起的劳动争议、事件发生在国外引起的劳动争议

图 10-3　劳动争议的分类

10.2.3　劳动争议仲裁

劳动争议仲裁是劳动争议仲裁机构根据劳动争议当事人一方或双方的申请，依法就劳动争议的事实和当事人应承担的责任做出判断和裁决的活动。

1. 劳动争议仲裁的组织机构

劳动争议仲裁的组织机构是劳动争议仲裁委员会。它是国家授权的，依法独立处理劳动争议案件的专门机构，由劳动行政部门代表、同级工会代表与用人单位代表三方组成，是劳动关系协调中贯彻"三方原则"在劳动争议处理体制中的具体表现。

劳动争议仲裁是兼有司法特征的劳动行政执法行为。

2.《劳动法》中关于劳动争议仲裁的内容

第八十一条："劳动争议仲裁委员会由劳动行政部门代表、同级工会代表、用人单位方面的代表组成。劳动争议仲裁委员会主任由劳动行政部门代表担任。"

第八十二条："提出仲裁要求的一方应当自劳动争议发生之日起六十日内向劳动争议仲裁委员会提出书面申请。仲裁裁决一般应在收到仲裁申请的六十日内作出。对仲裁裁决无异议的，当事人必须履行。"

10.2.4　劳动争议诉讼

劳动争议诉讼是人民法院按照民事诉讼法规的程序，以劳动法规为依据，对劳动争议案件进行审理的活动。

关于劳动争议诉讼，《劳动法》的规定如下。

第八十三条："劳动争议当事人对仲裁裁决不服的，可以自收到仲裁裁决书之日起十五日内向人民法院提起诉讼。一方当事人在法定期限内不起诉又不履行仲裁裁决的，另一方当事人可以申请人民法院强制执行。"

第八十四条："因签订集体合同发生争议，当事人协商解决不成的，当地人民政府劳动行政部门可以组织有关各方协调处理。因履行集体合同发生争议，当事人协商解决不成的，可以向劳动争议仲裁委员会申请仲裁；对仲裁裁决不服的，可以自收到仲裁裁决书之日起十五日内向人民法院提起诉讼。"

劳动关系的常见问题

【微课堂】

乔某是广州市 W 公司的一名保安，他于 2009 年 7 月进入 W 公司工作，W 公司一直没有为其缴纳社会保险费。2012 年 3 月，W 公司以经济性裁员为由，与乔某解除劳动合同，并依法支付了足额的经济补偿金。乔某要求 W 公司为其补缴工作期间的各项社会保险费，W 公司不予理睬。于是，乔某向公司劳动争议调解委员会申请调解，但劳动争议调解委员会认为社会保险争议不属于劳动争议的范畴，对乔某的调解申请不予受理。乔某只好向当地的劳动争议仲裁委员会申请仲裁。请问，社会保险争议是否属于劳动争议的范畴？请说明其法律依据。

10.3　员工流动管理

员工流动包括内部流动与外部流动。内部流动的形式包括晋升、平级调动与降职。外部流动包括员工的流入与流出。其中，员工流出的具体形式包括辞退、开除、辞职、跳槽及裁员等。

10.3.1　员工辞退管理

企业在辞退员工的管理实践中，确定合理的辞退标准，并且开诚布公地与员工沟通，对最大限度地减小辞退员工的负面影响有着举足轻重的作用。

1．辞退条件

辞退是用人单位解雇员工的一种行为，具体参见《劳动法》第二十五条的内容。

对辞退员工中的限制情形，具体参见《劳动合同法》第四十二条的内容。

2．正确、合理地辞退员工

要想正确、合理地辞退员工，企业至少需要注意以下 4 点。

（1）试用期内不得随意辞退员工。要正确辞退试用期内的员工，必须把握"不符合录用条件"的原则。用人单位首先要证明是否有录用条件，同时还得证明该员工不符合录用条件。

（2）辞退有过错的员工时应有事实依据和制度依据。对于违纪的员工，《劳动法》规定必须是严重违纪的员工，用人单位方可辞退。因此，严重违纪的定义对于用人单位而言就显得至关重要了。用人单位在员工手册或者规章制度中最好明确规定严重违纪的情形，并且注意保留员工严重违纪的事实依据。员工严重违纪，营私舞弊，对用人单位的利益造成重大损害的，用人单位可随时辞退，但同样要注意举证，尤其是要正确界定"重大损害"。

（3）辞退无过错的员工时，要提前通知和支付经济补偿金。

（4）经济性裁员必须符合法定条件并履行法定程序。

3．辞退面谈技巧

（1）面谈前的准备。面谈前的准备对营造一个良好的谈话氛围至关重要。面谈前的准备工作主要包括：确定面谈内容；确定面谈时间、地点；准备好被辞退员工的个人基本资料，包括员工的个人资料、辞退书、考核记录表等。

（2）营造和谐与信任的氛围。企业在与被辞退员工面谈时，要想改变对方的情绪状态，必须设法营造一种和谐与信任的氛围。为了营造一种和谐与信任的谈话氛围，除了要选择适宜的环境，还要尽量做到身心配合，以达到良好的面谈效果。

10.3.2　员工开除管理

开除是指解除违反国家法律和单位纪律的国家行政人员的职务关系或企业员工劳动关系的行为，是行政处分最严厉的一种。下面是某公司关于员工开除管理的相关规定，供读者参考。

员工开除管理规定

公司对有下列行为之一者予以开除。

第 1 条　员工严重违反公司规章制度，予以开除。情节严重者，赔偿公司损失，并移交执法机关依法处理。

第 2 条　盗窃公司或其他员工财物者。

第 3 条　对同事或上司进行威胁、施暴或公然侮辱他人人格者。

第 4 条　品行不端，利用职务之便窃取公司商业机密或泄露公司机密，严重损害公司信誉、利益者。

第 5 条　伪造公司公章或冒充上级主管签名者。

第 6 条　在公司内聚赌、拉帮结派、打架斗殴情节严重者。

第 7 条　故意损坏公司设备、设施、原材料、产品或其他公物及重要文件资料者。

第 8 条　不服从管理、散布谣言、消极怠工或罢工者。

第 9 条　行贿受贿、营私舞弊、挪用公款、贪污公司财物者。

第 10 条　连续旷工 3 天（含）、当月累计旷工 7 天（含）或全年累计旷工 15 天（含）以上者。

第 11 条　严重违反公司制度或规定，造成恶劣影响者。

第 12 条　触犯国家法律法规，受到法律制裁者。

10.3.3 员工辞职管理

辞职是指个人因某些特殊原因，不能在公司再从事该项工作或担任某一职位，具体参见《劳动合同法》第三十七条、第三十八条的规定。

10.3.4 员工跳槽管理

跳槽是指员工在合同未履行完毕前另外找到其他工作单位的行为。

一般而言，用人单位如果合法地履行了劳动合同，执行了国家有关劳动法律法规，劳动者就应诚信履行合同，不能随便跳槽。如果遇到了更适合自己的工作单位，确实需要跳槽的，那么劳动者也要与用人单位充分协商后再解除劳动合同，尽量减少因跳槽而给用人单位造成的损失，之后按用人单位的要求办理好工作移交手续。

如果用人单位不履行劳动合同，或有明显违背国家有关劳动法律法规的情形，经过交涉无效，劳动者可以要求解除劳动合同，另找工作。

10.3.5 企业裁员管理

1. 裁员的类别

按裁员的动因划分，企业裁员一般可分为经济性裁员、结构性裁员和优化性裁员 3 种。

经济性裁员是指由于市场因素或者经营不善，导致经营管理状况出现严重困难，盈利能力下降，企业为了生存和发展，降低运营成本，被迫采取裁员行为来缓解经济压力。结构性裁员则是企业的业务方向、提供的产品或服务发生变化导致内部组织机构重组、分立、撤销而引起的集中裁员。优化性裁员是指为保持人力资源的质量，根据绩效考核结果解聘那些业绩不佳的、不能满足企业发展需要的员工的行为。

2. 裁员实施

（1）裁员前的准备。企业在进行裁员时，对列入裁员名单的有关人员的情况要十分清楚，要求做到不仅对裁员对象有连续性的全面工作考核，而且对他们的工作岗位、劳动技能、工作年限乃至家庭状况等都要有所了解。这样，企业在辞退前的谈话中就会占据主动地位，对情况特殊的员工能够给予区别对待，做到公平与公正的统一，预防裁员纠纷的发生。除此之外，企业还应做好图 10-4 所示的两个方面的工作。

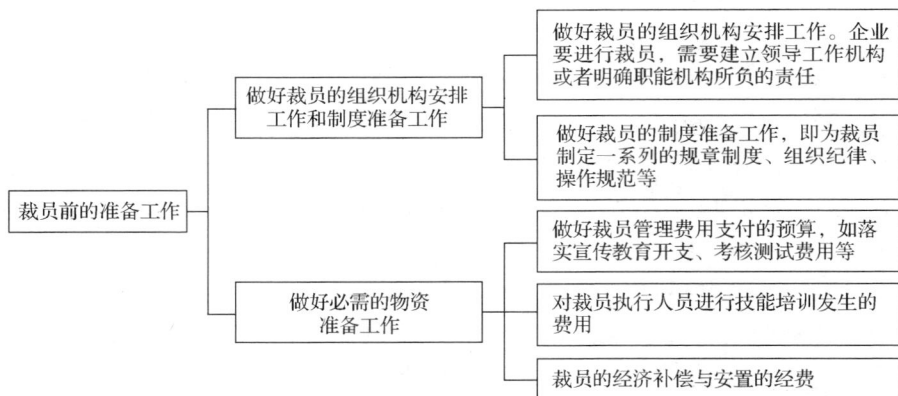

图 10-4 裁员前的准备工作

（2）告知。对于非经济性裁员，企业应提前以书面形式正式通知将要被裁的员工；对于经济性裁员，企业应告知员工企业裁员的必要性、相关劳动法律法规的内容等。

（3）向劳动行政主管部门报告、备案。企业在实施经济性裁员之前应当获得有关劳动行政主管部门对本企业经济性裁员行为的认可。

（4）通过裁员方案。企业制定的裁员方案需交工会或者员工代表大会讨论，请代表充分发表意见，经修改后通过。

（5）公布并实施裁员方案。企业正式公布经过工会或员工代表大会讨论修改后的裁员方案并执行该方案。

3．经济性裁员

（1）经济性裁员的条件，具体参见《劳动合同法》第四十一条的相关规定。

（2）经济性裁员的程序，具体参见《劳动合同法》第四十一条的相关规定。

（3）优先留用，具体参见《劳动合同法》第四十一条的相关规定。

（4）经济补偿金的支付，具体参见《劳动合同法》第四十七条的相关规定。

【微课堂】

> 请分析辞退、开除、辞职、跳槽、裁员的区别。

10.4 员工健康管理

10.4.1 职业健康管理

1. 职业健康管理的定义

职业健康管理是指为了保护员工健康，通过对生产过程中的职业健康危害因素进行识别，了解危害因素的强度及对员工可能造成危害的程度，并对这些危害因素加以控制和预防的活动。

职业健康管理的目标是保持和改善员工身体上、精神上及社会福利上的良好状态，防止职业病和因工受伤的发生，使工作地点和工作环境满足工人的需求，将工作重点放在预防而非治疗上。

2. 职业健康检查

用人单位需组织员工进行职业健康检查，并承担职业健康检查费用。员工应接受职业健康检查，将其视同正常出勤。用人单位应当选择由省级以上人民政府卫生行政部门批准的医疗卫生机构承担职业健康检查工作，并确保参加职业健康检查员工身份的真实性。

职业健康检查包括上岗前、在岗期间、离岗时和应急的健康检查，相关注意事项如下。

（1）对未进行岗前检查的员工，用人单位不得让其从事有害作业；对未进行离岗体检的员工，用人单位不得与其解除或终止劳动合同。

（2）用人单位发生分立、合并、解散、破产等情形时，应对从事有害作业人员进行健康检查，并妥善安置职业病病人。

（3）对急性职业中毒人员，应及时进行健康检查。

（4）应及时通知本人健康检查结果。对患有职业禁忌症的员工，应及时调离原岗位。

（5）职业健康检查应根据接触的职业病危害因素，按《职业健康检查项目及周期》的规定，确定检查项目和检查周期。

3．职业健康档案管理

职业健康档案管理包括以下内容。

（1）员工职业史、既往史和职业病危害接触史。

（2）相应作业场所职业病危害因素监测结果。

（3）职业健康检查结果及处理情况。

（4）职业病诊疗情况等。

职业健康档案应妥善保存，员工有权查阅、复印本人职业健康档案，离开时有权索取复印件。

10.4.2　心理健康管理

心理健康对员工的幸福感和工作表现具有重要的影响。作为雇主或管理者，关注并促进员工的心理健康是至关重要的。以下是一些员工心理健康管理的常用方法。

1．创造支持性的工作环境

企业要建立一个支持性和尊重的工作氛围，鼓励良好的沟通和合作，提供公平、透明和开放的管理方式，让员工感到被尊重和重视。

2．提供职业发展机会

企业要为员工提供职业发展和晋升的机会，让员工能够在自己的工作中感受到挑战和成长。这有助于增强员工的自信心和满足感。

3．注重工作与生活平衡

企业要帮助员工实现工作与生活的平衡，如灵活的工作时间安排、假期调整等。企业要鼓励员工进行休息和娱乐活动，以减轻工作压力。

4．提供心理健康支持和资源

企业要建立心理健康支持体系，如提供心理咨询服务，以帮助员工处理工作和个人生活中的压力和挑战。

5．培训和教育

企业要提供培训和教育机会，帮助员工提升心理健康意识和应对压力的能力。这可以包括心理健康知识的讲座、工作坊或在线资源。

6．沟通和反馈

企业要与员工进行定期的沟通和反馈，关注他们的情绪和心理状态。企业要鼓励员工表达困扰和问题，并提供支持和解决方案。

7．营造积极的团队文化

企业要建立积极向上的团队文化，鼓励员工之间的支持和合作。企业要强调团队的重要性，并促进员工之间的互动和交流。

通过关注和管理员工的心理健康，企业可以提高员工的幸福感、减少压力和焦虑，提高员工的工作满意度和绩效。同时，这也有助于构建一个良好的企业形象，吸引和保留优秀的人才。

【微课堂】

请问，如何正确、合理地辞退员工？

问题思考

1. 如何理解劳动关系与劳动法律关系？
2. 劳动争议处理方式的内容是什么？
3. 劳动争议包括哪些类别？
4. 如何理解经济性裁员？

知识链接

关于审理劳动争议案件法律
适用问题的解答（部分）

2017 年 4 月 24 日，北京市高级人民法院与北京市劳动人事争议仲裁委员会联合发布了《关于审理劳动争议案件法律适用问题的解答》（以下简称《解答》），分别对劳动关系确认、劳动者工作岗位及工作地点、劳动合同无法履行等问题进行了明确。

技能列表

员工关系管理所需技能表如表 10-1 所示。

表 10-1 　　　　　　　　　　员工关系管理所需技能表

序　号	技能名称	具体描述
1	沟通与协商技能	能够与员工、团队领导和其他相关方进行有效的沟通，理解员工需求并解决问题，促进双方的沟通和理解
2	冲突管理与调解技能	能够妥善处理和解决员工之间或员工与管理层之间的冲突，善于发现问题、协调双方利益，运用适当的冲突管理技巧来调解冲突
3	问题解决与咨询技能	能够运用劳动争议调解与仲裁的程序和技巧，主持调解会议、听证会等活动，引导双方当事人积极参与、均衡发言，达成双方满意的解决方案
4	文书撰写技能	能够撰写劳动争议处理相关文书（如调解书、仲裁裁决书等），准确表达劳动争议处理的结果和意见，并符合法律规定和要求
5	风险评估与决策技能	能够评估劳动争议案件的风险和影响，全面考虑双方当事人的权益，制定相应的风险控制和决策方案
6	人际关系技能	能够建设积极、健康的人际关系，并通过有效的交流、合作和团队活动等方式，促进良好的员工关系，提高团队凝聚力和合作效率
7	设备、软件操作技能	能够熟练使用各种办公设备、软件

技能实训

设计一份劳动合同

　　某公司是新成立的专业从事物联网设备和传输设备研发、生产及销售业务的高科技公司，现急需招聘一批从事远程测控技术开发的人才。为了方便公司与应聘者签订劳动合同，请你根据所学知识，设计一份包含岗位职责及工作要求的劳动合同。

人力资源合规管理 | 第11章

【本章知识导图】

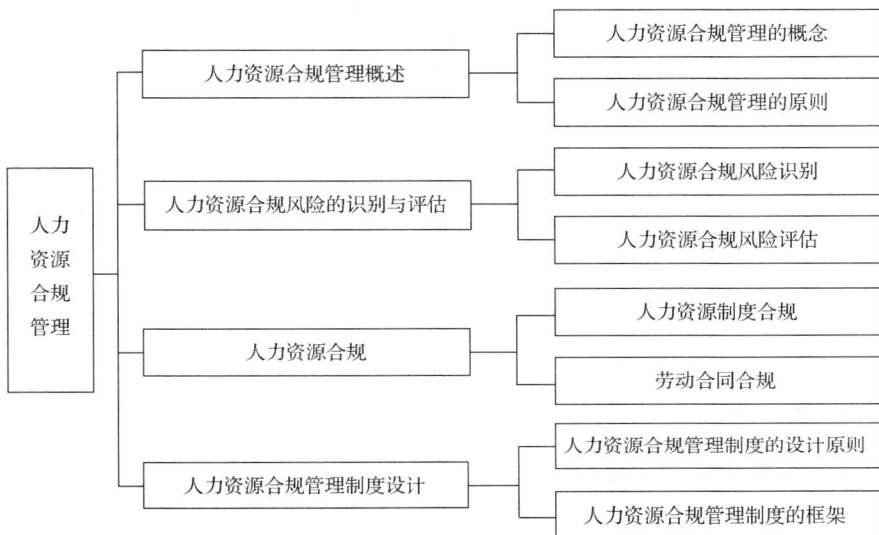

```
                    ┌─ 人力资源合规管理概述 ─┬─ 人力资源合规管理的概念
                    │                        └─ 人力资源合规管理的原则
                    │
                    ├─ 人力资源合规风险的识别与评估 ─┬─ 人力资源合规风险识别
人力                 │                                └─ 人力资源合规风险评估
资源 ────────────────┤
合规                 ├─ 人力资源合规 ─┬─ 人力资源制度合规
管理                 │                └─ 劳动合同合规
                    │
                    └─ 人力资源合规管理制度设计 ─┬─ 人力资源合规管理制度的设计原则
                                                 └─ 人力资源合规管理制度的框架
```

【学习目标】

职业知识	• 了解人力资源合规管理的概念和原则 • 知晓人力资源合规风险的识别与评估步骤 • 知晓人力资源制度合规和劳动合同合规的内容 • 知晓人力资源合规管理制度的设计原则和框架
职业能力	• 掌握人力资源合规风险的识别与评估方法，能够根据企业的实际情况进行人力资源合规管理制度设计
职业素质	• 具备优秀的风险管控能力

11.1 人力资源合规管理概述

11.1.1 人力资源合规管理的概念

人力资源合规管理是指企业在处理人力资源相关事务时，严格遵守法律、法规、行业规定和标准，以确保企业的行为符合法律要求，同时也保障员工的权益和利益不受侵犯。

人力资源合规管理的主要内容包括以下几个方面。

（1）遵守劳动法规。企业应当严格遵守国家和地方劳动法规的要求，明确员工的工作时间、休息时间、工资、福利、假期、劳动保护等方面的权益，确保员工的合法权益得到保障。

（2）维护职业道德。企业应树立正确的职业道德观念，推行行为准则和企业文化，引导员工诚实守信、遵纪守法，并注重保护员工的隐私和人身安全等方面的权益。

（3）管理员工信息。企业需要妥善管理员工信息以确保员工隐私和机密得到保护。企业应根据相关法规规定，采取措施加强员工信息的安全保护，并合理运用员工信息促进企业管理和发展。

（4）管理员工培训。企业应根据员工的岗位需要和职业发展要求，制订适当的培训计划，提供必要的培训课程，并记录员工培训情况以便监管部门检查。

人力资源合规管理是企业经营的重要环节，不仅能够保障员工权益，还能够提升企业形象、降低风险和促进企业可持续发展。企业应建立健全人力资源合规管理体系，通过培训、宣传和督查等多种手段，帮助员工了解合规要求，提高企业合规水平。

11.1.2　人力资源合规管理的原则

1．法律合规原则

企业要遵守国家和地区的劳动法律法规，确保企业在员工招聘、薪酬、劳动关系、劳动保障等方面的运作符合法律要求。这意味着企业必须了解相关劳动法律，制定并执行相应的制度和流程，以确保员工权益得到保障。

2．公平原则

企业要秉持公平原则对待所有员工。不论是在招聘、晋升、薪资制定还是其他人事决策方面，企业都要公正、公平地评估员工的能力、表现和潜力。避免任何基于性别、种族、年龄、宗教、国籍等因素的歧视。

3．信息保密原则

企业要确保员工个人信息的安全和保密。实现合规管理需要采取适当的措施来保护员工的隐私，包括收集、存储和处理员工相关信息时的合规性，以及向员工明示信息使用目的和范围，并仅限于在法律允许的情况下进行使用。

4．透明度原则

企业要建立透明和开放的沟通渠道，与员工分享相关政策、规定和决策。企业要确保员工了解企业的目标、价值观、规章制度等，并向员工提供参与决策的机会，通过有效沟通和反馈机制，及时回应员工的关切和问题。

5．多元化原则

企业要推动多元化和包容性文化，尊重员工的不同背景、观点和能力。鼓励建立多元团队，提供平等的发展机会，并为员工提供培训、支持和晋升的机会，保持公平竞争环境，充分发挥员工的潜力。

6．遵从道德和职业伦理原则

企业要确保人力资源管理的道德合规，秉持诚信、责任和道德操守。对于与员工相关的决策和行为，企业必须遵守高标准的职业伦理，避免利益冲突、贪污腐败等不道德行为。

7．持续改进原则

企业要不断改进人力资源管理实践，适应变化的法律法规和业务环境。定期审查和更新政策和程序，保持与最新法规同步，同时也要根据员工反馈和业务需求进行不断优化和改进。

这些原则可指导企业在人力资源管理中遵守法律法规、保护员工权益、提升员工满意度，以及建立公平、透明和高效的人力资源管理体系。

【微课堂】

> L 公司因为人力资源管理不善，导致员工流失严重、团队士气低落、整体业绩下滑。为了改变这种局面，L 公司决定制定并实施人力资源合规管理制度。首先，L 公司建立了公开透明的招聘流程，确保每位员工都有平等的机会参与竞争。同时，L 公司制定了薪酬体系，根据岗位职责和个人表现进行公正评估，确保员工获得公平的待遇。其次，L 公司注重员工培养与发展，建立了完善的培训计划，为员工提供各类专业技能培训和领导力发展课程。L 公司还鼓励员工积极参与内部项目和跨部门合作，提供多元化的发展机会和晋升通道。此外，L 公司鼓励员工与管理层进行开放、诚实的沟通，倾听员工的意见和建议，并及时给予反馈。L 公司还建立了定期的绩效评估制度，通过正式和非正式的反馈渠道，帮助员工了解自己的表现，并制订个人发展计划。请问，L 公司都遵循了人力资源合规管理的哪些原则？

11.2 人力资源合规风险的识别与评估

11.2.1 人力资源合规风险识别

人力资源合规风险是指与劳动法律法规、企业内部制度和职业伦理等相关的风险。以下是一些常见的人力资源合规风险。

1. 招聘风险

不合规的招聘流程，包括歧视、虚假宣传、不遵守面试程序和流程等，可能会导致企业在未来面临法律诉讼或者员工的质量不佳。

2. 劳动关系风险

如果企业未能遵循雇佣标准，如确定正式工作场所、制定劳动合同、支付符合当地标准的薪酬等，则存在风险。此类情况可能导致工资纠纷、残疾赔偿或其他司法问题的出现。

3. 数据隐私风险

员工数据的管理涉及个人隐私保护问题，企业应该确保获得员工数据的合法性和透明性等。

4. 职业道德风险

企业还应关注职场环境，包括禁止工作时间饮酒或其他不良行为等。

5. 人防风险

员工若存在人防问题也会导致企业受到风险影响。对于国家安全和商业秘密等敏感领域，企业需要加强背景调查、安全监控、员工教育等方面的管理。

6. 消费者合规风险

在保护员工合规的同时，企业还应该确保与消费者相关的合规要求，包括商品或服务标准、广告法规和消费者权益等。

7. 法律合规风险

企业需要遵守当地劳动法律和法规，对于一些特殊行业或区域，可能还要遵守更严格的法律要求。

企业应针对不同类型的风险制定相应的措施和标准，以减少可能出现的合规问题。

11.2.2 人力资源合规风险评估

人力资源合规风险评估可以帮助企业全面评估和管理人力资源合规方面的风险，以确保企业在员工招聘、薪资、福利、劳动关系管理等方面运作的合规化。人力资源合规风险评估步骤如下。

1. 确定评估的范围和目标

根据企业的情况确定需要评估的范围和目标，包括劳动法律法规、企业内部制度和职业伦理等方面。

2. 收集相关信息

通过各种途径搜集相关信息，包括内部政策、程序和工作文件，以及外部劳动法律法规和判例等。

3. 评估符合性

根据搜集的信息对企业的政策、程序和实践等进行评估，以确保其与当地的劳动法律法规和行业标准相符合。

4. 确认潜在风险

针对符合性评估中存在的问题，确认可能对企业造成风险的因素和后果，并加以分类和记录。

5. 评估风险程度

基于评估的结果，对每个潜在风险进行量化和分级，以了解其可能对企业产生的影响和严重程度。

6. 制定改进措施

根据风险程度和风险影响，制定相应的改进措施，以最小化风险并提高合规性。

7. 定期回顾和更新

对评估结果进行定期回顾和更新，以及时了解风险和改进措施的有效性，并根据需要调整策略和实践。

【微课堂】

> M公司在一次风险识别的过程中，发现该公司在招聘过程中存在着一些不合规的行为，如偏袒特定候选人、违反性别平等原则等。这些行为可能引发法律风险并损害公司声誉。请问，如何解决这个问题？

11.3 人力资源合规

11.3.1 人力资源制度合规

人力资源制度合规是指企业或组织在人力资源管理方面符合相关法律法规、政策和规定的要求，确保其人力资源管理体系和实践与各项规定保持一致和合法。

人力资源制度合规包括以下几个方面。

1. 符合劳动法律法规

企业需要遵守国家、地方法律法规，如劳动合同法、劳动争议调解仲裁法等，确保员工的权益得到保护，如合理安排工时、支付合理工资、提供合适的工作环境等。

2. 社会保险合规

企业应根据当地规定为员工购买社会保险，包括养老保险、医疗保险、失业保险、工伤保险、生育保险，为员工提供相应的保障。

3. 人事管理合规

企业应制定并执行符合法律法规的人事管理制度，包括招聘、晋升、培训、福利待遇、年假等方面的规定，公平公正地对待员工，避免歧视和不当行为。

4. 数据隐私合规

企业应妥善管理员工的个人数据，遵守相关数据隐私保护法律法规，确保合法获取、使用和存储员工数据，并保护其安全和隐私。

5. 安全与健康合规

企业应提供安全、健康的工作环境，保障员工的身体和心理健康，制定并执行相关安全操作规程和紧急救援措施。

6. 薪资与福利合规

企业应根据法律法规和劳动合同的要求，支付员工合理的工资，并提供符合法律要求的福利待遇，如带薪年假、带薪病假、节假日福利等。

7. 员工权益保护合规

企业应尊重员工的权益，不歧视员工，保护员工的合法权益，如组织员工代表大会、建立员工投诉渠道等。

人力资源制度合规可以帮助企业管理人力资源，确保企业合法合规运营，同时也有助于建立积极、稳定的劳动关系，提高员工满意度和企业的可持续发展能力。

11.3.2 劳动合同合规

劳动合同合规是指企业在签订、履行和终止劳动合同的过程中，遵守法律法规和有关规定，在保障员工权益的同时，合理运营企业，避免不必要的风险和纠纷。劳动合同合规包括以下 3 个方面。

1. 劳动合同内容合规

企业应当依法与员工签订劳动合同，遵守国家和地方的劳动法律法规。例如，劳动合同应明确双方的权利、义务、劳动条件、工作时间、待遇及社会保险等事项，并且操作程序须遵守相关规定。

2．劳动合同的签订程序合规

企业应当按照相关法律法规和劳动合同的约定，与员工签订书面的劳动合同，并在劳动合同签订之日起 15 天内为员工办理社会保险登记和公积金缴纳等手续。

3．劳动合同变更、解除、期满合规

（1）企业应按照法律法规和劳动合同的规定，进行合法合规的劳动合同变更，并及时通知员工。变更内容包括但不限于变更岗位、变更工时和福利待遇等，变更内容都应遵守相关规定。

（2）企业应按照法律法规和劳动合同的约定，进行合法合规的劳动合同解除或终止，并在解除或终止劳动合同前，告知员工并与其协商解决相应事宜，避免违反法律规定造成不必要的损失。

（3）企业应按照法律法规和劳动合同的约定，处理劳动合同期满后的问题，如是否续签、是否调整岗位、是否适用新的薪酬制度等。

【微课堂】

> N 公司人力资源部门在一次合规审查中，发现该公司存在着一些劳动合同未按照法定程序签署、缺乏重要条款或者存在不合理条款等问题。这些问题可能导致员工权益无法得到保障，可能会让该公司承担法律责任，并造成名誉损害。为了解决这个问题，人力资源部门制定了新的劳动合同流程和标准，并与该公司的法务部门进行密切合作，确保每位员工都签订了符合法律法规要求的劳动合同，并明确了双方的权利和义务。此外，合规团队还定期对劳动合同进行审查和更新，以应对法律变化和业务需求。请问，N 公司应如何保证劳动合同合规？

11.4 人力资源合规管理制度设计

11.4.1 人力资源合规管理制度的设计原则

1．合法性原则

人力资源合规管理制度应当遵守国家法律法规、政策和规定。其制定和实施的各项规定必须符合法律法规的要求，不能违反法律法规、侵犯员工权益。

2．公正性原则

人力资源合规管理制度应当公平、公正，避免歧视和不当行为。企业应向员工提供平等待遇，不得针对种族、性别、宗教信仰、年龄等进行区分。

3．透明度原则

人力资源合规管理制度应当透明，员工应能够清楚地了解自己的权利和义务，明确企业的规章制度和相关政策。

4．实效性原则

人力资源合规管理制度应当实际有效，能够帮助企业真正实现员工管理和发展目标。相关制度和政策应合理、科学，能够落实到具体的工作实践中。

人力资源合规管理制度需要保障员工权益，确保企业正当、合法地运营，并且能够有效地在企业治理和管理中发挥作用，使企业在竞争中不断提升自身价值。

11.4.2　人力资源合规管理制度的框架

人力资源合规管理制度的框架通常包括以下几个方面。

1．岗位说明书

岗位说明书用于明确各级别员工的职责和权限，包括招聘、晋升、绩效评估、薪资管理、员工福利等。

2．用工管理制度

用工管理制度用于规定企业的用工形式，包括劳动合同签订、试用期、转正、合同到期续签、解除和终止等方面。

3．招聘管理制度

招聘管理制度用于规定如何组织招聘工作，包括岗位需求分析、招聘计划制订、招聘渠道选择、面试流程、录用条件及录用后的岗位安排等。

4．薪酬福利管理制度

薪酬福利管理制度包括薪资结构的设计、绩效考核和奖励、福利待遇、调薪机制和管理程序等，也包括社会保险、劳动保护、薪资支付等方面。

5．绩效管理制度

绩效管理制度用于规定企业的绩效考核标准、方法和程序，包括目标设定、考核周期、考核流程和结果反馈等。

6．员工培训与开发管理制度

员工培训与开发管理制度用于规定员工培训的程序和内容，包括具体的培训计划、培训方式、培训内容、评估机制和员工发展路径等。

7．劳动关系管理制度

劳动关系管理制度用于规定员工的劳动关系处理程序，包括纠纷调解、仲裁、诉讼等方面。

8．保密制度

保密制度用于规定企业在经营和管理过程中涉及的商业机密、个人隐私、企业行业机密等保密内容的保护措施。

上述框架是人力资源合规管理制度所必备的主要方面。企业需要建立科学、合理的制度流程和操作程序，并且要在实际工作中不断改进和完善。

【微课堂】

> 在一次合规审查中，合规团队发现员工的薪酬福利管理制度存在不合理之处，以及缺乏有效的员工投诉机制等。这些问题可能导致员工的不满和诉求增加，进而对企业的声誉和运营带来负面影响。请问，企业应该如何规范薪酬福利管理制度？

问题思考

1. 人力资源合规管理都有哪些原则？
2. 人力资源合规风险如何识别？如何评估？
3. 简述人力资源制度合规包括哪些方面？
4. 简述人力资源合规管理制度的框架。

知识链接

合规管理制度

合规管理制度是企业为了遵守相关法律法规和行业规范，建立的一套内部管理制度。其主要目的是规范企业内部的业务操作和决策流程，确保企业在经营过程中不违反法律法规或者行业规范，降低经营风险，并增强企业可持续发展的能力。

合规管理制度包括许多方面的内容和措施，主要涉及以下 4 个方面。

（1）法律法规合规。企业应该按照相关法律法规的规定，进行合法经营并且遵守公共道德和社会伦理。

（2）数据保护。企业应该保护客户和员工的个人信息，遵守相关数据保护法律法规。

（3）内部控制。企业应该建立有效的内部控制体系，保证企业内部管理的规范性和有效性。

（4）风险管理。企业应该建立完善的风险管理机制，预测和识别风险，并采取相应的措施进行防范和应对。

技能列表

人力资源合规管理所需技能表如表 11-1 所示。

表 11-1　　　　　　　　　　人力资源合规管理所需技能表

序　号	技能名称	具体描述
1	信息收集和研究技能	能够及时收集、整理和研究相关合规信息，包括关注法律法规的最新动态和解读，以及了解业界的最佳实践和经验
2	分析和解读技能	能够对法律法规进行分析和解读，理解法律条款的含义和适用范围，能够将法律条款与实际情况相结合，为企业提供合规建议
3	制度撰写技能	建立和完善人力资源合规制度的能力，包括制定人力资源政策、程序和流程，确保各项制度符合法律法规要求
4	风险评估技能	能够进行风险评估，识别潜在的合规风险，并提出相应的预防和应对策略，以降低风险发生的可能性
5	沟通和协调技能	能够与各级部门和员工进行有效沟通和协调，解答他们的合规问题，并提供必要的培训和指导
6	设备、软件操作技能	能够熟练使用各种办公设备、软件

技能实训

编制劳动合同合规管理制度

按照人力资源合规管理制度的原则与框架内容，编制一套劳动合同合规管理制度。

第12章 人力资源管理信息系统

【本章知识导图】

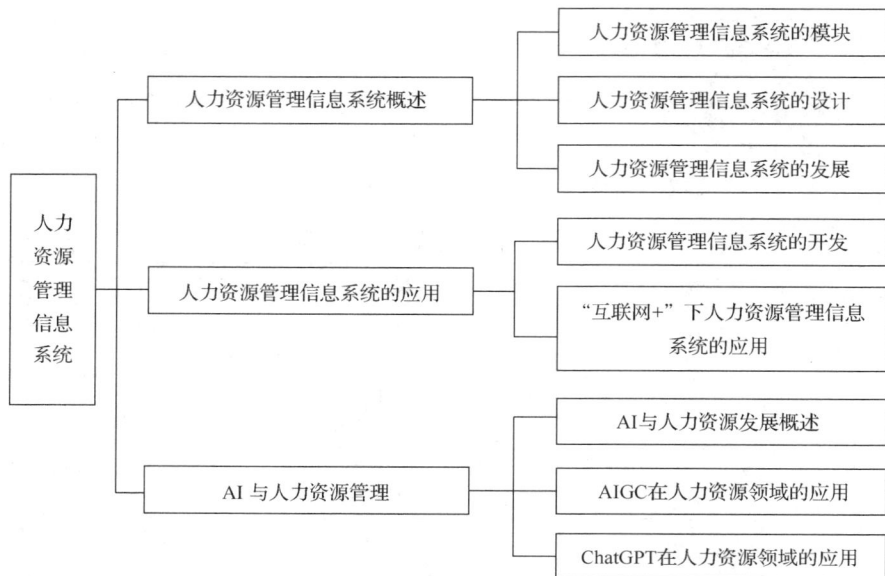

```
                          ┌─ 人力资源管理信息系统概述 ─┬─ 人力资源管理信息系统的模块
                          │                              ├─ 人力资源管理信息系统的设计
                          │                              └─ 人力资源管理信息系统的发展
人力                       │
资源                       │
管理 ──────────────────────┼─ 人力资源管理信息系统的应用 ─┬─ 人力资源管理信息系统的开发
信息                       │                              └─ "互联网+"下人力资源管理信息
系统                       │                                  系统的应用
                          │
                          └─ AI 与人力资源管理 ─┬─ AI 与人力资源发展概述
                                                ├─ AIGC在人力资源领域的应用
                                                └─ ChatGPT在人力资源领域的应用
```

【学习目标】

职业知识	• 了解人力资源管理信息系统的三大模块及人力资源管理信息系统的发展 • 明确人力资源管理信息系统的设计内容 • 知晓人力资源管理信息系统的开发步骤
职业能力	• 掌握人力资源管理信息系统的开发步骤，能够根据企业的实际情况进行操作
职业素质	• 具备优秀的创新能力、分析能力

12.1 人力资源管理信息系统概述

大数据时代的到来和大数据技术的不断发展，加速了人力资源管理的发展。以企业战略为导向、以软件系统为平台的人力资源管理信息系统通过集中式的信息库、自动处理信息系统、员工自助服务系统、外协及服务共享系统，可达到降低成本、提高效率、改进人力资源管理服务模式的目的，实现企业人力资源的信息化管理，保证人力资源与技术环境同步发展。

12.1.1 人力资源管理信息系统的模块

人力资源管理信息系统是一个由具有内部联系的各模块组成的，能够用来搜集、处理、储存和发布人力资源管理信息的系统。该系统能够为一个企业的人力资源管理活动的开展提供决策、协调、控制、分析及可视化等方面的支持。一般来讲，人力资源管理信息系统主要由人事管理、薪酬管理、绩效管理、培训管理等 12 个典型模块组成。下面主要介绍人力资源管理信息系统主要的 3 个模块。

1．人事管理系统模块

人事管理系统模块的内容如图 12-1 所示。

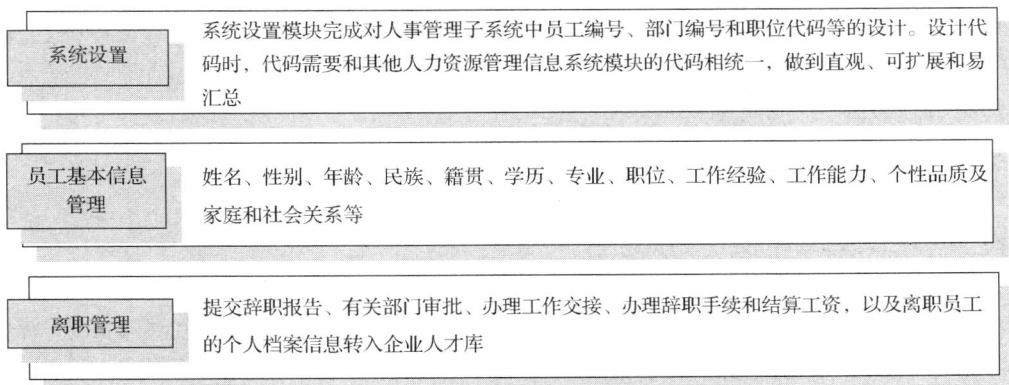

系统设置	系统设置模块完成对人事管理子系统中员工编号、部门编号和职位代码等的设计。设计代码时，代码需要和其他人力资源管理信息系统模块的代码相统一，做到直观、可扩展和易汇总
员工基本信息管理	姓名、性别、年龄、民族、籍贯、学历、专业、职位、工作经验、工作能力、个性品质及家庭和社会关系等
离职管理	提交辞职报告、有关部门审批、办理工作交接、办理辞职手续和结算工资，以及离职员工的个人档案信息转入企业人才库

图 12-1　企业人事管理系统模块的内容

企业利用人事管理系统模块，可对人事管理的各项内容进行输入、修改、删除、查询、统计、屏幕显示及报表输出打印。人事管理系统模块完整地记录了企业所有员工的各方面信息，系统能快捷、方便地获得各种统计分析结果，为企业战略目标的实现提供人力资源要素的决策支持。

2．薪酬管理系统模块

薪酬管理系统模块包括以下内容。

（1）基础系统设置。利用基础系统设置模块，企业可设置薪酬管理子系统中的薪酬项目、薪酬标准、工资类别、个人所得税税率等。

（2）数据输入、修改处理。该模块包括工资款项定义、修改款项输入、考勤记录输入、工作单计算等内容。

（3）费用汇总。此模块可按部门汇总费用、按费用科目汇总费用和进行工资数据的分析比较。

（4）工资账表。工资账表主要包括工资结算单、工资结算汇总表和工资分析汇总表。

（5）转账功能。为了方便工资核算子系统与其他核算子系统的连接，根据工资分析汇总表生成工资转账凭证，并转入财务处理子系统和成本核算子系统。

3．绩效管理系统模块

绩效管理系统模块包括以下内容。

（1）基础系统设置。企业利用基础系统设置模块可完成对绩效管理子系统的初始化设置，如可完成工作任务目标、考核指标、考核方法、员工代码、部门代码和职务代码等的设置。

（2）考核计划。考核计划的内容包括工作岗位、考核分类及权重、考核指标及权重等。

（3）绩效考评。绩效考评的内容主要包括"量表"的设计、评价人评分、考核得分等。

（4）绩效结果。绩效结果的内容主要包括考核数据的收集、汇总和排名，数据的分析，数据的发放等。

（5）绩效反馈。绩效反馈的内容主要包括多种途径的沟通方式。

12.1.2　人力资源管理信息系统的设计

设计人力资源管理信息系统时需注意人力资源管理信息系统总体结构设计的原则、总体结构设计的内容、系统结构的选择及系统的性能要求4个方面的内容。

1. 总体结构设计的原则

为了便于系统地实施和满足今后扩充的需求，系统总体结构设计应遵循一致性原则、面向用户的原则、自上向下的原则、相对独立性原则、分解原则及协调原则。

2. 总体结构设计的内容

（1）根据系统分析阶段产生的已经得到批准的系统分析报告，确定模块层次结构，划分功能模块，将软件功能需求分配给划分的最小单元模块。明确模块间的联系和调用关系，确定数据结构、文件结构、数据存储模式，制定测试的方法与策略。

（2）选择划分模块与分解功能的设计原则，如相对独立性原则、分解原则和协调原则等。

（3）选用相关的软件工具来描述系统总体结构。软件结构图是系统总体结构设计阶段经常使用的软件工具。

（4）编写总体结构设计说明书、用户手册和测试计划等。

3. 系统结构的选择

企业实施的人力资源管理信息系统通常有以下4种类型，即内部自行开发系统、外部顾问或软件开发商为企业定制的系统、使用独立的商品化人力资源管理信息系统、使用 ERP（Enterprise Resource Planning，企业资源计划）系统内部的人力资源管理模块。

企业在决定实施人力资源管理信息系统时，应综合考虑5个方面的因素，具体包括企业规模和管理需求、企业的信息技术应用现状、企业内部软件开发实力、信息技术短期及长期发展规划、投资计划。

如果企业规模较小，管理需求相对简单，计划投资有限，那么建议采用较为成熟的、性价比较高的本地商品化软件；如果企业具有较强的软件开发实力，那么可以考虑自行开发系统；从控制成本和降低风险的角度考虑，一般不建议由外部顾问或软件开发商为企业定制系统。

如果企业在其他业务领域已经广泛使用了信息管理系统，如已经实施了集成的 ERP 系统并且系统已稳定运行，那么在人力资源管理方面，较好的选择是实施该 ERP 系统的人力资源管理模块，因为这样做便于保证系统各部分之间的集成和数据的统一，同时有利于对软件进行统一维护。

4. 系统的性能要求

根据人力资源管理信息系统的特点，系统需具备可靠性、可维护性、用户友好性、合法性和安全性，系统的性能要求如图12-2所示。

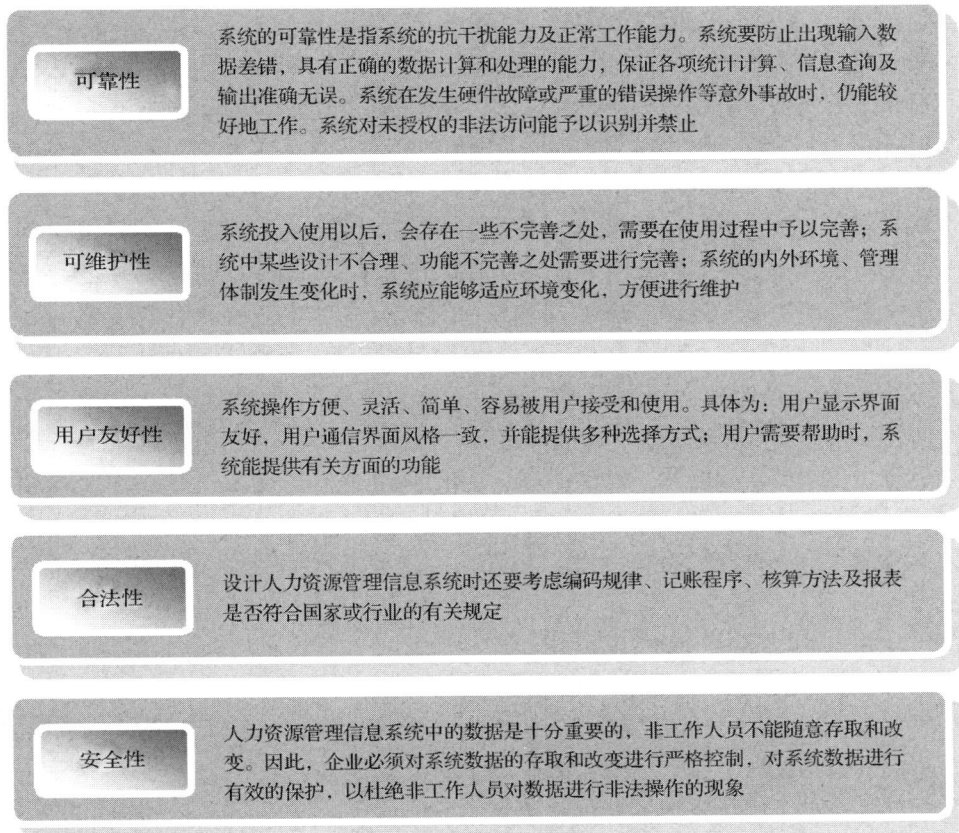

可靠性	系统的可靠性是指系统的抗干扰能力及正常工作能力。系统要防止出现输入数据差错,具有正确的数据计算和处理的能力,保证各项统计计算、信息查询及输出准确无误。系统在发生硬件故障或严重的错误操作等意外事故时,仍能较好地工作。系统对未授权的非法访问能予以识别并禁止
可维护性	系统投入使用以后,会存在一些不完善之处,需要在使用过程中予以完善;系统中某些设计不合理、功能不完善之处需要进行完善;系统的内外环境、管理体制发生变化时,系统应能够适应环境变化,方便进行维护
用户友好性	系统操作方便、灵活、简单、容易被用户接受和使用。具体为:用户显示界面友好,用户通信界面风格一致,并能提供多种选择方式;用户需要帮助时,系统能提供有关方面的功能
合法性	设计人力资源管理信息系统时还要考虑编码规律、记账程序、核算方法及报表是否符合国家或行业的有关规定
安全性	人力资源管理信息系统中的数据是十分重要的,非工作人员不能随意存取和改变。因此,企业必须对系统数据的存取和改变进行严格控制,对系统数据进行有效的保护,以杜绝非工作人员对数据进行非法操作的现象

图 12-2　系统的性能要求

当使用人力资源管理信息系统时,系统先进行用户识别,用户可输入口令进入各子系统。一般用户只能查询,不能修改,只有管理人员才有修改权限。企业要做好物理安全、系统安全和运行安全工作,制定安全保密管理制度。为防止计算机病毒的破坏,企业要定期做好数据备份工作。

12.1.3　人力资源管理信息系统的发展

1.　人力资源管理信息系统的发展史

人力资源管理信息系统的发展史是企业人力资源管理需求提高和信息技术发展的直观体现。人力资源管理信息系统的历史悠久,甚至比目前非常成熟的财务系统还久。

(1)第一代人力资源管理信息系统的工作重点在于薪资计算。20 世纪 60 年代,受当时技术条件和需求的限制,用户非常少,而且当时系统只是一种自动计算薪资的工具,既不包含非财务的信息,又不包含薪资的历史信息,几乎没有报表生成功能和薪资数据分析功能。

但是,它的出现为人力资源管理展现了美好的前景,即用计算机的高速度和自动化来替代手工的巨大工作量,用计算机的高准确性来避免手工计算的错误和误差,使大规模集中处理大型企业的薪资工作成为可能。

（2）第二代人力资源管理信息系统新增了历史信息保存、生成报表及数据分析功能。20世纪70年代末，其对非财务的人力资源信息和薪资的历史信息都进行了管理，报表生成和薪资数据分析功能也有了较大的改善。

这一代的人力资源管理信息系统主要是由计算机专业人员开发研制的，未能系统地考虑人力资源管理的需求和理念。这个阶段的人力资源管理信息系统的主要功能为信息数据的收集和维护，主要的功能模块包括人事信息、薪资福利等。

（3）第三代人力资源管理信息系统全面地解决了人力资源管理问题。20世纪90年代末，这一代的人力资源管理信息系统从人力资源管理的角度出发，用集中的数据库对几乎所有与人力资源相关的数据进行统一管理，形成了集成的信息源，其拥有友好的用户界面，且其强有力的报表生成工具、分析工具和信息共享功能使人力资源管理人员得以摆脱繁重的日常工作，集中精力从战略的角度来考虑企业的人力资源规划和政策。

（4）第四代人力资源管理信息系统出现于21世纪初，之前的人力资源管理信息系统并没有解决企业管理中出现的实际问题，使企业出现了员工与岗位适配度低、员工积极性不足、离职率居高不下等问题。为了解决以上问题，基于人力资源管理思想，该系统产生了。该系统将人作为有能动性的个体，为员工提供明确的晋升通道，盘活了企业的所有员工，可为领导决策提供数据支撑。

2．人力资源管理信息系统的发展现状

目前，我国企业管理正处于由传统管理方式向人力资源管理过渡的转型时期，从思想到行动都发生着巨大的变化，处于摸索前进阶段的人力资源管理随时可能发生这样或那样的变革，这对人力资源管理软件提出了巨大的挑战。

3．人力资源管理信息系统的发展趋势

（1）业务整合与信息技术手段和资源结合。业务整合与信息技术手段和资源结合已成为人力资源管理信息系统的一个发展趋势。微电子技术和计算机技术的结合，提高了人类记忆、存储、比较、计算、推理、表达等信息处理能力。这两方面的结合最终促成了信息技术的出现和发展，从而极大地增强了人类处理和利用信息的能力，也使人力资源管理信息系统全方位突破了企业活动的地理界限、资源界限和管理界限。

人力资源管理信息系统的新趋势

（2）管理部门对信息化的依赖程度提高。管理部门对信息化的依赖程度提高是人力资源管理信息系统的一个发展趋势。随着信息化时代的到来，信息技术正在不断渗透到企业管理的每一个环节，企业各个管理部门越来越依赖运用信息化手段来实现各个环节的管理。

（3）核心业务与人力资源管理的整合。人力资源管理信息系统发展的另一个趋势是核心业务与人力资源管理的整合。人力资源管理部门的价值是通过提高员工的效率和企业的效率来体现的。人力资源管理已日益凸显其在企业价值链中的重要作用。这种作用不仅体现在为企业外部顾客提供附加价值，也体现在为企业内部各个部门带来附加价值。这种附加价值的提供不仅能够为业务部门提供定制化的服务，还可以凸显人力资源管理的价值，进而巩固人力资源部门的地位。人力资源部门逐渐从"权力中心（Power Center）"转向"服务中心（Service Center）"。

【微课堂】

> A 集团公司处于快速发展阶段，总部在北京，在上海、广州、成都 3 地设有分公司，分公司人员招聘工作由各地分别完成，薪酬和绩效由 A 集团公司统一管控。分公司处于建设期，人力资源管理部门还不完善。请问，A 集团公司应怎样构建人力资源管理信息系统模块？

12.2 人力资源管理信息系统的应用

人力资源管理信息系统的应用，促进了企业信息化和电子化的建设和发展，是人力资源管理迈向信息化管理的开始。人力资源管理信息系统能够为各部门提供充足的信息和快捷的查询手段，使用计算机对人力资源信息进行管理具有检索迅速、查找方便、可靠性强、存储量大、保密性好等优点。这些优点能够极大地提高人力资源管理的效率，是企业实现现代化、科学化和正规化管理的重要条件。

12.2.1 人力资源管理信息系统的开发

人力资源管理信息系统的开发应基于战略人力资源管理理念，以提高现代企业的组织管理能力和战略执行能力为最终目标，通过信息技术手段，促进人力资源管理水平的提高。

人力资源管理信息系统开发的步骤包括程序设计、系统测试、系统转换及系统维护。

1. 程序设计

人力资源管理信息系统的程序设计即编写程序，是指按照详细设计阶段产生的程序设计说明，用选定的程序设计语言编写源程序。在实际操作中，人力资源管理信息系统程序设计的内容包括程序设计语言的选择、数据库的选择和程序运行模式的选择。

2. 系统测试

系统测试是人力资源管理信息系统开发中一个十分重要且漫长的阶段，是保证系统质量与可靠性的最后关口，需对整个系统开发过程（包括系统分析、系统设计和系统实现）进行审查。企业如果没有在投入运行前的系统测试阶段发现并修正遗留问题，而使其在实际运行中暴露出来，则代价会很大，甚至会彻底否定以前的工作。

（1）系统测试的对象和目的。系统测试的对象是整个软件，把需求分析、概要设计、详细设计及程序设计各阶段的开发文档，包括需求规格说明、概要设计说明、详细设计说明及源程序，都作为系统测试的对象。

系统测试的目的是发现软件的错误，而不是证明程序无错。因此，企业要精心选取那些易于发生错误的测试数据，以十分挑剔的态度证明程序有错。

（2）错误分类。人力资源管理信息系统的错误分类如图 12-3 所示。

类别	内容
功能错误	由于功能规格说明不够完整或确切，在编码时对功能有误解而产生的错误
系统错误	包括与外部接口的错误、参数调用错误、子程序调用错误、输入/输出的地址错误及资源管理错误等
过程错误	包括算术运算错误、初始过程错误、逻辑错误等
数据错误	包括数据结构、内容、属性错误，动态数据与静态数据混淆，参数与控制数据混淆等
编码错误	包括语法错误、变量名错误、局部变量与全局变量混淆、程序逻辑错误和编码书写错误等

图 12-3　人力资源管理信息系统的错误分类

（3）系统测试工作的原则。

① 避免由开发软件的人员或小组承担测试工作。

② 要包括无效的或不合理的输入数据。

③ 注意开发方提供的测试版，严格按自身需求进行测试。

④ 保留测试用例，作为软件文档的组成部分。

⑤ 测试过程要有人力资源管理专业的工作者参与。

3．系统转换

新开发的系统经过测试、试运行以后，就需要开始进行系统转换工作，向新信息系统过渡，使新开发的系统实际运行。系统转换是一个多方参与的过程，可能会涉及企业现有人力资源工作流程的改变，甚至是工作人员的变动。因此，企业必须建立与之相适应的管理制度，以保证系统顺利投入使用。

（1）系统转换的必要条件。

① 系统设备，系统实施前购置、安装、调试完毕。

② 系统人员，系统转换前配齐并参与到各管理岗位工作中。

③ 系统数据，系统转换所需各种数据并按照规定格式输入到系统之中。

④ 系统文件资料，包括用户手册、系统操作规程、系统结构与性能介绍手册。

（2）转换方式。转换方式一般分为直接方式、并行方式和分阶段 3 种。

直接方式是指在某一时刻，用新系统完全代替老系统。该方式虽简便，但存在风险，特别是对信息规格要求高的系统。

并行方式是指新老系统并行的方式，初期使用老系统，后期使用新系统。该方式可靠、风险小，但操作人员工作量大。

分阶段是指新老系统的转换按子系统进行，每个子系统的转换按并行方式进行。该方式风险小、业务部门负担小，但各子系统的转换次序和关联衔接问题较难解决。

4．系统维护

系统维护的目的是保证信息系统正常、可靠地运行，并使系统不断得到改善，以充分发挥作用。

12.2.2 "互联网+"下人力资源管理信息系统的应用

随着互联网的快速发展，人力资源管理信息系统的应用大大提高了企业人力资源管理工作的效率。

1．人力资源管理信息系统的改进

人力资源管理信息系统改进的内容包括规范人力资源管理工作流程、提高人力资源管理者的技术应用能力、加强人力资源管理的信息收集和反馈、符合企业经营实际及对系统进行不断评估。人力资源管理信息系统的改进如图 12-4 所示。

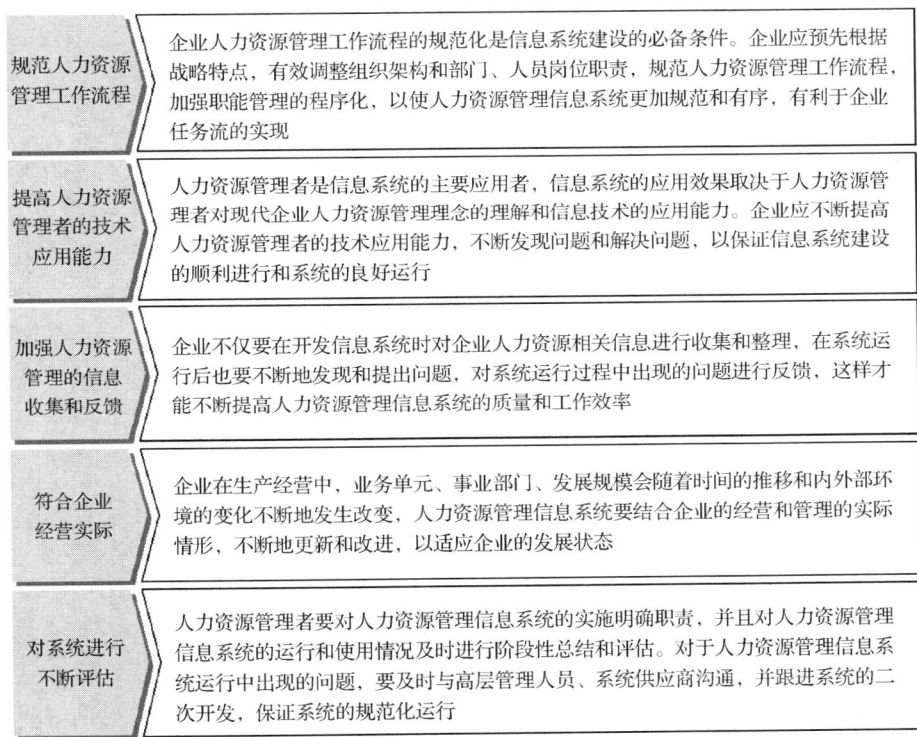

规范人力资源管理工作流程	企业人力资源管理工作流程的规范化是信息系统建设的必备条件。企业应预先根据战略特点，有效调整组织架构和部门、人员岗位职责，规范人力资源管理工作流程，加强职能管理的程序化，以使人力资源管理信息系统更加规范和有序，有利于企业任务流的实现
提高人力资源管理者的技术应用能力	人力资源管理者是信息系统的主要应用者，信息系统的应用效果取决于人力资源管理者对现代企业人力资源管理理念的理解和信息技术的应用能力。企业应不断提高人力资源管理者的技术应用能力，不断发现问题和解决问题，以保证信息系统建设的顺利进行和系统的良好运行
加强人力资源管理的信息收集和反馈	企业不仅要在开发信息系统时对企业人力资源相关信息进行收集和整理，在系统运行后也要不断地发现和提出问题，对系统运行过程中出现的问题进行反馈，这样才能不断提高人力资源管理信息系统的质量和工作效率
符合企业经营实际	企业在生产经营中，业务单元、事业部门、发展规模会随着时间的推移和内外部环境的变化不断地发生改变，人力资源管理信息系统要结合企业的经营和管理的实际情形，不断地更新和改进，以适应企业的发展状态
对系统进行不断评估	人力资源管理者要对人力资源管理信息系统的实施明确职责，并且对人力资源管理信息系统的运行和使用情况及时进行阶段性总结和评估。对于人力资源管理信息系统运行中出现的问题，要及时与高层管理人员、系统供应商沟通，并跟进系统的二次开发，保证系统的规范化运行

图 12-4　人力资源管理信息系统的改进

2．人力资源管理信息系统的整合

随着企业人力资源管理信息化建设的不断深入，人力资源管理信息系统的整合将是一项长期的工作。在不同情况下，人力资源管理信息系统整合的侧重点是不一样的，具体的工作要点也不尽相同，但一般应围绕以下几个基本工作要点展开。

（1）做好人力资源管理信息化的总体规划。人力资源管理信息系统的整合应首先考虑满足人力资源规划的需求，具体工作中应当以人力资源规划为中心进行人力资源管理信息系统的整合工作。现代人力资源管理信息系统规划不仅是企业人力资源管理信息系统整合应用的思维架构，而且是企业信息化建设的理论框架，是实现各个系统应用协调一致的规划，是企业信息系统整合的基础工作。因此，进行人力资源管理信息系统整合前，首先要做好人力资源管理信息化的总体规划。

（2）建立办公自动化平台。办公自动化平台可提供员工间信息传送和个人网络办公的工具，包括公文流转、电子邮件、任务派发、会议管理、网络短信、事务提醒、日程管理、计划管理等。办公自动化平台和各个业务信息系统能够实现文档级数据的传输，将业务信息系统处理的报表输出，并放在自动化办公平台上。

没有建立办公自动化平台的企业，进行人力资源管理信息系统整合前可以先建立办公自动化平台，将各个业务信息系统的输出信息汇集到统一的平台上，以实现内部文档的自动传输与交换。

（3）构建业务管理集成平台。基于办公自动化平台，附加相应更深的业务管理是目前比较流行的构建办公协同平台的方式。业务信息系统处理的文档集成，可通过建立业务管理集成平台来实现，该平台具有非结构化信息和部分结构化信息的管理功能。企业的图片、多媒体等办公信息和经过搜索整理的信息等非结构化信息，可进入业务管理集成平台。

各个业务信息系统定期输出的报表、报告等结构化信息进入业务管理集成平台。通过构建协同办公平台，企业可实现对各类信息的编辑、审核等，对各类信息进行分类汇集，并控制信息的发布与访问权限，将其提供给各级领导进行决策支持，或提供给主要业务工作人员进行信息查询。

（4）建立企业门户平台。企业门户平台是指在互联网环境下，把各种应用系统、数据资源和互联网资源统一集成到通用门户之下，根据每个用户的使用特点和角色的不同，形成个性化的应用界面，并通过对事件和消息的处理传输，把用户有机地联系在一起。简单地说，企业门户平台为特定的用户，用高度个性化的方式，提供了交互访问相关信息、应用软件及商业流程的服务。

通过建立企业门户平台，组织各种结构化、非结构化的信息内容和应用系统页面，企业为各级领导、各主要业务人员等不同的信息受众提供了统一的信息访问渠道、统一的界面、规范的操作方式和不同的信息内容。这是建立企业门户平台的主要模式。

（5）建立数据整合平台。数据整合就是对分散异构的多数据源实现统一的访问，实时地、智能地将有价值的数据传递给分析系统或其他应用系统，以进行信息的进一步加工。构建数据整合平台的目的是从不同的应用程序和数据结构处提取数据源，并完成在线转换和分析。

数据整合平台要整合企业收集的各种外部信息数据库和内部应用系统数据库，综合利用企业的数据资源，提供灵活的数据展现方式。构建数据整合平台是构建具有流畅数据处理功能的企业门户平台的基础。两者紧密集成，可以实现全面、统一的权限管理和灵活的报表调用、分析。这样，数据的深层次挖掘功能才能在企业门户平台上实现。因此，数据整合是一切整合的基础。

（6）进行人力资源管理信息系统应用集成。构建企业应用集成平台（Enterprise Application Integration，EAI），可为不同的应用系统互通提供基于工作流引擎的统一、可靠的实时消息通信平台，从而突破了横亘于异构不兼容应用或数据库之间的障碍，通过消息和智能路由机制可实现异构应用之间的松散耦合。

企业应用集成平台提供的多种可供选择的通信模式，是实现同步/异步的消息传送及多种消息传送的保证。应用集成是在系统整合中，将现有信息系统最大化保留，同时对业务需求信息最大化整合的最佳模式。相对而言，这种信息的整合是专业水平较高的整合。应用集成的实现需要具备很多条件，其难度比较高，进行应用集成方式的系统整合时应当慎重。

另外，企业在对现有人力资源管理信息系统进行整合时，要根据企业信息化的程度具体分析和实施整合。信息化建设基础比较薄弱的企业，可以选择从初级的办公自动化平台开始，逐步到协同办公平台，再逐步进行初期的系统整合；信息化建设基础比较好的企业，可以选择通过企业门户平台的建设进行进一步的系统整合；信息系统已经相当完善的企业，可以考虑通过数据整合平台的建立和应用集成，实现对整个信息系统的整合与优化。

【微课堂】

> 一家大型跨国企业的人力资源管理流程相对传统且烦琐，涉及大量的纸质文件和手动操作，尤其是员工档案信息存储在各种纸质文件和 Excel 表格中，薪资核算和发放需要手动计算并处理各种表格和文件，造成了信息丢失、更新不及时等问题。请问，该企业应该如何改进人力资源信息系统，以提高工作效率和数据准确性？

12.3 AI 与人力资源管理

12.3.1 AI 与人力资源发展概述

人工智能（Artificial Intelligence，AI）是一种模拟人类智能的技术和系统。它通过模仿人类的思维和学习方式，使机器能够感知、理解、推理、学习和决策，以达到某种智能水平。

AI 在人力资源管理发展中有着重要的作用，其作用主要体现在以下 5 个方面。

1. 招聘与筛选

AI 可以帮助人力资源团队加快招聘过程并提高筛选效率。它可以自动扫描和分析大量简历，筛选出最匹配的候选人，并通过机器学习算法进行自动匹配和排名。

2. 培训与发展

AI 可以提供个性化的培训方案和学习路径，根据员工的职业发展需求和兴趣推荐合适的培训内容。此外，虚拟现实和增强现实技术也可以用于模拟培训场景，提供更丰富和沉浸式的学习体验。

3. 绩效管理

AI 可以帮助人力资源团队进行更准确和客观的绩效评估。它可以利用数据分析和模型预测来评估员工的绩效，并提供有针对性的反馈和改进建议。

4. 员工体验

AI 可以改善员工与人力资源部门的互动和体验。例如，智能聊天机器人可以回答员工的常见问题，提供即时的支持和服务。此外，自助式员工服务平台也可以通过 AI 提供自主查询和获取信息的渠道。

5．数据分析与预测

AI 可以帮助人力资源团队进行数据分析和预测，从而更好地理解组织和员工的趋势。它可以利用大数据和机器学习算法来预测人才流动、员工满意度等关键指标，并为人力资源决策提供支持。

12.3.2　AIGC 在人力资源领域的应用

AIGC（Artificial Intelligence Generated Content），即人工智能生成内容，其主要目标是生成新的数据、内容或模型，而不仅仅是对现有数据进行分析和预测。

AIGC 在人力资源领域主要应用于以下 4 个方面。

1．文本生成

AIGC 可以用于自动生成招聘广告、职位描述、员工手册等文本内容。它可以基于已有的样本数据，生成符合语法、逻辑和风格要求的新文本。

2．员工推荐

AIGC 可以根据企业的招聘需求和员工的背景信息，生成推荐的员工列表。这些推荐可以基于历史数据和算法模型，为企业提供更准确和个性化的招聘建议。

3．职业发展规划

AIGC 可以根据员工的技能、兴趣和职业路径，生成个性化的职业发展建议。它可以分析大量的数据和模型，为员工提供有针对性的培训、晋升和转岗建议。

4．创新与想法生成

AIGC 可以用于促进创新和想法的生成。它可以基于已有的创意和知识库，生成新的创意和解决方案，帮助人力资源团队和企业在人力资源管理中获得新的灵感和创新。

12.3.3　ChatGPT 在人力资源领域的应用

ChatGPT（Chat Generative Pre-trained Transformer）是一种基于生成式预训练模型的聊天机器人。它利用大规模的文本数据集进行训练，并通过自回归生成技术来回答用户提出的问题或与用户进行对话。

ChatGPT 在人力资源领域可以应用于以下 4 个方面。

1．招聘支持

ChatGPT 可以作为招聘流程中的虚拟助手，回答候选人关于职位要求、招聘流程和公司文化等方面的问题。它可以帮助候选人了解更多信息，并提供指导，提高招聘效率和用户体验。

2．员工培训与发展

ChatGPT 可以为员工提供培训和发展方面的支持。它可以回答员工关于培训计划、职业发展机会和技能提升的问题，并根据员工的需求提供个性化的学习建议和资源。

3．绩效管理

ChatGPT 可以用于绩效管理过程中的沟通和反馈。它可以帮助员工理解绩效评估标准和目标设定，回答员工对绩效评估过程的疑问，并提供改善绩效的建议和指导。

4. 员工福利咨询

ChatGPT 可以回答员工关于福利计划、健康保险、休假政策等方面的问题。它可以提供员工福利的相关信息和解释，并帮助员工理解他们的权益和福利待遇。

需要注意的是，ChatGPT 是基于大规模文本数据进行训练的，虽然它具有强大的文本生成能力，但也存在一定的局限性。人力资源团队应谨慎对待 ChatGPT 所提供的信息，并应在重要问题上多角度考虑，因为 ChatGPT 无法代替人力资源专业人士的判断和决策能力，其仍然需要人工干预和监督，尤其是在涉及机密信息、敏感问题或高风险决策时。

【微课堂】

在某家跨国公司中，因员工使用不同的语言，其人力资源部门需重复向不同的员工解答与公司制度、假期政策、工资信息、福利待遇等相关的问题。请问，将 ChatGPT 集成到公司的内部信息系统中，是否能够解决上述问题？

问题思考

1. 人力资源管理信息系统的模块有哪些？

2. 简述人力资源管理信息系统的发展趋势。

3. 人力资源管理信息系统的开发步骤有哪些？

4. 人力资源管理信息系统开发后需进行测试，请问，人力资源管理信息系统测试工作的原则有哪些？

5. AIGC 和 ChatGPT 在人力资源领域都有哪些应用？

知识链接

ChatGPT 是什么？

ChatGPT 是一种基于生成式预训练模型的聊天机器人，由大量的文本数据进行训练而来。它具备生成性对话能力，能够回答用户提出的问题并与用户进行交互。

ChatGPT 是通过使用自监督学习的方式进行训练的。它使用了大量互联网上的公开文本作为语料库。ChatGPT 使用了基于 Transformer 模型的神经网络架构，使它能够捕捉长距离依赖关系，并在生成对话时表现出流畅性和连贯性。

ChatGPT 只能基于已有的知识和数据来生成回答，而不具备自己独立学习和获取新知识的能力。因此，在回答问题时，它可能受到数据限制，无法提供最新的信息或特定领域的专业知识。

尽管 ChatGPT 通过训练大规模的文本数据，以期能够理解和生成有意义的对话，但它仍然存在一定的局限性。在处理复杂问题、理解上下文和推理等方面，它的能力仍然有限。

技能列表

应用人力资源管理信息系统所需技能表如表 12-1 所示。

表 12-1　　　　　　　应用人力资源管理信息系统所需技能表

序　号	技能名称	具体描述
1	系统架构设计技能	能够根据企业的业务需求和人力资源管理需求，提出合理的系统架构
2	安全管理技能	能够按照操作规范执行，保障系统的安全性
3	团队合作技能	能够与其他职能部门协调工作，提高系统的使用效率和价值
4	设备、软件操作技能	能够熟练使用各种办公设备、软件

技能实训

运用 ChatGPT 生成一份招聘广告

请用 ChatGPT 生成一份招聘广告。